VIE ET PARTIES DE MIKHAÏL TAL
TOME 1 : À LA CONQUÊTE DU TITRE MONDIAL !

Mikhaïl Tal

Vie et parties de Mikhaïl Tal

Tome 1 : À la conquête du titre mondial !

Traduit de l'anglais par Rodolphe Prévot,
révisé et mis en page par Pascal Golay

HISTOIRE DU JEU D'ÉCHECS

FSC
www.fsc.org
MIXTE
Papier issu
de sources
responsables
Paper from
responsible sources
FSC® C105338

Titre original :
THE LIFE AND GAMES OF MIKHAIL TAL

Première édition en langue anglaise éditée par RHM Press, London, 1976.

© *2019 Mikhaïl Tal*
Éditeur : BoD -- Books on Demand, 12/14 rond-point des Champs-Élysées, 75008 Paris,
France
Impression : BoD – Books on Demand, Norderstedt, Allemagne
ISBN : 978-2-322-09220-8
Dépôt légal : juin 2019

Mikhaïl Tal contre Bobby Fischer lors de l'Olympiade de Leipzig de 1960.

Sommaire

Préface pour cette édition

En février 2017, j'ai reçu un courriel de monsieur Rodolphe Prévot qui m'informait qu'il était en train de traduire en français la biographie de Mikhaïl Tal, *The life and games of Mikhail Tal*. Il m'indiquait aussi qu'il était en contact avec les ayants droit de feu Mikhaïl Tal, en l'occurrence sa fille Jeanne. Il me demandait si j'étais intéressé d'éditer cette traduction dans la collection *Histoire du jeu d'échecs*.

J'ai très naturellement répondu par l'affirmative : éditer une œuvre du grand Mikhaïl Tal ne se refuse pas !

Monsieur Prévot termina son travail de traduction en février 2019. Je me mis tout de suite en contact avec sa fille afin de régler la question des droits, puis à la tâche de la mise en page, ce qui constitue toujours un travail de bénédictin dans le cas d'un livre d'échecs. Après quatre mois d'efforts intensifs, la première partie de l'imposant ouvrage de Mikhaïl Tal était prête pour l'impression.

Je tiens à remercier chaleureusement monsieur Prévot pour sa traduction, monsieur Mark Bicknell des éditions Everyman Chess, et tout particulièrement madame Jeanne Tal d'avoir autorisé la publication en français.

J'espère que ce premier tome de l'œuvre de Mikhaïl Tal, qui constitue un classique de la littérature échiquéenne, ravira les amateurs d'échecs francophones ! La seconde partie paraîtra dans quelques mois.

Pascal Golay, Yverdon-les-Bains, juin 2019

Préface de John Nunn

Mikhaïl Tal était un homme remarquable. Ses brillants succès pendant les années le conduisant à son championnat du monde victorieux avaient mis le monde échiquéen en effervescence, son patronyme devenant synonyme de jeu brillant et de flair pour l'attaque.

« Misha » avait une personnalité altruiste et chaleureuse, sans une ombre de malice. Son enthousiasme pour le jeu qu'il adorait était inextinguible. Dans ses dernières années, s'il fut diminué par de graves problèmes de santé qui en auraient couché plus d'un, jamais il ne se plaignait de cela et il a continué de jouer aux échecs jusqu'à sa mort. Misha détestait reporter une partie et il voulait la jouer même s'il devait pour cela passer outre les avis médicaux. Malgré son apparence malingre, ses qualités d'attaquant et son légendaire regard d'aigle sur l'échiquier étaient demeurés intacts.

Je l'ai vu pour la dernière fois en mai 1992, juste après son retour de Barcelone, son dernier grand tournoi. Il m'a montré sa belle victoire contre Lautier, mais il était si faible qu'il devait s'allonger sur le dos, me dicter les coups et analyser avec moi à l'aveugle, tandis que je reconstituais la partie sur l'échiquier. Il est mort le 28 juin 1992, et le monde des échecs s'est appauvri depuis sa disparition.

J'ai été enchanté que l'éditeur Cadogan me demande de travailler sur une nouvelle édition de son livre classique *The life and Games of Mikhail Tal*, qui couvre sa carrière jusqu'en 1975. C'est l'un de ces rares livres d'échecs qui n'est pas seulement extraordinairement instructif, mais qui révèle aussi la personnalité de son auteur.

J'ai eu assez peu à faire en dehors de convertir les coups en notation algébrique. J'ai corrigé quelques coquilles et erreurs évidentes (le mat en un coup raté à l'analyse de la partie n° 90 est un exemple typique). Ce sont dans quelques cas des erreurs dues à l'impression, par exemple l'omission accidentelle de coups. Je les ai corrigées sans commentaires. Pour d'autres, dans une vingtaine de cas académiques, j'ai clarifié la fin d'une variante. Je ne doute pas que Tal aurait approuvé ces changements s'il avait été encore en vie. En cas de doute, ou lorsque les changements étaient conséquents, mes remarques apparaissent toujours en pied de page.

Afin d'éviter toute confusion, je dois mentionner que les notes qui sont paraphées « Note de l'éditeur » et « Note du traducteur » sont transcrites depuis l'édition RHM. Les notes non paraphées sont les miennes et apparaissent pour la première fois dans cette édition.

John Nunn, Chertsey, juin 1997

Remerciements de Murray Chandler

Le monde des échecs doit une reconnaissance éternelle aux éditions Cadogan pour avoir permis la monumentale tâche d'une réimpression de cette œuvre classique de Mikhaïl Tal. Depuis sa première publication en 1976 par RHM, elle n'a jamais été rééditée du fait de la disparition de l'éditeur, et une génération entière a grandi sans jamais en avoir vu un seul exemplaire.

Cependant *The life and Games of Mikhail Tal* est vraisemblablement le plus grand livre d'échecs jamais écrit. Je suis sûr que tous les acteurs impliqués dans la première édition seront ravis de voir le chef-d'œuvre de Tal à nouveau disponible pour tous les amoureux des échecs.

En ce sens, nous devons saluer et remercier David Lévy (l'éditeur originel) et tous ceux et celles impliqués dans l'édition originelle chez RHM. Toutes les notes aux parties sont de Tal lui-même, à l'exception des parties 8, 11-13, 16-18, 23 et 29 (annotées conjointement par Tal et Koblentz, son entraîneur letton) et les parties 87, 88 et 92 (faites conjointement par Tal et Kirilov).

Pour cette nouvelle et merveilleuse version en notation algébrique, le grand maître John Nunn a passé des semaines à retranscrire tout le matériel depuis la notation descriptive, vérifiant le texte et déchiffrant des variantes obscures. Ken Neat (qui a si bien travaillé en traduisant depuis la version originelle en russe) a traduit du russe les parties 33 et 34 spécialement pour cette édition, et il a également mis à jour les tableaux de tournois de Tal.

Murray Chandler, Londres, juin 1997

Préface à la traduction française

Je suis pour ma part ravi de présenter enfin au lecteur francophone la première version en langue française de ce monument des échecs. Ce fut un délice pour un professeur de lettres, tant Tal a un « style » littéraire, parfois lyrique, souvent anecdotique, mais surtout fait d'humour, d'autodérision, sans jamais une touche d'aigreur ou d'antipathie envers ses adversaires.

Étant donné que Tal a conçu malicieusement son récit autobiographique sous la forme d'un dialogue imaginaire entre *Le Journaliste* et *Le Joueur*, je me suis efforcé d'utiliser autant que je l'ai pu le passé composé plutôt que le passé simple et un ton parfois familier, afin d'essayer de restituer le ton chaleureux et direct de la conversation.

Rodolphe Prévot, Blois, novembre 2018

Tableaux de tournois

Mikhaïl Nekhemievich Tal est né le 9 novembre 1936 à Riga. Il fut le 8ᵉ champion du monde. Il gagna le championnat d'URSS à six reprises. Grand maître international, maître de sport d'honneur de l'URSS. Titulaire des ordres de « La Médaille d'Honneur » et de « L'Amitié des Peuples ». Journaliste. Membre de la Société sportive « Daugava » de Riga. Il est décédé le 28 juin 1992 à Moscou.

Tournois

	PLACE	SCORE	+	−	=
1951					
8ᵉ championnat de Lettonie, Riga	11-14ᵉ	9/19	inconnu		
1952					
9ᵉ championnat de Lettonie, Riga	7ᵉ	10/17	7	4	6
1953					
10ᵉ championnat de Lettonie, Riga	1ᵉʳ	14,5/19	12	2	5
Championnat d'URSS par équipes, 2ᵉ échiquier :					
Demi-finale	-	3,5/7	2	2	3
Finale	1-2ᵉ	4,5/7	3	1	3
1954					
11ᵉ championnat de Lettonie, Riga	2-3ᵉ	14,5/19	13	3	3
Championnat d'URSS junior par équipes, Léningrad, 1ᵉʳ échiquier	2ᵉ	7/9	6	1	2
Championnat d'URSS par équipes, 1ᵉʳ échiquier	9-10ᵉ	4/10	1	3	6
1955					
12ᵉ championnat de Lettonie, Riga	2ᵉ	14/19	inconnu		
Tournoi zonal de la Baltique, Vilnius (quart de finale du championnat d'URSS)	3-4ᵉ	11/17	7	2	8
Match Lettonie vs Fédération de Russie, Riga	2ᵉ	6,5/11	4	2	5
Championnat d'URSS par équipes, Vorochilovgrad, 2ᵉ échiquier	3-4ᵉ	5,5/9	2	0	7
Championnat d'URSS, demi-finale, Riga	1ᵉʳ	12,5/18	10	3	5

1956

23e championnat d'URSS, Léningrad	5-7e	10,5/17	6	2	9
Olympiade universitaire, Uppsala, 3e échiquier	1er	6/7	5	0	2
Match Lettonie vs. Estonie, Tartu	-	2/4	1	1	2
Championnat d'URSS, demi-finale, Tbilissi	5-6e	11,5/19	6	2	11

1957

24e championnat d'URSS, Moscou	1er	14/21	9	2	10
Olympiade universitaire, Reykjavik, 1er échiquier	1er	8,5/10	7	0	3
Championnat d'Europe par équipes, Baden/Vienne, 4e échiquier	1-2e	3/5	2	1	2
Matchs entres les équipes de Lettonie et d'Italie	-	9/10	8	0	2

1958

25e championnat d'URSS, Riga	1er	12,5/18	10	3	5
15e championnat de Lettonie, Riga	1er	16,5/19	16	2	1
Olympiade universitaire, Varna, 1er échiquier	1er	8,5/10	7	0	3
Tournoi interzonal de Portorož	1er	13,5/20	8	1	11
Olympiade, Munich, 5e échiquier (meilleur score absolu de l'Olympiade)	1er	13,5/15	12	0	3

1959

26e championnat d'URSS, Tbilissi	2-3e	12,5/19	9	3	7
Olympiade de Lettonie	1er	7/7	7	0	0
Tournoi international de Zurich	1er	11,5/15	10	2	3
Spartakiade d'URSS, Moscou, 1er échiquier :					
Demi-finale	-	1/4	0	2	2
Finale	6e	1,5/4	0	1	3
Tournoi des candidats, Yougoslavie	1er	20/28	16	4	8
Tournoi international de Riga	4e	9/13	7	2	4

1960

Match Allemagne de l'Ouest vs URSS, Hambourg	1er	7,5/8	7	0	1
Olympiade, Leipzig, 1er échiquier	2e	11/15	8	1	6

1961

Tournoi international de Stockholm, 1960/1	1er	9,5/11	8	0	3
Championnat d'Europe par équipes, Oberhausen, 2e échiquier	-	5,5/9	3	1	5
Tournoi international de Bled	1er	14,5/19	11	1	7
Championnat d'URSS par équipes, demi-finale, Riga, 1er échiquier	-	1,5/3	1	1	1
29e championnat d'URSS, Bakou	4-5e	12/20	7	3	10

Championnat d'URSS par équipes, finale, Moscou, 1er échiquier	5e	2/5	0	1	4

1962

Tournoi des candidats, Curaçao	7-8e	7/21	3	10	8
Olympiade, Varna, 6e échiquier	1er	10/13	7	0	6
Championnat d'URSS par équipes, Léningrad, 1er échiquier	5-6e	4,5/8	1	0	7
30e championnat d'URSS, Erevan	2-3e	13,5/19	11	3	5

1963

Tournoi international de Miskolc	1er	12,5/15	10	0	5
Spartakiade d'URSS, Moscou, 1er échiquier	-	6/9	5	2	2
Tournoi mémorial Capablanca, La Havane	2-4e	16/21	14	3	4
Tournoi international de Moscou	2e	10,5/15	7	1	7

1964

Tournoi international de Hastings, 1963/4	1er	7/9	5	0	4
Tournoi international de Reykjavik	1er	12,5/13	12	0	1
Tournoi interzonal d'Amsterdam	1-4e	17/23	11	0	12
Tournoi international de Kislovodsk	1er	7,5/10	6	1	3
Championnat d'URSS par équipes, 1er échiquier :					
Demi-finale, Tallinn	-	5/6	4	0	2
Finale, Moscou	1-2e	4,5/6	3	0	3
32e championnat d'URSS, Kiev	3e	12,5/19	9	3	7

1965

22e championnat de Lettonie, Riga	1er	11/14	8	0	6

1966

Tournoi international de Sarajevo	1-2e	11/15	9	2	4
Tournoi international de Kislovodsk	6-7e	5,5/11	4	4	3
Championnat d'URSS par équipes, Moscou, 1er échiquier	3-4e	6/10	2	0	8
Olympiade, La Havane, 3e échiquier (meilleur score absolu de l'Olympiade)	1er	12/13	11	0	2
Tournoi international de Palma de Majorque	1er	12/15	9	0	6

1967

Tournoi international de Moscou	2-5e	10/17	5	2	10
Match Yougoslavie vs URSS, Budva	2-3e	6,5/11	3	1	7

Spartakiade d'URSS, Moscou, 1er échiquier :					
Demi-finale	-	3/5	1	0	4
Finale	1er	3/4	2	0	2
Mach Lettonie vs Roumanie, Riga	-	1,5/2	1	0	1
35e championnat d'URSS, Kharkov	1-2e	10/13	7	0	6

1968

Tournoi international de Wijk aan Zee	2-4e	9/15	5	2	8
Tournoi mémorial Karseladze, Gori	1er	7,5/10	6	1	3
Championnat d'URSS par équipes, Riga, 1er échiquier	6e	6/11	3	2	6

1969

36e championnat d'URSS, Alma-Ata, 1968/9	6-10e	10,5/19	6	4	9
37e championnat d'URSS, Moscou	14-15e	10,5/22	6	7	9

1970

Tournoi mémorial Goglidze, Tbilissi, 1969/70	1-2e	10,5/15	7	1	7
Championnat open de Géorgie, Poti (hors concours)	1er	11/14	9	1	4
URSS vs Reste du monde, Belgrade, 9e échiquier	-	2/4	1	1	2
Championnat d'Europe par équipes, Kapfenberg, 6e échiquier	1er	5/6	4	0	2
Grands maîtres vs jeunes maîtres, Sotchi	1er	10,5/14	9	2	3

1971

Championnat des clubs baltes, Riga	-	1,5/2	1	0	1
Tournoi international de Tallinn	1-2e	11,5/15	9	1	5
Tournoi international de Pärnu	2-3e	9,5/13	7	1	5
Championnat d'URSS par équipes, Rostov-sur-le-Don, 1er échiquier	-	4,5/6	3	0	3
39e championnat d'URSS, Léningrad	2-3e	13,5/21	9	3	9
Tournoi mémorial Alekhine, Moscou	6-7e	9,5/17	4	2	11

1972

Championnat des capitales baltes, Vilnius	-	1/3	0	1	2
Match Léningrad vs Lettonie, Léningrad, 1er échiquier	-	1/2	0	0	2
Championnat d'URSS par équipes, Moscou, 1er échiquier :					
Demi-finale	-	3/4	3	1	0
Finale	-	2,5/4	1	0	3
Tournoi mémorial Raud, Viljandi	2e	10,5/13	9	1	3
Tournoi international de Soukhoumi	1er	11/15	7	0	8

Olympiade, Skopje, 4e échiquier (meilleur score absolu de l'Olympiade)	1er	14/16	12	0	4
40e championnat d'URSS, Bakou	1er	15/21	9	0	12

1973

Tournoi international de Wijk aan Zee	1er	10,5/15	6	0	9
Tournoi international de Tallinn	1er	12/15	9	0	6
Match-tournoi des équipes de l'URSS, Moscou, 3e échiquier	-	1,5/4	1	2	1
Tournoi interzonal de Léningrad	8-10e	8,5/17	6	6	5
Championnat d'Europe par équipes, Bath, 7e échiquier	2e	4/6	2	0	4
Tournoi mémorial Tchigorine, Sotchi	1er	11/15	7	0	8
41e championnat d'URSS, Moscou	9-12e	8/17	3	4	10
Match Lettonie vs Fédération de Russie, Riga	1er	4/6	2	0	4
Tournoi international de Doubna	1-2e	11/15	7	0	8

1974

Tournoi international de Hastings, 1973/4	1-4e	10/15	5	0	10
Olympiade, Nice, 5e échiquier	1er	11,5/15	8	0	7
Tournoi international de Lublin	1er	12,5/15	10	0	5
Championnat d'URSS par équipes, Moscou, 1er échiquier	1er	6,5/9	4	0	5
Tournoi international de Halle-sur-Saale	1er	11,5/15	8	0	7
Tournoi international de Novi Sad	1er	11,5/15	9	1	5
Match Yougoslavie vs URSS, Belgrade	-	3,5/6	1	0	5
42e championnat d'URSS, Léningrad	1-2e	9,5/15	6	2	7

1975

Tournoi international de Las Palmas	2-4e	10/14	8	2	4
Championnat d'URSS par équipes, Riga, 1er échiquier	-	4,5/9	1	1	7
Tournoi international de Milan	6-7e	5,5/11	3	3	5
Tournoi mémorial Alekhine, Moscou	8-9e	8,5/15	4	2	9
43e championnat d'URSS, Erevan	2-5e	9,5/15	5	1	9

1976

Tournoi international de Wijk aan Zee	3-4e	6,5/11	3	1	7
Championnat d'URSS par équipes, Tbilissi, 1er échiquier	-	3,5/6	1	0	5
Tournoi interzonal de Bienne	2-4e	12/19	6	1	12
Play-off interzonal vs Petrossian et Portisch	3e	3,5/8	0	1	7
44e championnat d'URSS, Moscou	6-7e	9/17	3	2	12

1977

Tournoi international de Tallinn	1er	11/15	10	3	2
Championnat d'Europe par équipes, Moscou, 4e échiquier	-	4,5/6	3	0	3
Tournoi international de Las Palmas	4-5^e	9/15	6	3	6
Tournoi international de Léningrad	1-2^e	11,5/17	7	1	9
Tournoi mémorial Tchigorine, Sotchi	1er	11/15	8	1	6
45e championnat d'URSS, Léningrad	5-7^e	8/15	4	3	8

1978

Tournoi international de Bugojno	4-5^e	8,5/15	2	0	13
Championnat d'URSS par équipes, demi-finale, Mogilev, 1er échiquier	-	4/5	3	0	2
46e championnat d'URSS, Tbilissi	1-2^e	11/17	5	0	12

1979

Tournoi international de Tallinn	2-3^e	11,5/16	8	1	7
Tournoi international de Montréal	1-2^e	12/18	6	0	12
Yougoslavie vs URSS, Teslić, 1er échiquier	-	2,5/4	2	1	1
Championnat d'URSS par équipes, Moscou, 1er échiquier	-	4,5/8	2	1	5
Tournoi interzonal de Riga	1er	14/17	11	0	6
47e championnat d'URSS, Minsk	14-15^e	7,5/17	3	5	9

1980

Championnat d'Europe par équipes, Skara, 2e échiquier	-	2/5	0	1	4
Tournoi international de Bugojno	7-10^e	5/11	1	2	8
Championnat d'URSS par équipes, demi-finale, Jurmala, 1er échiquier	-	2/2	1	0	2
Tournoi international d'Erevan	4^e	9/15	5	2	8
Tournoi international de Tilburg	6^e	5,5/11	1	1	9
24e Olympiade, Malte, 3e échiquier	-	3,5/6	2	1	3

1981

Tournoi par équipes, équipe d'URSS, Moscou, 7e échiquier	-	4,5/6	3	0	3
Tournoi international de Tallinn	1er	10/15	5	0	10
Tournoi international de Malaga	1er	7/11	3	0	8
Championnat d'URSS par équipes, Moscou, 1er échiquier	1er	7/9	5	0	4
Tournoi international de Lvov	1-2^e	9/13	5	0	8
Tournoi international de Riga	1er	11/15	7	0	8

1982

Tournoi international de Porz	1er	9/11	7	0	4
Tournoi international de Wijk aan Zee	5-9	7/13	5	4	4
Tournoi international d'Erevan	1er	10/15	6	1	8
Tournoi international de Moscou	1-2e	9/13	5	0	8
Tournoi interzonal de Moscou	3-4e	8/13	4	1	8
Olympiade, Lucerne, 5e échiquier	-	6,5/8	5	0	3
Tournoi mémorial Tchigorine, Sotchi	1er	10/15	5	0	10

1983

Tournoi mémorial Kérès, Tallinn	1-2e	10/15	6	1	8
Tournoi international de Jurmala	5-8e	6,5/13	2	2	9
Championnat d'URSS par équipes, Moscou, 1er échiquier	-	5/9	1	0	8
Tournoi international de Nikšić	7-8e	7/14	1	1	12

1984

Championnat d'Europe par équipes, 1983/4	-	3/6	2	2	2
Tournoi international de Lvov	5-6e	7/13	1	0	12
Championnat d'URSS par équipes, Kiev, 1er échiquier	-	2/4	1	1	2
Tournoi international de Bugojno	5-9e	6,5/13	2	2	9
URSS vs Reste du monde, Londres, 7e échiquier	-	2/3	1	0	2
Tournoi international d'Albena	1-2e	7/11	5	2	4
Tournoi mémorial Tchigorine, Sotchi	4-5e	8/14	2	0	12
Tournoi international de Titograd	3e	6,5/11	3	1	7

1985

Tournoi mémorial Kérès, Tallinn	3-6e	8,5/14	4	1	9
Championnat d'URSS par équipes, Volgograd, 1er échiquier	-	4/7	1	0	6
Tournoi interzonal de Taxco	3e	10/15	5	0	10
Tournoi international de Jurmala	1-2e	9/13	5	0	8
Tournoi mémorial Nimzowitsch, Næstved	4-6e	6/11	2	1	8
Tournoi des candidats de Montpellier	4-5e	8,5/15	3	1	11

1986

Championnat d'Europe par équipes, 1985/6	-	5,5/9	4	2	3
Tournoi open de Reykjavik	2-8e	7,5/11	4	0	7
Tournoi mémorial Petrossian, Erevan	3e	9/14	6	2	6
Tournoi open de Berlin ouest	1-3e	7,5/9	6	0	3
Tournoi mémorial Tchigorine, Sotchi	4-5e	8/14	3	1	10
Tournoi mémorial Goglidze, Tbilissi	1-2e	10/14	6	0	8

1987

Tournoi international de Reykjavik	2-3^e	7/11	3	0	8
Tournoi international de Bruxelles	6^e	6/11	2	1	8
Tournoi interzonal de Subotica	4-5^e	10/15	6	1	8
Tournoi international de Jurmala	1-4^e	7,5/13	3	1	9
Tournoi international de Termas de Rio Hondo	1er	8/11	5	0	6

1988

Tournoi international de Wijk aan Zee	5-7^e	6,5/13	1	1	11
Tournoi open de Saint-Jean	4-15^e	6/9	3	0	6
Tournoi World Cup de Bruxelles	10-13^e	7,5/16	3	4	9
Tournoi mémorial Goglidze, Tbilissi	7^e	5/10	2	2	6
Tournoi World Cup de Reykjavik	3^e	10/17	4	1	12

1989

Seniors vs juniors, Cannes	-	1,5/5	0	2	3
Tournoi international de Marseille	4-5^e	4,5/8	2	1	5
Tournoi World Cup de Skellefteå	10-12^e	7/15	0	1	14

1990

Bundesliga 1989/90	-	5,5/10	2	1	7
Tournoi international de Tel Aviv	2-4^e	7,5/11	4	0	7
Championnat d'URSS par équipes, Podolsk, demi-finale, 1er échiquier	-	3,5/5	2	0	3
Tournoi open de New York	9-19^e	5,5/9	3	1	5
Tournoi GMA, Moscou	24-34^e	5/11	0	1	10
Tournoi interzonal de Manille	29-39^e	6,5/13	3	3	7
Tournoi open de Moscou	3-8^e	6,5/9	4	0	5

1991

Bundesliga 1990/91	-	5/6	5	1	0
Tournoi international de San Francisco	3-6^e	6/11	2	1	8
Tournoi international de Buenos Aires	1-3^e	8,5/13	4	0	9
Tournoi open de Moscou	-	-	inconnu		
Tournoi open de Léningrad	-	6/9	4	1	4
58e championnat d'URSS, Moscou	39-49^e	5/11	1	2	8

1992

Bundesliga 1991/92	-	1,5/3	0	0	3
Tournoi open international de Porz	4-10^e	7/9	5	0	4
Tournoi open international de Séville	4-14^e	7/9	6	1	2
Tournoi international de Barcelone	8-10^e	5,5/11	3	3	5

Matchs

	Score	+	−	=
1954				
Match pour le titre de maître soviétique contre Saigin	8-6	4	2	8
1960				
Match pour le titre de champion du monde contre Botvinnik, Moscou	12,5-8,5	6	2	13
1961				
Match retour pour le titre de champion du monde contre Botvinnik, Moscou	8-13	5	10	6
1965				
Quart de finale des candidats contre Portisch, Bled	5,5-2,5	4	1	3
Demi-finale des candidats contre Larsen, Bled	5,5-4,5	3	2	5
Finale des candidats contre Spassky, Tbilissi	4-7	1	4	6
1966				
Match d'entraînement contre Bronstein	2,5-1,5	1	0	3
1968				
Quart de finale des candidats contre Gligorić, Belgrade	5,5-3,5	3	1	5
Demi-finale des candidats contre Kortchnoï, Moscou	4,5-5,5	1	2	7
1969				
Match de la 3e place des candidats contre Larsen, Eersel	2,5-5,5	1	4	3
1970				
Coupe d'URSS, Dnepropetrovsk :				
- contre Bagirov	3-1	2	0	2
- contre Goufeld	2,5-1,5	1	0	3
- contre Savon	1,5-2,5	0	1	3
1976				
Match contre Andersson, Stockholm	4,5-3,5	1	0	7
1980				
Quart de finale des candidats contre Polougaïevski, Alma-Ata	2,5-5,5	0	3	5

1983
Match interzonal play-off contre Andersson, Malmö 3-3 1 1 4

1985
Match des candidats play-off contre Timman, Montpellier 3-3 1 1 4

1988
Match d'entraînement contre Timman, Hilversum 3,5-2,5 2 1 3

1. Mes premiers pas

Dialogue entre un joueur d'échecs et un journaliste (au lieu d'une auto-biographie).

Protagonistes :
UN JOUEUR D'ÉCHECS : Mikhaïl Tal
UN JOURNALISTE : Qui sait ? peut-être moi-même...

JOURNALISTE : *Bien, pouvons-nous commencer maintenant ? En vous asseyant pour la première fois devant un échiquier, pensiez-vous alors que vous alliez jouer un jour un match pour le titre de champion du monde ? À propos, quel souvenir gardez-vous de votre première partie ?*
JOUEUR D'ÉCHECS : Est-ce que j'y pensais déjà ? probablement pas. Les matchs pour le titre sont des événements rares, et d'un point de vue physique, il est juste impossible pour de nombreux fans d'y participer. Je dis « fans » car, après tout, même les professionnels sont des « fans » d'échecs.

Concernant ma première partie, quand l'un d'entre nous joue pour la première fois, il est comme quelqu'un qui vient d'être contaminé par une maladie infectieuse, disons la fièvre de Hong Kong. Un tel homme marche dans les rues, sans savoir encore qu'il est déjà malade, il est en forme, il se sent bien mais les microbes sont déjà à l'œuvre.

Quelque chose de semblable, en moins nocif, arrive aux échecs. On vient juste de vous apprendre le déplacement en L du Cavalier, du Fou sur les diagonales, le roque (notez-le roque, pas la Tour), alors que la Dame (notez bien encore une fois la Dame, et pas le Vizir !¹) aime bien sa couleur. Vous perdez la première partie. Mais à un moment donné, si votre père, votre frère aîné ou un vieux copain veut vous faire plaisir, alors vous allez gagner, et du coup vous sentir très fier de vous même. Quelques jours passent, et soudain vous sentez à votre insu que sans les échecs, quelque chose manque à votre vie. Vous pouvez alors vous réjouir : vous faites partie de cette catégorie de personnes ne disposant pas de défenses immunitaires contre la maladie des échecs...

C'est la manière dont tout commence. Et ensuite le même parcours : pour certains, c'est agréable, pour d'autres moins. Mais quand vous vous

---

¹ « Vizir » est dérivé de l'indien, c'est le terme d'échecs russe spécifique pour désigner la Dame (note du traducteur anglais).

asseyez pour jouer un match pour le championnat du monde, il peut vous arriver parfois de repenser à cette première partie.

J'ai perdu ma première partie sérieuse contre mon cousin, et pour la première fois de ma vie, j'ai été la victime d'un mat d'école. C'était une véritable tragédie, parce que je me voyais déjà alors comme un joueur expérimenté. Heureusement pour moi, mes parents étaient extrêmement bienveillants, et pendant mon apprentissage, je comptais bien davantage de victoires que de défaites.

C'est ainsi qu'est survenue cette tragédie, la première de mes dix premières années...

À cette époque-là, pour des raisons tout à fait divergentes – il semblait que je souhaitais rejoindre une troupe théâtrale – je suis entré au Palais des pionniers à Riga. Dans le couloir, j'ai remarqué soudain un panneau sur une porte : « Section échecs ». Excellent ! ai-je alors pensé. J'y suis entré et j'ai demandé à l'instructeur de m'enseigner et de m'apprendre comment gagner, car j'avais été meurtri par cette défaite.

On ne m'a rien montré dans l'immédiat, mais j'y suis resté. J'y restai et fus vite fasciné, sans doute parce que j'ai eu beaucoup de chance avec mon premier professeur d'échecs. Son nom, Yanis Kruzkop, n'évoquera sans doute rien pour de nombreux joueurs d'échecs. Mais il a fait beaucoup, car il a transmis à chacun de ses élèves un amour immodéré des échecs.

Après quelques mois de cours, j'ai commencé à battre mon frère aîné. Mais – et quel terrible sentiment – cela faisant, je n'en ai retiré aucune satisfaction particulière, car j'ai pris conscience qu'il ne jouait pas bien. Le temps était venu pour moi de rechercher plus forte opposition...

JOURNALISTE : *Pouvez-vous, s'il vous plaît, évoquer pour nous vos premières parties ? La première en tournoi, la première contre un maître, la première qui a été publiée ?*

JOUEUR D'ÉCHECS : Bien sûr. J'ai joué pour la première fois contre un maître en simultanée. Le jeune maître Ratmir Kholmov, qui venait juste de s'illustrer au tournoi international en mémoire de Tchigorine de 1947, est venu à Riga, et nous avons été tous très excités par sa visite. J'ai gagné la partie dans ce qui m'a semblé être déjà un style combinatoire.

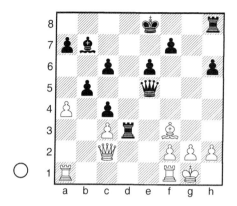

Kholmov – Tal
Simultanée, Riga, 1949

18.axb5 ⬜xf3 19.⬜xa7 ♛xb5 20.gxf3 (20.⬜b1 ⬜xc3!) **20...♛g5+ 21.♔h1 ⬜g8 0-1**

Mon premier tournoi sérieux a été le championnat des jeunes de Riga. À cette époque, j'étais un joueur de 4ᵉ catégorie (1400-1600 Elo), Elo obtenu au Palais des pionniers. C'était un classement assez faible, mais, d'après une base de données non officielle, j'étais considéré comme un joueur prometteur, et invité donc dans ce championnat.

J'ai démarré très fort : 3 sur 3. Cependant, pour la première fois, mais malheureusement pas la dernière, j'ai dû aller d'urgence à l'hôpital pour la scarlatine. Et le jour où cela est arrivé, un match géant était organisé sur cent échiquiers à Riga entre quelques adultes et les jeunes pionniers. J'ai joué autour du 45ᵉ échiquier et, vu l'état dans lequel je me trouvais, j'ai été maté avec les Blancs au bout de 8 coups. Mais on a publié l'une de mes trois premières victoires dans le magazine soviétique de jeunes *Zatyeynik*.

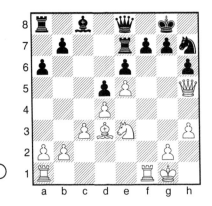

Tal – Leonov
Championnat junior de Riga, demi-finale, 1949

19.♖f6! Un sacrifice de blocage par lequel les Blancs empêchent 19...f5 et menacent 20.♖xh6. **19...♕f8 20.♖f4 ♗d7 21.♘g4** La pression augmente. **21...♗e8 22.♘f6+! ♘xf6 23.exf6 ♖c7 24.fxg7 ♔xg7 25.♕e5+ 1-0**

JOURNALISTE : *Bien ? et aviez-vous découpé l'article ?*
JOUEUR D'ÉCHECS : Non, je ne l'ai pas fait, mais j'étais très heureux de sa parution !

JOURNALISTE : *Et aviez-vous déjà le niveau qui vous permettrait de rêver d'obtenir des parties ajournées ?*
JOUEUR D'ÉCHECS : Cela m'était déjà arrivé un peu auparavant, en 1947, et cela s'était très bien passé ! Au cours d'un des innombrables tournois organisés au Palais des pionniers, j'ai ajourné une partie contre Krapivner, joueur de deuxième catégorie (1800-2000 Elo), dans une position que je jugeais être sans espoir. Ce soir-là, j'ai essayé à l'analyse tout ce que j'ai pu, car la reprise était prévue pour le matin suivant. Je n'ai rien pu trouver, donc j'ai décidé que j'allais m'y rendre pour abandonner. Mais pendant la nuit, j'ai eu la vision en rêve d'une idée inintelligible – je m'en rappelle parfaitement – liée à la position ajournée. À la reprise, j'ai réfléchi dix minutes et j'ai fini par la retrouver !

Par la suite, je suis retombé sous ce niveau de « clairvoyance » et n'ai pu malheureusement pas renouveler cette expérience. Et jamais plus dans ma vie je n'ai rêvé d'une partie ajournée.

Puis, en passant dans la troisième catégorie (1600-1800 Elo), je suis parvenu à obtenir un Elo de deuxième catégorie lors de mon tournoi suivant, et j'ai commencé alors à éprouver un réel intérêt pour les échecs.

Puisque nous en sommes à évoquer les « premières fois », je dois raconter mon premier départ de Riga pour un événement international, comme nous le considérions alors avec fierté : le tournoi des Palais des pionniers des trois républiques baltes. Il fallait nous rendre à Vilnius, capitale de la Lituanie.

Notre équipe était la plus jeune des trois. Je n'avais pour ma part que douze ans, et dans ma première partie contre les Estoniens, mon adversaire avait l'air d'un adulte du haut de ses 16 ou 17 ans. À l'évidence, les Estoniens étaient venus pour gagner, du fait que leurs membres n'étaient pas tous des pionniers. Et ce fut sans surprise que nous avons pris la dernière place, et que sur le deuxième échiquier, je n'ai réalisé qu'un point sur quatre. Mais ce point s'est avéré être décisif, car j'ai gagné contre un joueur estonien, ce qui a permis à l'équipe locale de prendre la première place du tournoi.

C'est sans doute grâce à cela que pour la première fois de ma vie, j'ai été récompensé par le prix de la partie la plus intéressante du tournoi, même si je suis resté sceptique quant à la valeur créative d'un tel succès. Le prix, une édition luxueuse du livre de Tolstoï *Pierre 1er*, était très beau, mais très lourd ! Lorsqu'il m'a été présenté, il m'a semblé à peine plus simple de le transporter jusqu'à la table de notre équipe que d'avoir gagné la partie pour le mériter...

L'année suivante, en 1949, j'ai participé pour la première fois aux tournois officiels de l'Union soviétique, jouant pour l'équipe lettone junior. Pendant les six années où j'ai pu jouer pour cette équipe de jeunes, je suis passé du sixième au premier échiquier.

Dans ma première partie contre l'équipe de Biélorussie, j'ai gagné, mais cette victoire s'est avérée être la seule. Je me souviens d'une partie notable contre le candidat maître lituanien Mendeleevsky, qui me fit perdre mes premières illusions de jeunesse sur une élite « irréprochable ».

Le fait est qu'un an auparavant, dans le match pour le championnat du monde, Botvinnik avait effectué un sacrifice de pion dans la défense slave qui lui avait valu une jolie victoire contre Euwe.

Je jouais souvent cette ouverture à cette époque, et il s'est trouvé que nous avons suivi consciencieusement, Mendeleevsky et moi-même, les pas de nos illustres prédécesseurs. Je me souvenais aussi que les théoriciens avaient fermement condamné la prise du pion, recommandant un autre coup à la place. Tout cela figurait dans les notes de Botvinnik concernant cette partie. J'ai réfléchi longuement sur l'échiquier, essayant de réfuter Botvinnik, car me disant à moi-même : Euwe, un si grand expert de la théorie, n'a pas pu faire une telle erreur. En suivant effrontément l'ex-champion du monde batave, je me suis retrouvé moi aussi dans une position perdante, prolongeant ma réflexion jusqu'à perdre ma première partie au temps. Grâce à Dieu, ce fut la seule perdue de cette manière dans toute ma carrière.

JOURNALISTE : *Cela signifie-t-il que votre « combat individuel » contre Botvinnik a commencé à ce moment ? Ou bien faut-il prendre en compte l'été 1948, quand vous vous êtes installé devant un échiquier pour jouer contre lui pendant ses vacances ?*

JOUEUR D'ÉCHECS : Cette histoire est connue partout et elle me fait toujours sourire, même après l'avoir entendue à maintes reprises. Mais il est temps de confesser que c'est juste une histoire. Il est vrai que Botvinnik, après avoir gagné le championnat du monde, a pris des vacances à la mer près de Riga. J'étais au courant et je voulais jouer contre lui, mais la vérité s'arrête là. Lorsque j'ai parlé à mes parents de cette envie de le rencontrer devant l'échiquier, ils m'ont dissuadé gentiment de le faire. Mais vos collègues journalistes se sont emparés de la rumeur, m'ont mis un échiquier sous le bras, m'ont envoyé illico jouer contre Botvinnik, et ont introduit une femme dans l'intrigue – comment pourrait-il y avoir de scénario sans femme ? – qui m'a barré la porte du champion du monde !

Lors du championnat des jeunes de Lettonie suivant, j'ai joué déjà à l'un des premiers échiquiers et j'ai reçu en cette occasion une leçon instructive. Nous devions jouer un match préliminaire contre nos homologues de la Fédération de Russie, rencontre pour laquelle nous avions fait le voyage jusqu'à Iaroslavl. Mon adversaire était un fort joueur, le très aimable Victor Golenishev, un futur maître. Notre première partie connut des fortunes diverses et fut ajournée dans une finale légèrement inférieure pour moi. Mais l'analyse de la position ajournée révéla que j'avais une variante forcée qui menait à une position dans laquelle j'avais un Cavalier contre deux Fous, et rien d'autre sur l'échiquier.

Je n'ai appris que très récemment (il y a un peu plus de deux ans) à mater un Roi dépouillé avec deux Fous, et bien entendu, je n'ai pas soupçonné alors qu'ayant un Cavalier, j'éprouverais des difficultés à annuler. Pourtant, quand la position est survenue sur l'échiquier, j'ai commencé à fixer mon adversaire dans les yeux, dans l'attente d'une proposition de nullité. Mais la partie s'est poursuivie et toujours pas d'offre de nulle. Après dix à douze coups, j'ai commencé à comprendre que la nulle n'allait pas de soi. À la fin, j'ai perdu cette partie et n'ai obtenu ma revanche que onze ans plus tard, durant mon second match contre Botvinnik[2] où j'ai gagné une finale identique.

---

[2] En 1961 durant la 17e partie du match (note du traducteur anglais).

Un exemple saisissant des bénéfices apportés par les tournois de jeunes !

Nous ne sommes pas arrivés en finale cette année à Iaroslavl, mais l'année suivante si. Après un long voyage intéressant jusqu'à Kichinev – je n'étais jamais parti si loin de la maison, et les autochtones nous regardaient comme des étrangers – nous avons vaincu l'équipe moldave. J'y ai joué ce qui fut la première finale gagnante de ma vie. Tous pensaient que cette finale de Fous serait nulle malgré mon pion de plus, mais nous avons trouvé une manœuvre du Fou intéressante qui a forcé un zugzwang, me donnant un gain forcé.

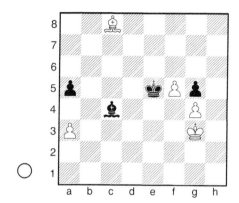

Tal – Giterman
Championnat d'URSS junior
par équipes, 1951

44.♔f3 ♗f7 45.♗b7 ♗g8 46.♔e3 ♗f7 47.♗f3 ♗g8 48.♔d3 ♗a2 49.♗e2 ♗d5 50.♗d1 ♗g8 51.♔c3 ♗f7 52.♗b3 ♗e8 53.♗d1 ♗f7 54.♗f3 ♗a2 55.♗c6 ♗g8 56.♗b5 ♗d5 57.♗e2 Zugzwang ! 57...♗f7 58.♗c4 ♗e8 59.♗b3 ♗c6 60.♗e2 Fin de la danse du Fou. 60...a4+ 61.♔b4 ♔f6 62.♔c5 ♗e8 63.♗b5 **1-0**

Pour la phase finale, j'ai joué au quatrième échiquier et je jouissais de la réputation d'être un tacticien à la hussarde, toujours prêt à sacrifier quelque chose. Mais ici, en prenant en considération l'esprit d'équipe, mon capitaine m'avait recommandé de jouer calmement et de me retenir. On en a immédiatement vu les résultats ! Dans la première ronde, ayant les Blancs dans une variante bien connue de la défense Caro-Kann, j'ai sacrifié un pion – je pensais avoir ce droit car je suivais une recommandation théorique – mais le problème c'est que la suite impliquait le sacrifice de deux pions supplémentaires, et dans quelques variantes, d'une Tour entière ! Ayant en tête les injonctions de mon capitaine, j'ai recherché une continuation paisible, me suis retrouvé en crise de temps et ai perdu la partie. Cela est arrivé à chaque fois que j'ai essayé de tempérer ma fougue. Je n'ai connu la victoire que quand mes adversaires acceptaient de rentrer dans les complications inévitables que j'avais initiées.

En outre, je pensais être déjà un joueur expérimenté. Fin 1950, j'ai fait mes débuts dans le championnat de Riga adulte. En quart de finale, j'ai réalisé 12,5 sur 13, ce qui m'a permis d'obtenir une norme de première catégorie et d'atteindre la demi-finale puis la finale.

J'ai terminé le championnat avec le score de 9 sur 19, entre la onzième et la quatorzième place. Ce qui me reste en mémoire fut cependant autre chose.

Deux maîtres participaient à la finale : Alexandre Koblentz de Riga, mon futur entraîneur, et, *hors concours,* le Moscovite Eugène Zagoriansky, accompagnés de cinq candidats maîtres et de treize joueurs de première catégorie. J'ai réalisé 1,5 sur 2 contre les maîtres, et j'ai été très satisfait de ma défense dans une position délicate contre Zagoriansky. Contre les candidats, mon score fut de 3,5 sur 5, mais seulement de 4 sur 12 contre mes collègues de première catégorie !

Je me suis qualifié néanmoins pour le championnat de Lettonie, ce qui constituait mon quatrième tournoi d'affilée, et j'aurais sans doute dû prêter davantage d'attention à mon travail scolaire, d'autant plus que nous en avions terminé avec le deuxième trimestre.

Le tournoi n'avait pas mal du tout commencé pour moi. À la première ronde, j'ai sauvé ma partie contre Strautmanis, dans un style que j'aimais alors, et que j'affectionne toujours : je suis tombé dans un piège de sorte d'y piéger également mon adversaire ! Je me suis retrouvé dans une position difficile avec les Noirs, mais j'y ai découvert une combinaison qui donnait l'impression que j'avais oublié une pointe tactique. Cependant, en réalité, elle me permettait de gagner de manière forcée sa Dame contre Tour et Fou. La partie s'est achevée par la nullité.

Dans la deuxième ronde, j'ai gagné rapidement et avec style contre le joueur de Liepāja, Gravitis. En revanche, une tragédie qui m'a totalement anéanti est survenue au cours de la troisième ronde. Dans ma partie contre le candidat maître Zhdanov, j'ai joué ce que je considère encore aujourd'hui être une bonne partie. Côté noir dans un gambit Marshall, j'ai trouvé une jolie et intéressante combinaison : j'ai permis à mon adversaire d'obtenir une seconde Dame sur échec, mais ce faisant, il est vite devenu évident qu'il se retrouvait dans une position désespérée. Alors, dans une position de gain élémentaire, pensant que tout gagnait, j'ai simplement lâché une pièce ! Il y avait encore moyen d'annuler, mais cette gaffe me fit perdre tous mes moyens et la partie.

Suite à cette déroute, j'ai perdu plusieurs parties quasiment sans jouer, de sorte qu'à six rondes de la fin du tournoi, j'occupais fermement l'une des dernières places. Toutefois la fin du tournoi coïncidait avec le début des vacances scolaires de printemps, ce qui m'a donné du temps supplémentaire pour recouvrer mes forces et obtenir 5 points lors des dernières parties, si bien qu'au bout du compte, je me suis retrouvé pour la seconde fois consécutive en milieu de tableau, partageant les 11-14e places avec 9 points sur 19.

JOURNALISTE : *Pensiez-vous déjà à cette époque à votre avenir dans les échecs ! Pas concernant le championnat du monde, bien sûr, mais au moins déjà le titre de maître ?*
JOUEUR D'ÉCHECS : Cela pourra passer aujourd'hui pour de la coquetterie, mais à ce moment-là, je jouais simplement aux échecs et y prenais du plaisir.

JOURNALISTE : *Mais vous recherchiez sûrement déjà des combats contre des joueurs célèbres ?*
JOUEUR D'ÉCHECS : Bien entendu ! J'adorais cela, mais c'était encore assez rare et se produisait surtout lors de simultanées.
Ma première partie notable fut contre Kérès, notre voisin du nord, et notre idole. Il nous a rendu visite pour une série de parties simultanées, et ce, bien qu'il était alors engagé dans le cycle pour le titre mondial. J'étais à cette époque un solide joueur de première catégorie, finaliste du championnat de Lettonie, et je me suis dit que je méritais mieux qu'une simple simultanée. Je me suis donc inscrit pour une simultanée à la pendule limitée à 10 joueurs.
Il a perdu deux parties contre deux futurs grands maîtres : Gipslis et moi-même. J'étais très heureux de cette partie, pas tant pour l'avoir gagnée que pour l'avoir gagnée dans la variante de Botvinnik. Je croyais que cela pourrait constituer pour lui un terrible choc psychologique, étant donné que Kérès et Botvinnik étaient alors considérés comme des ennemis héréditaires sur l'échiquier.
Le temps a passé, Paul Pétrovitch et moi-même avons joué de nombreux tournois ensemble. Je lui ai demandé un jour s'il se souvenait de notre première rencontre. Oui me dit-il, à Tallin, pendant le match entre la Lettonie et l'Estonie. Non, lui répondis-je, plus tôt, à Riga, lors d'une simultanée à la pendule. Il m'affirma qu'il avait complètement oublié cette partie... Et moi qui pensais qu'une défaite dans la variante de Botvinnik serait restée imprimée dans sa mémoire pour toujours !

L'année suivante, en 1952, et encore une fois au championnat de Lettonie, j'ai acquis cette sale habitude, que j'ai toujours gardée, qui consiste à perdre ma première partie.

En l'occurrence, cela s'est produit dans l'ouverture suivante : 1.e4 e5 2.♘f3 ♘c6 3.♗d3(??) ♘f6 4.c3 où je jouais avec les Noirs. Cela m'a agacé au point de prendre deux bulles supplémentaires à la suite. Cependant les choses se sont arrangées par la suite et j'ai fini à la septième place, infligeant au champion letton Pasman son unique défaite.

Au championnat des jeunes de notre pays, notre équipe était en proie à ses problèmes habituels, et j'étais, quant à moi, pris dans les choix de mon orientation scolaire. J'avais terminé mes études secondaires à 15 ans et demi, car j'avais été accepté directement auparavant en troisième année. Je me suis inscrit à la Faculté de Droit à l'université où l'on m'avait signifié que j'en aurais terminé à 20 ans et que je pourrais ensuite exercer les fonctions d'assesseur public ou d'autres fonctions juridiques à compter de mes 21 ans. Ainsi j'aurais une année d'oisiveté forcée après l'Université.

J'ai reçu à ce moment-là une permission spéciale venant de Moscou pour m'inscrire à la Faculté des Lettres. Je l'ai reçue pendant le championnat des jeunes. J'adorais la littérature et n'avais rien contre cette idée d'en faire l'objet de mes études. J'ai pris un vol pour la maison, j'ai passé l'examen et me suis inscrit à la Faculté des Lettres.

À la fin de la même année, j'ai joué pour la première fois dans une équipe adulte : « Daugavi », qui était alignée dans la deuxième catégorie du championnat d'URSS. Il est arrivé une fois un incident assez drôle : j'ai joué une partie dont je ne connais toujours pas le résultat aujourd'hui !

C'était lors de la dernière ronde. J'étais dans une mauvaise position, mais à la reprise de l'ajournement j'ai réussi à embrouiller la situation, et mon adversaire, en crise de temps, a commencé à répéter les coups. La répétition fut quelque peu confuse, mais la même position s'est produite trois fois. En accord avec les règles, je n'ai pas joué mon 55e coup et j'ai appelé l'arbitre pour réclamer la nulle. À ce moment, mon adversaire, d'une très forte voix de stentor, a clamé que je n'étais qu'un jeune garçon et que je n'avais aucune idée de ce qu'était une répétition de coups, et il a tendu à l'arbitre sa feuille de partie.

Ce dernier y a jeté un très bref coup d'œil et a déclaré qu'il n'y avait pas eu de répétition, puis il nous a demandé de continuer la partie. Mon adversaire a surmonté le zeitnot, converti son avantage et gagné la partie. Je suis allé plus tard demander des explications auprès de l'arbitre en chef, qui, après avoir installé la position sur l'échiquier, a convenu qu'il y avait effectivement eu répétition. Qu'étais-je supposé faire ? Peu après, alors que je me suis demandé si je devais ou non porter réclamation, l'arbitre principal est venu à ma rencontre avec le classement, et il a commencé à essayer de me persuader que la partie n'avait pas une grande importance, que de toute manière notre équipe se classerait troisième, que de toute manière je ne concourrais pas pour le prix de mon échiquier, donc pas de quoi faire des histoires pour rien.

Il a quitté les lieux, après quoi ses subordonnés sont venus me dire qu'ils se sentaient offensés par une telle décision et qu'il convenait que je fasse appel. J'ai donc rédigé un recours puis nous sommes partis en train. À ce jour, je ne connais toujours pas la décision qui a été prise concernant cette partie.

JOURNALISTE : *Et qui était cet arbitre en chef ?*
JOUEUR D'ÉCHECS : Est-ce important ? Il a été arbitre principal en deux occasions où j'ai joué dans des tournois, et à chaque fois, j'ai eu quelque raison d'oublier de lui demander le résultat de cette partie...

Mais pour être tout à fait franc, j'ai très vite oublié cet incident. Surtout que très vite, j'ai obtenu mon premier grand succès : j'ai pris la première place au championnat de Lettonie. Remarquez, cela tombait sous le sens, puisque depuis cinq ans, ce championnat était tous les ans remporté traditionnellement par un étudiant en première année d'université ! En 1951, par Pasman de la Faculté d'Histoire, en 1952, par Klyavin de la Faculté de Physique-Mathématiques, en 1954 par Klovans de la Faculté d'Économie, et en 1955 par Gipslis. Ainsi en 1953, le seul inscrit en première année, moi-même, l'ai remporté « logiquement ». J'ai bien joué, même si j'ai perdu une partie contre Koblentz dont il se souvient encore.

J'ai très mal joué l'ouverture dans cette partie, mais, en crise de temps, il a loupé à un moment un coup d'assommoir tactique. Cependant, j'ai répondu a tempo à mon tour et j'ai perdu ma Dame. Sur le point de tomber, il a effectué son 39e coup et s'est préparé à se dégourdir les jambes, pensant que le contrôle de temps avait été atteint. Je l'ai prévenu de son erreur. Bien que très méfiant, il s'est rassis et a effectué encore un coup juste avant que le drapeau ne tombe, sur quoi j'ai abandonné. Il a vérifié alors sa feuille de partie, y a trouvé son erreur et a commencé alors à me « respecter ».

Nous étions à ce stade-là de la compétition les deux seuls prétendants à la victoire finale, mais alors le « Maître », surnom que tous donnaient à Koblentz, a perdu quelque peu le fil...

Tous les jeunes dans leur ensemble se sont fort bien comportés dans ce tournoi, si bien que, en automne, après que j'eus remporté la partie d'échecs vivante contre Birbrager au championnat junior de notre pays, l'équipe est apparue considérablement rajeunie lors du championnat d'URSS adulte. L'équipe lettonne était étonnamment jeune avec Tal et Gipslis, 16 ans, et Klovans, 17 ans. Seul notre leader Koblentz ainsi qu'un autre joueur étaient plus expérimentés. C'est en ces termes que le maître lituanien taquin Vistanestskis s'est adressé à Koblentz : « As-tu perdu la tête ? Le 1er septembre est passé et il est temps pour les enfants d'aller à l'école ! et tu les fais jouer aux échecs ! » Compte tenu de nos piètres performances récentes, peu nous voyaient alors en finale.

Nous avons joué avec beaucoup d'enthousiasme, et atteint non seulement la finale, mais pris la quatrième place devant l'équipe ukrainienne, certes affaiblie, mais néanmoins formidable. Au troisième échiquier, Klyavin a merveilleusement joué, ce qui lui a conféré le titre de maître. J'ai aussi réalisé une norme, mais la commission soviétique d'attribution des titres a considéré comme inopportun de décerner le titre à deux membres d'une même équipe (et au deuxième échiquier, je fis moins de points que Klyavin). À la place, on m'a octroyé le droit de disputer un match contre le champion « héréditaire » de Biélorussie : le maître Vladimir Saigin.

De ce tournoi par équipes me reste en mémoire ma partie contre Kortchnoï, notre première rencontre. Nous avions déjà joué deux fois, mais c'est cette première partie de la première ronde de la demi-finale qui a inauguré le score négatif que j'ai contre lui, comme chacun sait.

Avant le début de la partie, j'étais très nerveux. Kortchnoï était déjà considéré à cette époque comme un candidat au titre de grand maître. J'ai obtenu une meilleure position dans une défense Alekhine. À un moment, j'ai vu une occasion d'augmenter la pression, et une variante forcée. Je m'y suis engouffré... et j'ai ajourné la partie dans une position légèrement inférieure. À la reprise, je me suis défendu opiniâtrement, mais j'ai fini par rendre les armes autour du 100e coup. J'ai eu quelque consolation dans le fait que Kortchnoï a terminé derrière moi au classement final.

JOURNALISTE : *Dès cette époque, vous aviez à jouer parfois des parties importantes voire décisives, comment gériez-vous cela ?*

JOUEUR D'ÉCHECS : Pas très bien à vrai dire à cette époque, particulièrement dans les rencontres par équipes où j'étais torturé par ma responsabilité en tant que membre d'une équipe. J'essayais toujours de me contenir, mais jouer contre nature, jouer contre soi-même, est toujours difficile et déplaisant. Plus tard, disons environ dix-huit mois à deux ans, j'ai commencé à enregistrer des succès dans les parties décisives, car j'ai pris conscience de cette vérité simple que si j'étais soucieux du résultat global, mon adversaire l'était aussi !

L'année 1954 a commencé pour moi par ma première partie de tournoi contre un grand maître qui n'était autre que Kérès. Nous nous sommes rencontrés à Tallin, pour le traditionnel match amical, dans lequel il y avait toujours une âpre bataille sur les échiquiers masculins, alors que sur les deux échiquiers féminins, les Estoniennes l'emportaient toujours sur les nôtres. Pour une raison qui m'échappe aujourd'hui, j'étais au premier échiquier, et non pas Koblentz, et quand on a su que Kérès devait jouer, mes coéquipiers on fait cette plaisanterie très fine : le nombre de nos échiquiers féminins était passé à trois : échiquiers neuf, dix, et un...

Nous avons vite eu quelques surprises agréables, du moins ceux qui avaient vu Kérès à notre arrivée à Tallinn. Nous qui n'étions principalement que des gamins avons été invités dans sa voiture jusqu'à l'hôtel et il a eu pour chacun d'entre nous un sourire amical de bienvenue.

La première ronde a été jouée ce soir-là. Notre partie a débuté par une défense est-Indienne, et je me souviens qu'au 6e coup, j'ai éprouvé un fort désir d'échanger les Dames. Je n'ai cependant pas voulu jouer ouvertement pour la nulle, même si j'ai réalisé plus tard qu'il eut été pcu probable que je puisse gagner contre un tel virtuose.

J'ai joué de manière aiguë, Kérès a pris l'initiative, et j'ai été en admiration devant sa gestion du zeitnot, ne se laissant que 3 à 5 secondes pour son dernier coup, et, maîtrisant la situation, comment il a pris ma pièce, ne craignant pas l'avalanche d'échecs qui commença alors. Bien entendu, j'ai perdu la partie à la reprise de l'ajournement, mais je suis arrivé à annuler la deuxième partie, en trouvant un coup inespéré dans une finale inférieure.

JOURNALISTE : *Mais tout de même, vous n'étiez qu'un candidat maître alors que Kérès était alors numéro 2 ou 3 au monde, n'était-ce pas effrayant ?*

JOUEUR D'ÉCHECS : Non, c'était très intéressant.

JOURNALISTE : *N'avez-vous donc jamais eu peur de personne ?*

JOUEUR D'ÉCHECS : Avant une partie contre Kortchnoï, par exemple, ou bien Spassky ou Kérès, contres lesquels le score ne m'est pas favorable, il peut m'arriver d'être nerveux, de ne pas me sentir bien, voire d'être effrayé, mais en m'asseyant devant l'échiquier, j'oublie tout et je suis juste absorbé par la partie.

JOURNALISTE : *N'avez-vous jamais joué pour la nulle dès les premiers coups ?*

JOUEUR D'ÉCHECS : Une seule fois dans toute ma vie ! C'était pendant la demi-finale du championnat d'URSS par équipes de 1955, j'avais les Blancs contre Kortchnoï, et après les coups : 1.e4 e6 2.d4 d5, j'ai pris le pion en d5. J'ai eu très honte de moi et dès lors, j'ai juré : plus jamais cela, car jouer pour la nulle à tout prix avec les Blancs est, en quelque sorte, un crime contre les échecs.

Après ce match par équipes s'est tenu le championnat de Lettonie. J'étais juste « physiquement » incapable de le gagner, car j'étais alors dans ma deuxième année de faculté, et j'ai partagé la seconde place avec Gipslis. Durant l'été, j'ai joué ensuite le match contre Saigin. À cette époque, la Fédération soviétique était soucieuse du choix de ses examinateurs pour les matchs impliquant des candidats au titre de maître. Souvenons-nous que quelque mois avant de devenir grand maître, et candidat au championnat du monde, Petrossian joua un match de ce type, de même que Kholmov un an plus tard.

Mon match contre Saigin a été assez animé. L'impression selon laquelle mon adversaire était désolé pour moi ne m'a pas encore quittée aujourd'hui. C'est comme si le maître biélorusse avait joué ses dernières parties à 50 % de ses moyens. La première partie, qui a été très intéressante, s'était achevée par la nulle. On étudiait alors le soi-disant « gambit de Belgrade » dont on répétait toutes les variantes les plus intéressantes et « prises de tête » au Palais des pionniers.

La décision d'en faire mon arme principale avec les Blancs contre Saigin était bien entendu liée au fait que je n'avais que 18 ans. Dans la deuxième partie, j'ai été trop téméraire dans l'ouverture et j'ai perdu en 17 coups. J'ai gagné la troisième presque aussi rapidement. Est venue ensuite une série de nulles que nous avons assurée à tour de rôle.

La meilleure partie du match été la huitième, qui est donnée ici, et que j'ai remportée, mais la dixième est aussi restée gravée dans ma mémoire. Les pièces y sont disposées de manière si comique qu'il semblerait qu'elles le soient par des débutants !

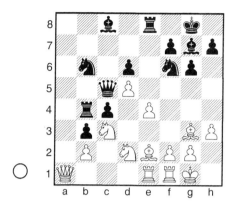

Saigin – Tal
Match pour le titre de
maître soviétique (10), Riga,
1954

26.♗f4 ♘fd7 27.♗e3 ♕c7 28.♕a5 ♗xc3 29.bxc3 ♖a4 30.♕b5 ♖e7
31.♖a1 ♗a6 32.♕c6 ♕xc6 33.dxc6 ♘c5 34.♖xa4 ♘bxa4 35.♗xc4 ♗xc4
36.♘xc4 ♘xc3 37.♖a1 ♘5a4 38.♗d4 ♘e2+ 39.♔f1 ♘xd4 40.♖xa4 ♘xc6
41.♖a6 ♖c7 42.♘xd6 b2 43.♖b6 ♘b4 44.♖xb4 ♖c1+ 45.♔e2 b1♕ 46.♖xb1
♖xb1 47.♘c4 ½-½.

La onzième partie aurait pu lui être fatale. Mon adversaire, revenant
dans le match, attaqua. Je me suis défendu et un simple échange aurait pu
me laisser avec une Tour d'avance. Mais pour mon malheur, l'idée d'un gain
magnifique m'a traversé l'esprit. J'ai joué pour cela, la tension est montée,
les deux Rois se sont retrouvés sous la menace de mat, et je me suis aperçu
soudain que la pointe de ma combinaison résidait dans le coup ♗f8–g5(!!!).
Vu que les Fous ne se déplacent pas ainsi, j'ai dû alors abandonner.

C'est alors que j'ai eu le sentiment, mais sans fondement, que Saigin
n'avait pas été spécialement satisfait par cette victoire, et qu'il a joué les
deux parties suivantes comme s'il se sentait coupable. Je les ai remportées
et cela a mis fin au match avant son terme, même si nous avons joué la dernière partie sans enjeu.

JOURNALISTE : *Deux questions me pressent en relation avec cela.*
Toutes ces tentatives de votre part pour trouver des gains plus esthétiques
et complexes vous ont coûté, et vous coûtent toujours plus de points que
quiconque au monde. La vie ne vous a-t-elle donc rien appris ?
JOUEUR D'ÉCHECS : Si, certainement. À mon avis, cela se produit
moins souvent aujourd'hui, mais, voyez-vous, parfois apparaît une idée si
intéressante que je n'arrive pas à résister de l'essayer. Je peux évoquer à ce

sujet ma partie contre Veltmander du match Russie – Lettonie de 1955, ainsi que celle contre Svechnikov du championnat d'URSS de 1973. Mais peut-être n'est-ce pas nécessaire ?

JOURNALISTE : *Si, au contraire !*

JOUEUR D'ÉCHECS : Bien. Concernant ma partie contre Veltmander : il a donné un dernier échec mortel. J'aurais pu jouer mon Roi en b2, après quoi le mat en trois coups aurait été inévitable, mais d'un point de vue esthétique, cela m'est apparu inopportun pour quelque raison obscure. Je lui ai donc autorisé un peu de jeu, et ai obtenu non sans mal la nullité. Il s'en est suivi une situation désagréable, car j'étais dans l'incapacité d'expliquer à mes coéquipiers ce qui s'était produit. En vérité, j'étais resté fidèle à moi-même et j'ai simplement regretté d'avoir mal calculé, sans quoi tout eut été parfait !

JOURNALISTE : *Et la deuxième question : quand on vous a autorisé à jouer un match au lieu de vous décerner le titre de maître, vous êtes-vous senti offensé ?*

JOUEUR D'ÉCHECS : Oh non... Voyez-vous, j'étais si prétentieux que j'étais convaincu de gagner le match s'il devait avoir lieu.

Parmi les autres événements de cette année, j'aimerais mentionner le championnat national par équipes des jeunes. J'étais passé à présent du dernier au premier échiquier dans mon équipe lettone, et j'ai joué alors pour la première fois contre le leader de l'équipe de Leningrad, Boris Spassky. Les premiers échiquiers avaient de la gueule avec, outre Spassky et moi-même, les futurs grands maîtres Goufeld et Liberzon, ainsi que le maître international Bagirov. Il y eut un match dans le match entre Spassky et moi : il a scoré avec 7,5 sur 9, et moi un demi-point de moins, mais j'ai réussi à réaliser une combinaison contre Visotskis fondée sur une idée que je trouve plaisante.

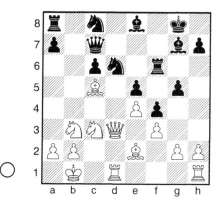

Tal – Visotskis
Championnat d'URSS par équipes des jeunes, Léningrad, 1954

21.♘d5 Cela ressemble à un oubli. **21...cxd5 22.♕xd5+ ♘f7 23.♕xa8 ♗c6 24.♗b6!! axb6 25.♖c1 ♗xa8 26.♖xc7 ♖c6 27.♖c1 ♖xc7 28.♖xc7** Les Noirs ne peuvent pas se plaindre de la situation matérielle, mais toutes leurs pièces sont maintenant mal placées. **28...♘cd6 29.♘d2 ♗f8 30.♗c4 b5 31.♗e6 ♔g7 32.a4 ♗f6 33.♗xf7 ♘xf7 34.axb5 ♗b4 35.♘c4 g4 36.♖a7 gxf3 37.gxf3 ♗xe4+ 38.fxe4 ♘g5 39.b6 ♗c5 40.♖a6 ♘e6 41.b7 1-0**

La fin de l'année a vu se dérouler le championnat par équipes adulte à la maison, à Riga. Pour la première fois de ma vie, j'ai battu un grand maître : le champion d'Union soviétique Youri Averbakh. Après cela, et toujours candidat maître, j'ai annulé quelques parties et j'ai reçu ensuite officiellement le titre de maître. Cela a eu un effet négatif sur moi, car j'ai perdu alors plus de parties que je n'en ai gagnées ou fait nulle.

1955 fut une date importante pour moi, car j'ai fait mes débuts au championnat individuel d'URSS. Avant cela, il y avait bien entendu le championnat de Lettonie, mais je n'y ai prêté que peu d'attention, parce que déjà focalisé sur des événements majeurs. De plus, l'étudiant de première année qui était toujours le vainqueur de ce tournoi n'était plus moi, mais Gipslis, et cela explique tout !

La conséquence de tout cela fut que j'ai joué au deuxième échiquier lors du championnat d'URSS par équipes – plus besoin dorénavant de distinguer entre catégorie jeune et adulte, car ça en était fini de ma jeunesse en tant que joueur d'échecs –, et ce tournoi a été le premier dans lequel j'ai terminé invaincu.

JOURNALISTE : *En étiez-vous heureux ?*

JOUEUR D'ÉCHECS : Cela m'était assez indifférent. Ce qui m'a fait plaisir a été la manière dont j'ai sauvé une finale très difficile contre Lipnitsky.

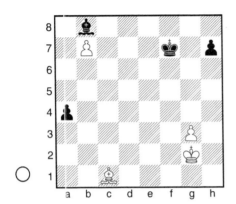

Lipnitsky – Tal
Championnat d'URSS par
équipes, Vorochilovgrad,
1955

41.♗f4 ♗a7 42.♗e3 ♗b8 43.♗f4 ♗a7 44.♗c1 Après 44.b8♕ ♗xb8 45.♗xb8 a3 46.♗e5 ♔e6 47.♗c3 ♔f5 48.♔h3 h5!! une position analogue à celle de la partie est atteinte : les Noirs ne sont pas en zugzwang ! **44...♔e6 45.♔f3 ♔d7 46.♗f4 a3 47.b8♕ ♗xb8 48.♗xb8 ♔e6 49.♔f4 ♔f6 50.♗e5+ ♔g6 51.♗a1 a2 52.♗b2 h5 53.♗a1 ♔h6 ½-½**

Est venu ensuite le championnat individuel d'URSS, pas la finale bien entendu mais seulement les quarts de finale. Le quart dans lequel j'ai joué fut nommé le « zonal de Baltique », et il était déjà assez fort : les joueurs d'échecs de la Baltique et de Biélorussie ont toujours eu comme ils le disaient « une notoriété publique ». Quatre des dix-huit compétiteurs sont devenus des grands maîtres par la suite. Pour la petite histoire, ce fut en cette occasion que j'ai joué pour la première fois dans un tournoi de l'Union (en réalité cela m'était déjà arrivé une fois au championnat de Lettonie) contre une représentante du beau (certains disent du « faible ») sexe : la championne d'URSS Kira Zvorikina, qui a fait un point, mais heureusement pour moi, pas contre moi.

D'un point de vue créatif, le tournoi a débuté pour moi de manière fructueuse. Même toutes les nulles – pas moins de cinq lors des sept premières rondes – furent dignes d'intérêt. Il s'en est suivi une déroute ainsi que deux autres défaites ennuyeuses, dont l'une contre Lein, consécutive à un incident inhabituel pour moi. Il lui restait peu de temps à la pendule, et me concentrant sur la manière dont j'allais convertir mon avantage le plus rapidement possible, j'en ai complètement oublié la pendule. J'ai vu alors soudain les arbitres approcher et me suis dit « Comment cela ? n'ont-ils donc jamais vu de crise de temps ? » Et c'est alors que jetant un bref coup d'œil sur la pendule, j'ai réalisé que j'étais sur le point de tomber, alors que le temps de Lein ne bougeait pas. Je suis parvenu en 40 secondes environ à jouer les quinze coups restants jusqu'au contrôle du temps, mais dans ma précipitation, la variante que j'avais suivie n'avait rien à voir avec celle que j'avais analysée pendant tout le temps pris pour y réfléchir.

À six ou sept rondes de la fin, mes chances de succès avaient pratiquement disparu. Je devais, qui plus est, disputer mes trois parties suivantes avec mes collègues de Riga, tous devant moi au classement. Toutefois le sport est le sport et il fallait que je leur « marche dessus ». La finale contre Gipslis s'est avérée être particulièrement intéressante. Il jouait clairement pour la nulle depuis le début de la partie, sachant que je ne m'en satisferais pas. Que devais-je faire ? Me ruer à l'attaque en kamikaze contre la solide position blanche ? Après une heure et quarante minutes de réflexion (!!), j'ai décidé d'entrer volontairement dans une finale difficile et peut-être perdante. Mais la position demandait un traitement très énergique de la part de Gipslis, ce qu'il a été incapable de comprendre, et j'ai obtenu du coup du contre-jeu. À l'ajournement, j'ai fini par trouver un gain d'étude.

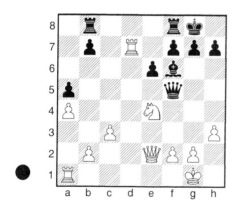

Gipslis – Tal
Championnat d'URSS,
quart de finale, Vilnius,
1955

18...♛e5 19.♘xf6+ gxf6 20.♛xe5 fxe5 21.♖e1 f6 22.c4 ♖f7 23.♖ed1 ♖c8 24.b3 ♖c7 25.♖xc7 ♖xc7 26.♖d6 ♔f7 27.♔f1 f5 28.g3 ♔f6 29.♖b6 f4 30.gxf4 exf4 31.♔e2 ♔f5 32.f3 ♔e5 33.♔d3 ♖d7+ 34.♔c3 ♔f5 35.♖b5+ e5 36.♖xa5 ♖d1 37.♖d5 ♖h1 38.a5 ♖xh3 39.♖d3 ♖g3 40.♔d2 ♖g2+ 41.♔e1 ♖b2 42.c5 h5 43.♔f1 h4 44.♖c3 h3 45.♔g1 e4 46.a6 e3 47.axb7 ♖b1+ 48.♔h2 e2 49.♖e3 Les Blancs se font mater après 49.b8♛ ♖h1+.

49...fxe3 50.b8♕ ♖h1+ 51.♔xh1 e1♕+ 52.♔h2 ♕f2+ 53.♔xh3 ♕xf3+ 54.♔h2 e2 55.♕f8+ ♔e4 56.♕e8+ ♔d3 57.♕b5+ ♔c3 0-1

Suite à cela, j'ai gagné quelques parties, si bien que tout s'est déroulé ensuite pour le mieux.

À domicile, à Riga, la demi-finale m'a apporté son lot de surprises. Le grand maître Boleslavsky participait, tout comme des maîtres expérimentés tels que Furman et Kortchnoï. Contre ce dernier, j'avais un score assez désastreux. En cherchant à revenir au score, j'ai perdu à partir d'une position supérieure dans le match Russie-Lettonie, et j'ai subi encore une autre défaite en demi-finale. Jusqu'alors, j'avais 50 % avec les Noirs contre lui, mais que des défaites avec les Blancs. La psychologie y était clairement pour quelque chose !

Ensuite, dans un événement pourtant si fort que celui-là, je suis parvenu à consolider la première place une ronde avant la fin. Quelques parties méritent qu'on s'en souvienne, celle contre Lebedev, par exemple, où j'ai répété le stratagème qui avait fait ses preuves dans la partie contre Gipslis.

En voici une plus « traditionnelle ».

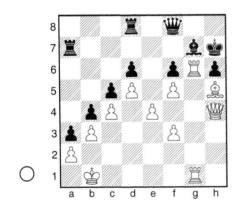

Tal – Soloviev
Championnat d'URSS, demi-finale, Riga, 1955

40.♖xg7+ ♖xg7 41.♗g6+ ♔g8 42.♕xh6 ♕e7 43.♗h7+ Histoire de voir si les Noirs vont jouer leur Roi en f8, après quoi 44.♖g6 serait décisif. **43...♔h8 44.♗g6+ ♔g8 45.♔c1** Les pièces blanches sont idéalement postées, mais on ne peut pas progresser sans une percée au centre, et c'est pourquoi le Roi avance. **45...♖d7 46.♖h1 ♔f8 47.f4 ♖c7** 47...♕xe4 échoue après 48.♕h8+. **48.♔d2 ♖d7 49.♔d3 ♖c7 50.♖e1 ♔g8 51.e5 dxe5 52.fxe5 fxe5 53.♖h1** et au vu de la variante 53...♔f8 54.♕h8+ ♖g8 55.f6 ♕d6 56.♕h6+, **les Noirs ont abandonné (1-0).**

PARTIE N°1
Tal (12 ans) – Zilber (15 ans)
Riga 1949
Défense française

Tout joueur d'expérience (et pour mon plus grand malheur, je fais dorénavant partie de ceux-là) connaît ce sentiment bizarre que l'on éprouve lorsqu'on entreprend d'annoter ses premières parties. D'un côté, on les rejoue avec une sorte de nostalgie tendre, de même que l'on regarde un vieux film de famille filmé par ses parents durant nos premières années ou nos premiers mois, ou bien un vieil album photo familial ; d'un autre côté, la main qui écrit serait tentée de mettre un point d'interrogation presque à chaque coup joué.

En général, je n'aime pas annoter les parties des autres. Je considère en effet qu'il est très difficile d'entrer dans les pensées d'autrui, de supposer les chemins pris par ses variantes, et je crois qu'il vaut mieux se focaliser sur ses propres productions. Je préfère en général annoter mes parties à chaud, alors que tout le contexte, les espoirs, soucis et déceptions suscités par la partie sont encore suffisamment présents dans mon esprit. Mais je ne peux pas en dire autant pour ces quelques parties qui vont être présentées maintenant.

En fait, je ne serais pas crédible si j'y mentionnais ce type de phrase : « En réponse à cela, j'avais préparé la variante suivante... » Le lecteur me ferait alors remarquer, et à juste titre, que le grand maître que je suis devenu « se la raconte », vu que la plus vieille de ces parties a 25 ans et la plus récente tout de même 20 ! Je vous prierai donc d'être indulgents avec mes annotations forcément « stylisées ».

La partie suivante fut jouée au championnat du Palais des pionniers, à l'époque du début de « l'âge d'or » des jeunes talents lettons. Si mes souvenirs sont exacts, A. Gipslis et Y. Klovans, qui allaient devenir quelques années plus tard des maîtres bien connus, jouaient alors au Palais des pionniers. J'essayais à cette époque d'y atteindre, mais sans succès, la première catégorie Elo. À regarder de plus près la partie suivante, on comprendra aisément pourquoi.

1.e4 e6 2.d4 d5 3.♘d2 c5 4.exd5

Jusqu'ici, la partie anticipe sur la mode lors de nombreuse parties Karpov – Kortchnoï en 1974. De là à prétendre qu'elle les a inspirées...

4...♛xd5 5.♘gf3 ♘c6 6.♗c4 ♛h5

La théorie moderne tient cette manœuvre de Dame pour douteuse. Pour ce qui nous concerne, je crois qu'une analyse détaillée de l'ouverture est superflue.

7.dxc5 !

Sans doute la plus forte réplique. Pour faire dans « l'analyse rétrograde », on peut supposer que les Blancs (qui avaient déjà à cette époque la réputation d'être un redoutable tacticien) n'étaient pas plus que ça tracassés par la perspective d'un échange de Dames (après la prise en d4).

7...♗xc5 8.♘e4 ♘ge7

Du fait de la menace d'une intrusion déplaisante du Cavalier en d6, les Noirs ne peuvent garder leur Fou.

9.♗g5 !

J'aime ce coup encore aujourd'hui ; il met le doigt sur la mauvaise position de la Dame noire, et continue l'attaque sur le Fou.

9...♕g4

Sans nier le fait que ce soit une réplique sensée, 9...b6 était tout de même le moins pire, même si dans ce cas après 10.♘xc5 bxc5 11.♕d6, la position des Noirs est peu enviable.

10.♕d3 b6

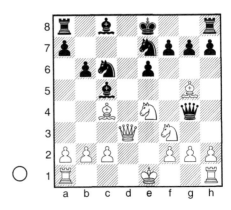

L'inclusion des coups 10...♘b4 11.♕e2 n'aurait pas aidé davantage les Noirs.

11.0-0-0 ??

Un jugement si sévère est certes la marque d'un vénérable grand maître annotant les bourdes du garçon novice qu'il fut autrefois. Mais si j'avais dû l'annoter 25 ans auparavant, le jugement eût été le même ! Il est difficile de croire que les Blancs aient pu rater un gain immédiat grâce au motif « arithmétique » suivant : 11.h3 ♕f5 (11...♕xg2 12.♖h2) 12.g4 ♕g6 13.♘h4 ♘e5 14.♗b5+ ou 14.♕e2.

11...0-0

Tout aussi parfaitement inconscient du danger. Mon adversaire aurait pu sauver sa Dame en jouant 11...h6.

12.♗f6

Au lieu de capturer la Dame (la variante donnée dans la note précédente marche toujours), les Blancs décident de donner une pièce. Il ne fait aucun doute que l'idée de mettre le Fou « en prise » a été une tentation si forte que les autres idées sont passées à la trappe (malheureusement cette maladie infantile m'arrive encore parfois de nos jours). Mais si ce fut le cas, la question se pose alors de savoir pourquoi les Blancs n'ont pas joué ♗f6 un coup plus tôt, quand cela était moins risqué. Je suis certain que la réplique de mon adversaire m'a fait l'effet d'une surprise, et même si j'en brûle d'envie, je ne peux pas ranger cette partie dans la catégorie des « sacrifices intuitifs de Tal ».

12...♛f4+ 13.♔b1 gxf6

La situation a quelque peu changé : les Noirs ont un Fou supplémentaire et je ne vois aucune compensation en échange. D'un autre côté, la protection du Roi a été altérée et les Blancs poursuivent comme si de rien n'était.

14.g3 ♛h6 15.g4 ♛f4

Le plus logique. La Dame est très bien postée sur cette case. En réplique à 15...♔h8, j'aurais continué bien évidemment par 16.h4.

16.g5 fxg5

Ouvrir la colonne g pour les Blancs n'était pas bon. 16...f5 17.♘f6+ ♔h8 était une manière plus simple de se défendre, après quoi les bonds spectaculaires du Cavalier en f3 (tout comme le transfert de la Dame en h3) échouent sur 18...♛xg5, alors qu'en réponse à 18.♘h5, il y a la simple défense 18...♛c7 19.♛c3+ e5.

17.♘fxg5

Avec la menace concrète 18.♘f6+.

17...♘g6 18.h4

Maintenant les menaces contre le Roi noir doivent sérieusement être prises en considération.

18...♘b4

La volonté d'activité des Noirs est compréhensible, mais cela aide surtout les Blancs à replacer leur Dame dans une position plus menaçante. 18...♘ce5 19.♛c3 f6! (19...h6 20.h5 hxg5 21.hxg6 ♛xe4 22.♛h3 ♛h4 23.♛c3 ou 23.♛g2 est moins clair) aurait donné aux Noirs une chance de consolider leur position, tout en gardant l'avantage matériel.

19.♛h3 e5

Après ce coup, le Roi noir se retrouve vraiment en danger. Tout d'abord, la diagonale s'ouvre pour le Fou blanc, et de plus l'usage de l'importante case e5 est enlevé aux pièces noires. Le fait que le Fou noir de cases blanches s'active est un facteur de moindre importance. 19...♞e5 était beaucoup plus fort.

20.♕g2 ♝f5

Les Noirs se sont compliqué la vie avec leurs derniers coups. Sous-estimer les menaces de l'adversaire était une caractéristique de Zilber déjà dans sa jeunesse. Les Noirs avaient une dernière occasion de jouer leur Roi. Après 20...♚h8, l'avantage serait resté aux Noirs. Dans ce cas, la meilleure continuation blanche aurait été 21.♞xf7+ (la suite spectaculaire 21.h5 ♞h4 22.♖xh4 ♕xh4 23.♖d8 ♝e6!, échoue) 21...♖xf7 22.♝xf7 ♝b7 (la tentative de contre-attaque par 22...♕xf7 23.♞xc5 est insuffisante) 23.♝xg6 hxg6 24.♖he1 avec une position à double tranchant.

21.h5 ♚g7

Difficile de savoir ce que les Noirs ont oublié. Sans doute avaient-ils prévu 21...♞h4 et vu finalement que c'était réfuté simplement par 22.♖xh4 ♕xh4 23.♞f3+. Sans doute envisageaient-ils une contre-attaque, mais avaient sous-estimé le 23ᵉ coup blanc. Ils auraient dû tout d'abord éliminer le Cavalier blanc en e4, même si dans

ce cas, les Blancs conservaient l'initiative, par exemple 21...♝xe4 22.♞xe4 ♚g7 23.hxg6 hxg6 24.♖d7[3] ♕f5 25.♝xf7! (malheureusement, moins convaincant est le spectaculaire 25.♝e6!? ♕xe6 26.♖h7+ ♚xh7! 27.♞g5+ ♚h6 28.♞xe6 fxe6, mais pas 26...♚g8 27.♕h2 et le mat est imparable).

22.hxg6 h6

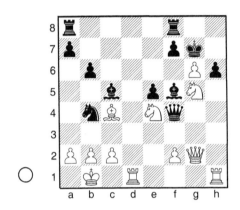

23.♝xf7!

Sans l'ombre d'un doute, j'étais alors très satisfait de moi-même. Les deux Cavaliers sont imprenables et la menace est 24.♖xh6.

23...♖xf7

En réponse à 23...♕g4 24.♕h2 est la manière la plus simple de gagner. 23...♞xc2 aurait sans doute

---

[3] 24.c3 ♞c6 25.♝d5 ♖ac8 26.♞xc5, qui gagne une pièce, est plus simple (note de J. Nunn).

posé aux Blancs davantage de problèmes. Difficile de dire si j'aurais trouvé alors la manœuvre gagnante 24.♖xh6 (24.♔xc2 ♕xg5 est plus faible) 24...♘a3+! 25.bxa3 ♗xe4+ 26.♘xe4 ♕xh6 27.♖h1.

24.gxf7 hxg5 25.♘xg5 ♕xf2

Un dernier clin d'œil avant le tombé de rideaux : 26.♕xa8?? ♕xc2+ 27.♔a1 ♕b1+ 28.♖xb1 ♘c2 mat.

26.♘e6+

A douze ans, je maîtrisais déjà le calcul des variantes forcées menant au mat, les commentaires sont donc superflus.

26...♔xf7	27.♕g7+	♔xe6
28.♖h6+	♗g6	29.♕xg6+ ♔e7
30.♖h7+	♔f8	31.♕g7+ ♔e8
32.♕d7+ ♔f8 33.♖h8 mat 1-0		

PARTIE N° 2
Tal – Klasup
Championnat de Riga 1952
Défense hollandaise

« Tal le chanceux » : j'ai souvent été surnommé ainsi par les journalistes. On doit admettre que ce surnom n'est pas sans fondement. Après une compétition, certains joueurs aiment bien se prêter au jeu des statistiques sous une forme inhabituelle : ils comptent les points qu'ils ont faits tout au long du tour-

noi, mais aussi ceux qu'ils auraient pu obtenir. En général le nombre de gains ratés est plus important que ceux réalisés. On ne peut pas en dire autant en ce qui me concerne : très souvent de l'inattention ou bien mon peu de goût pour la technique m'ont empêché de transformer des positions gagnantes en gain, mais il y a eu aussi de nombreux exemples d'un autre type. Depuis mes tout premiers pas aux échecs, j'ai été un optimiste. Le lecteur s'en sera déjà rendu compte, ne serait-ce qu'en se basant sur ma partie contre Zilber.

L'exemple donné plus bas est du même tonneau. Il est certes vrai que les Elos des protagonistes y étaient plus élevés : tous deux étaient alors des joueurs de première catégorie. En outre, si l'on prospecte en avant, les parties suivantes viennent illustrer mes dires : les 3e et 4e parties contre Smyslov au tournoi des candidats de 1959, les parties 3 et 17 du premier match contre Botvinnik (la seconde étant vraiment très similaire à celle que je présente ici), et idem contre Portisch au Tournoi interzonal d'Amsterdam de 1964. On pourrait allonger la liste assez facilement en cherchant bien.

Il ne fait aucun doute que tous mes adversaires dans ces parties avaient toutes sortes de raisons justifiées de se plaindre de leur manque de chance. J'espère cependant que j'ai pu d'une certaine manière contribuer à cette malchance.

1.d4 f5 2.e4 fxe4 3.♘c3 ♘f6 4.f3

Mon adversaire était friand de l'acceptation des sacrifices de pions. Par exemple, il choisissait régulièrement la variante MacCutcheon de la défense française dans laquelle on va chercher le pion c3 au prix duquel on est prêt à se défendre un long moment. De ce point de vue, le choix d'ouverture des Blancs n'est pas très heureux, d'autant plus que le déroulement de l'ouverture montre qu'ils ne sentent pas intuitivement cette variante.

4...d5

Une analogie caractéristique. À peu près à cette époque, V. Kortchnoï essayait assez souvent de justifier cette idée.

5.fxe4 dxe4 6.♗c4

Non sans raison, la théorie tient 6.♗g5 pour la meilleure continuation dans cette position. Pour une quelconque raison obscure, les Blancs s'abstiennent de jouer ce coup naturel pendant plusieurs coups.

6...♗f5 7.♘ge2 ♘c6 8.0-0 e6 9.♗b5?

Assez insipide. Là encore 9.♗g5 aurait conduit à une position où les Blancs eussent été sous peu en mesure de récupérer leur pion.

9...a6 10.♗a4 ♕d7

Défendant le Fou pour rendre ...e5 possible et préparant du même coup le grand roque.

11.♗g5

Enfin, après un délai notable.

11...0-0-0 12.♔h1 ♗e7

Il ne semble pas que les Blancs aient obtenu une quelconque compensation pour le pion, mais en poursuivant par 13.♕d2, ils auraient conservé une position acceptable vu que 13...b5 semble risqué du fait du sacrifice de pièce. Au lieu de cela, j'ai décidé au prix d'un deuxième pion, « d'affaiblir » la position du Roi adverse.

13.♗xf6? ♗xf6 14.d5

Cette erreur est une conséquence logique des précédentes.

14...exd5 15.♗xc6 bxc6

Il devient clair que les Blancs n'ont fait que renforcer la position adverse. Derrière un tel rempart de pions, le Roi est complètement à l'abri. En plus, la paire de Fous noire est active comparée aux patauds Cavaliers blancs.

16.♘d4 ♗g4 17.♕d2 ♕d6

17...c5 était également possible, mais le coup choisi par Klasup est plus « solide ».

18.♘b3

Avec le maigre espoir de pouvoir bloquer la case c5 après 19.♘a4, mais, bien entendu, les Noirs ne permettent pas cela.

c5 19.h3 h5

Les Noirs ne souhaitent pas donner à leur adversaire une once de contre-jeu. Ce coup garde d1 sous contrôle, vu que la prise du Fou mène à un mat en quelques coups.

20.♘a5

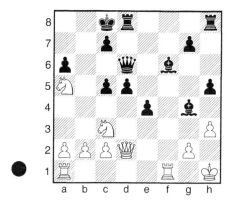

20...e3

Avant ce coup, la position noire était « archi-gagnante ». Après elle n'est plus que « gagnante ». Les Blancs doivent donner une pièce, mais ils obtiennent en échange la possibilité d'inquiéter le Roi adverse. Pratiquement tout autre coup noir eût été meilleur.

21.♕xe3   d4   22.♕e4   dxc3 23.♕b7+ ♚d7 24.♘c4 ♕d4

24...♕e6 était un peu plus précis.

25.♘b6+ ♚e8 26.bxc3

Sur 26.♕xc7, les Noirs auraient répondu tranquillement 26...cxb2, sans craindre la possibilité de quelques échecs. Maintenant 26...♕xc3 permet 27.♘d5 qui active les pièces blanches.

26...♕d6 27.♘c4 ♕g3

Après 27...♕d5, les Blancs auraient pu transposer dans une finale tenable par   28.♖ae1+!   ♚f7 29.♕xd5+ ♖xd5 30.hxg4!

La dame noire ne dispose pas d'autre bonne case.

28.♖ae1+   ♚f8   29.♖e3   ♕h4 30.♕xc7

La position noire est toujours gagnante, mais ce sont maintenant les Blancs qui ont l'initiative (même si c'est provisoire) dans une position tactique. En plus, mon adversaire commençait à entrer dans son habituelle et très sérieuse crise de temps.

30...♚g8 31.♚g1 ♝c8

53

Autrement les Blancs finiraient par capturer le Fou.

32.♖f4 ♕g5 33.♖ef3

« Piqûre de moustique » tactique en action : la menace est 34.♖xf6.

33...♔h7!

Une défense intelligente : 34.♖xf6? ♖d7.

34.h4 ♖d1+

En réponse à l'immédiat 34...♕d5, les Blancs auraient pu continuer par 35.♖d3 ♕e6 36.♖e3 ♕d7 37.♕xc5.

35.♔h2 ♕d5 36.♖g3

36.♘e3 ♕d6 ne menait à rien.

36...♗g4 37.♖xf6 ♕xc4 38.♖f5!

Un coup déplaisant en zeitnot sévère. Les Noirs doivent envisager la menace 39.♖xh5+ des Blancs, et en réponse à 38...♖d5, ils gagnent par le spectaculaire 39.♕f7!! ♖hd8 40.♖xh5!

38...♖g8 était la défense la plus simple, mais Klasup a joué...

38...♔h6

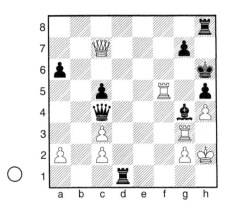

39.♖xh5+!

Les Blancs arrivent finalement à mettre à exécution l'une de leurs menaces. Les Noirs sont désormais perdus.[4]

39...♔xh5 40.♕xg7 ♕f4

Après ce coup, les commentaires additionnels ne sont plus nécessaires : les Blancs transposent dans une finale de Tours avec trois pions de plus.

Cependant en poursuivant par 40...♔xh4!?, les Noirs auraient pu poser de sérieux problèmes aux Blancs, et je ne sais pas si j'aurais pu m'en tirer. Par exemple on ne gagne

---

[4] Les propres analyses de Tal sur le 40e coup donnent au moins la nulle aux Noirs, contredisant ce commentaire. Du fait que l'alternative 39.♕e7 gagne pour les Blancs, sans doute le coup 39.♖xh5+ mérite-t-il un point d'interrogation plutôt qu'un point d'exclamation (note de J. Nunn).

rien à jouer 41.♕xh8+? ♔g5 42.♕g7+ ♔f5.

Le seul coup gagnant semble être le très spectaculaire 41.♖e3!! La prise en h8 ne marche pas après ce coup à cause de l'échec en f4, alors que 41...♕f4+ perd maintenant la Dame. Face à la menace 42.♕f6+, les Noirs disposent de plusieurs défenses, mais elles sont toutes insuffisantes. Voyons voir :

A) 41...♕d5 42.g3+ (étonnamment, les Blancs ne gagnent pas sur 42.♕f6+? ♕g5 43.♕xh8+ ♕h5 44.♕f6+[5] ♕g5 45.g3+ ♔h5 43.♖e5 ♖d2+ avec l'échec perpétuel. Si 45.♖e5?, les Noirs gagnent alors par 45...♖h1+!) 42...♔h5 43.♖e5+.

B) 41...♖f1 42.♕g6!![6].

C) 41...♕f1 (le plus opiniâtre) 42.♕xh8+ ♔g5 43.♕g7+ ♔h5 (il est facile de voir que c'est le seul coup) 44.♔g3!! ♗f5 45.♖e8.

Cependant Klasup aurait pu encore améliorer en jouant 40...♔g8!!, un coup certes très difficile à envisager en zeitnot et juste avant le contrôle du temps. Après 41.♕e5+ ♔xh4, la tentative de jouer pour le mat échoue : 42.♖e3 ♗f3! et l'arrivée du Roi noir sur la colonne g sera fatale aux Blancs. Peut-être aurais-je été capable d'annuler par un échec perpétuel avec 43.♕f6+, mais

cela eût été le maximum à tirer de la position[7].

41.♕xh8+ ♔g6 42.♕g8+ ♔f5 43.♕c8+ ♔e5 44.♕xg4 ♕xg4 45.♖xg4

Et la partie s'acheva ainsi :

45...♖d2 46.♖g5+ ♔f4 47.♖xc5 ♖xc2 48.♖c6 ♔g4 49.♖c4+ ♔h5 50.a4 ♖d2 51.♔h3 ♖d3+ 52.g3 ♖d6 53.a5 ♖d5 54.g4+ ♔g6 55.♖c6+ ♔f7 56.♖xa6 ♖d3+ 57.♔g2 ♖xc3 58.h5 ♔g7 59.♖b6 ♖a3 60.a6 ♔f7 61.♔h2 ♔g7 62.g5 ♖a5 63.♖b7+ ♔g8 64.a7 1-0

PARTIE N° 3
Tal – Pasman
Championnat de Lettonie 1953
Défense sicilienne

La partie analysée maintenant a été jouée au tournoi qui a constitué mon premier succès important. Il y avait toujours des combats tendus pour le titre de champion de Lettonie, et terminer premier n'avait rien d'un jeu d'enfant. Je me souviens en 1958 que le double champion d'URSS M. Tal a dû se satisfaire d'une troisième place au championnat de notre République.

Cependant, en 1953, j'en étais le favori incontestable. Cela n'avait

---

[5] 44.♕g7! gagne sur le champ. Par exemple : 44...♕g5 45.g3+ ♔h5 46.♕h7+ ♕h6 47.♖e5+ (note de J. Nunn).

[6] Maintenant 42...♖f2 paraît être une défense appropriée (note de J. Nunn).

[7] Après 42...♔h5, je ne vois pas l'ombre d'un échec perpétuel se profiler (note de J. Nunn).

rien à voir avec la force intrinsèque aux échecs (je n'étais encore à cette époque que première catégorie), alors que le tournoi comptait un maître et une dizaine de candidats-maîtres. Mon Elo était donc loin d'être le plus fort. Mais en 1951 a débuté une tradition tacite qui voulait que le gagnant fût un étudiant de première année. En 1951, ce fut M. Pasman, en 1952 Y. Klyavin, et en 1953 j'étais le seul étudiant de première année qui y participait. Perpétuant la tradition, Y. Klovans prit la première place l'année suivante et l'année d'après A. Gipslis.

Je n'ai réitéré cet exploit que seulement 12 ans plus tard, alors que l'on avait oublié la tradition et qu'en général, les jeunes joueurs ne parvenaient plus à se qualifier pour la finale.

Mon adversaire était l'un des plus forts joueurs de Lettonie, et il avait déjà atteint les demi-finales du championnat d'URSS. M. Pasman est plutôt un joueur positionnel qui aime suivre un plan clairement défini. C'est donc avec un grand plaisir que je me suis jeté dans les complications tactiques dans cette partie, considérant là qu'il s'agissait de mes seules chances de succès.

1.e4 c5 2.♘f3 d6 3.d4 cxd4 4.♘xd4 ♘f6 5.♘c3 a6

À cette époque, c'était seulement le début de la mode de la Najdorf.

6.f4

C'était une des suites les plus populaires à cette époque. De nos jours, et sans raison particulière, ce coup est assez peu joué, bien qu'il donne aux Blancs un assez bon pourcentage de gains. J'aimais bien ce coup depuis une partie spectaculaire jouée lors de la demi-finale du championnat d'URSS de 1952 à Riga (M. Pasman jouait dans ce tournoi). Je ne peux résister à la tentation de vous la montrer en entier.

G. Ravinsky – G. Ilivitzky

6.f4 e5 7.♘f3 ♕c7 8.♗d3 ♘bd7 9.0-0 b5 10.a3 ♗e7 11.♔h1 0-0 12.fxe5 dxe5 13.♘h4 ♗d8 14.♕e1 ♘c5 15.♗g5 ♗e6 16.♘f5 ♘h5 17.♕h4 ♘f4

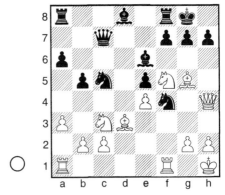

18.♘xg7 ♔xg7 19.♖xf4 exf4 20.♕h6+ ♔g8 21.♗f6!! ♗xf6 22.e5 ♘xd3 23.exf6 ♘f2+ 24.♔g1 ♘h3+ 25.♔f1 ♗c4+ 26.♘e2 1-0.

Après la partie, on a prétendu que la combinaison de Ravinsky aurait pu être réfutée par 18...♞cxd3, mais je n'ai pas partagé cette opinion (soit à cause de 19.♗f6, soit plus vraisemblablement à cause de 19.♕g3, je ne me souviens plus trop), et je brûlais donc d'essayer ce coup à mon tour.

6...e5 7.♞f3 ♞bd7 8.♗d3

Cherchant à retrouver la terre promise de Ravinsky, et ignorant donc la possibilité 8.♗c4.

8...♗e7 9.0-0 0-0 10.♔h1 b5 11.a3 ♕c7 12.fxe5 dxe5 13.♞h4 ♞c5

Hélas, M. Pasman n'a pas souhaité entrer dans une discussion théorique. Maintenant, en réponse à 14.♞f5, rien ne force les Noirs à retirer leur Fou en d8, mais ils peuvent obtenir une position confortable par 14...♗xf5 15.♖xf5 ♖ad8. Il me fallait donc me mettre à réfléchir par moi-même.

14.♗g5 ♕d8

La menace était 15.♗xf6 et 16.♞d5. 14...♗e6 perdrait un temps après 15.♞f5 (ou à un retour à des motifs familiers), tandis que 14...♖d8 affaiblirait la case f7.

15.♞f5 ♗xf5 16.♖xf5 ♞fd7

À l'évidence, je n'ai pas du tout redouté 16...♞xd3, qui m'aurait débarrassé de mon mauvais Fou et aurait renforcé mon pion e4. Cependant, les Noirs ont encore quelques difficultés, même s'ils ont réussi à parer les menaces directes sur leur Roi.

17.♗xe7 ♕xe7 18.♞d5 ♕d6 19.♕g4

Les Blancs envoient simplement leurs pièces sur l'aile roi ennemie, mais le jeu sur l'aile dame était davantage dans l'esprit de la position : 19.b4! ♞e6 (19...♞xd3 20.♕xd3 et compte tenu de la menace 21.♞xf6+, les Noirs ne peuvent empêcher l'avance du pion c) 20.c4 bxc4 21.♗xc4 et les Blancs exercent une pression.

19...g6 20.♖af1 f6 21.h4?

21.b4 était plus prudent et plus fort : 21...♞xd3 (si 21...♔h8, alors 22.♖5f2! mais pas 22.♖5f3? f5!) 22.cxd3 ♔h8 23.♖5f2 f5 24.♕h4 conduit à un tout petit avantage blanc. Mais l'idée de sacrifier deux pièces était la plus forte. 20 ans plus tard, il devient clair que cette idée était fausse. La suite des événements prend dorénavant un tour forcé.

21...♔h8 22.♖5f3 f5 23.exf5

On se convaincra sans peine que les Blancs n'ont rien de mieux.

23...♛xd5!

L'autre ressource défensive, la prise intermédiaire par 23...gxf5, qui semblait aussi bonne, aurait toutefois permis la réplique décisive : 24.♗xf5 ♛xd5 25.♗xh7! ♜xf3 (et bien entendu pas 25...♚xh7 à cause du mat en deux coups par 26.♛h5+ suivi de 27.♜g3) 26.♜xf3 ♚xh7 (en réponse à 26...e4, 27.♜f5 ♛e6 28.♗g6 ou même 28.♗g8 est très désagréable) 27.♛h5+ ♚g7 28.♜f5! et les Noirs ont beaucoup de problèmes devant la menace 29.♛g4+.

24.fxg6 ♜xf3

Du fait de la menace 25.g7+, les Noirs n'ont pas le temps de s'emparer de l'animateur du jour : le Fou blanc. Et à leur tour, les Blancs ne peuvent pas prendre la Tour car ils perdraient après 25.♜xf3 e4 26.♜f7 exd3.

25.g7+ ♚g8 26.♗xh7+ ♚xh7 27.♜xf3

Pas d'échec perpétuel possible, mais franchement, je n'y ai même pas songé pendant la partie : 27.♛h5+ ♚xg7 28.♛g5+ ♚f7! 29.♜xf3+ ♚e8.

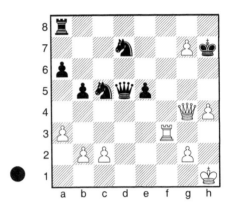

C'est la position à laquelle les Blancs aspiraient en jouant leur 21e coup. Il me semblait que les Noirs, dans cette position, auraient du mal avec la coordination de leurs Cavaliers (en tout cas, Pasman n'y est pas parvenu dans la partie). Maintenant, par exemple, 27...♛d1+ 28.♚h2 ♛d6 échoue sur 29.g8♛+ ♜xg8 30.♜f7+, et 27...e4 28.♜f5 est tout aussi mauvais. La réfutation de l'idée blanche passe par le coup 27...♛e6! Maintenant, aussi bien 28.♛h5+ ♛h6! que 28.♜f5 (c'est sur ce coup que je comptais) 28...♞f6! 29.♛g5 ♞ce4 sont deux suites sans espoir pour les Blancs. Pasman rate cette occasion et la tension est maintenue.

27...♞e4

Barrant g3 à la Tour, mais laissant d'autres cases libres...

28.h5 ♞df6 29.♛g6+ ♚g8 30.h6

Une position assez étrange est apparue sur l'échiquier. Les Noirs se retrouvent dans une sorte de zugzwang inhabituel : leurs Cavaliers sont rivés à une défense mutuelle, alors que leur Dame doit garder la case f7. Ici, les Noirs auraient sans doute pu forcer la nulle en continuant par 30...♘h7, où les Blancs n'ont rien de mieux que 31.♖f8+ ♖xf8 (31...♘xf8 32.gxf8♕+ ♔xf8 33.♕g7+ ♔e8 34.h7 ♕d1+ 35.♔h2 ♕h5+ conduit au même résultat) 32.gxf8♕+ ♔xf8 33.♕xh7, avec une nulle probable.

Les Noirs jouent cependant pour le gain et cela va s'avérer fatal.

30...♖a7 31.♔h2!

Après ce coup tranquille, les Noirs n'ont plus qu'une défense, et elle n'est pas facile à trouver : 31...♖a8! 32.♖h3 ♘h7 33.♖d3 ♕b7 34.♕e6+ ♕f7 35.♕c6 ♕f4+ avec une nulle. Il faut ajouter à cela que les Noirs étaient en zeitnot sévère.

31...♖e7 32.♖h3

Cassant la coordination des pièces noires.

32...♘h7 33.♖d3 ♕a8 34.♕xe4!

Les pions s'avèrent être plus forts que les pièces !

34...♕xe4

34...♖e8 résistait davantage.

35.♖d8+ ♔f7 36.g8♕+ ♔f6 37.♖d6+ ♔f5 38.♕g6+ ♔f4 39.g3+ ♔e3 40.♖d3+ ♕xd3 1-0

PARTIE N° 4
Birbrager – Tal
Championnat d'URSS par équipes des jeunes, Kharkov 1953
Défense Benoni moderne

Une exceptionnelle fidélité et un goût immodéré pour les mêmes ouvertures sont notables chez certains joueurs d'échecs.

Ainsi, par exemple, si vous devez vous préparer contre Fischer (avant 1972), il ne fait aucun doute qu'en réponse à 1.e4, une défense sicilienne Najdorf ne manquera pas d'être jouée. Et cela s'est confirmé dans presque toutes les parties du grand maître américain depuis ses compétitions enfantines. Karpov, depuis son plus jeune âge, avait une antipathie pour tous les développements de type indien et en réponse à 1.e4, il choisissait principalement 1...e5 (plus rarement 1...c5). D'autres joueurs, comme Spassky, Kortchnoï ou Larsen, varient régulièrement leurs ouvertures comme bon leur semble.

La partie commentée plus bas est l'une de mes premières tentatives de jouer un système complexe d'ouverture, auquel certains théoriciens associeront d'ailleurs mon nom. Jusqu'à 1953, j'adoptais normalement la défense slave, la

Nimzo-indienne et l'est-indienne, moins fréquemment la hollandaise, et très rarement la Grünfeld. Aussi loin que je me rappelle, dans l'un des numéros de *Shakhmaty v SSSR* de cette époque, a été publiée la partie Boleslavsky – Nezhmetdinov, du championnat des Républiques russes, dans laquelle le système noir avec 2...c5 fut traité de manière très intéressante. Cette partie m'avait marqué et j'ai commencé alors de temps en temps à adopter cette ouverture dans les tournois.

1.d4 ♞f6 2.c4 c5 3.d5 e6 4.♞c3 exd5 5.cxd5 d6

Il est à remarquer que sur trois parties jouées contre I. Birbrager, cette ouverture s'est produite à trois reprises. Deux ans plus tard, au championnat d'URSS par équipes, cette fois-ci chez les adultes, le joueur ouzbek a joué cette ouverture de manière très précise, et, si je ne m'abuse, c'est lui qui y a introduit une variante, dans l'un des *tabiyas* de la Benoni, considérée encore aujourd'hui comme la plus forte.

Dix ans ont passé, et une fois encore, toujours dans le championnat par équipes d'URSS, je suis parvenu à gagner une partie qui n'était pas sans intérêt théorique (bien que sans rapport avec l'ouverture).

Pour revenir à notre première rencontre, il convient de noter qu'à cette époque, la théorie de cette variante en était à ses prémices, et il

n'est donc pas étonnant que les deux joueurs aient fait de nombreuses erreurs.

6.e4 g6 7.♞f3 ♝g7 8.♝d3 0-0 9.0-0 ♞a6

Ce fut là aussi que Nezhmetdinov choisit de développer son Cavalier (dans une autre position pour être honnête). De nos jours, nous savons depuis longtemps que les Noirs obtiennent une partie confortable par 9...a6 10.a4 ♝g4, avec l'idée d'échanger le Cavalier blanc potentiellement le plus fort (qui se rendrait sinon en c4 via d2). Cela fut en particulier confirmé par certaines de mes parties (entre autres Mititelu – Tal, Reykjavik 1957, et Donner – Tal, Zurich 1959).

10.♞d2 ♞b4

À vrai dire, le Cavalier n'est pas bien placé sur cette case : après le retrait du Fou en b1, les Noirs ne peuvent pas jouer 11...a6 à cause de 12.a3, tandis que la protection du pion e4 autorise les Blancs à continuer leur manœuvre du Cavalier inaugurée par leur dixième coup.

11.♝e2 ♜e8 12.a3

À la lumière des précédentes considérations, on doit conclure que 12.f3 est plus fort.

12...♞a6 13.♜e1

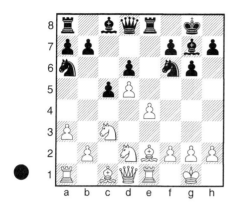

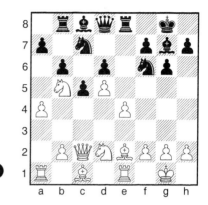

Une perte de temps : le Cavalier d2 est toujours occupé à la défense du pion e4. Si les Blancs ne souhaitaient pas jouer 13.f3, alors le sacrifice de pion suivant méritait l'attention : 13.♕c2 ♘c7 14.a4 ♘fxd5 15.exd5 ♗xc3 16.bxc3 ♖xe2 17.c4, et l'absence du Fou noir de cases noires peut s'avérer être trop dangereuse pour les Noirs.

13...♘c7 14.♕c2 ♖b8 15.a4

15.b4!? méritait une sérieuse attention, afin d'utiliser le temps offert par les Noirs au 10ᵉ coup.

15...b6 16.♘b5

Après quelques péripéties, une position assez fréquente a été atteinte, où il est bien connu que la plus forte continuation est 16.♘c4 ♗a6 17.♘a3 ou 17.♗f4, avec un léger avantage blanc. Le coup joué par les Blancs s'avèrera être un coup d'épée dans l'eau.

16...a6 17.♘xc7

17.♘xa7 eût été plus consistant. En vérité, après 17...♗b7 18.♘c6 ♗xc6 19.dxc6 d5!, la position noire me semble être tout à fait décente.

17...♕xc7

Il semble évident que les Blancs ne sont pas en mesure de s'opposer à l'avance thématique du pion b noir. En vérité, vu la tournure des événements, cela resta seulement à l'état de menace jusqu'à la toute fin de la partie.

18.♖a2

Sortant la Tour de la diagonale du Fou noir, et se préparant à répliquer 20.b4 à 18...b5 19.axb5 axb5. Même si les Noirs obtenaient une position confortable dans cette suite (20...c4), j'ai décidé d'essayer d'exploiter plutôt le retard de développement de mon adversaire en envoyant du jeu sur l'aile roi, considérant que le coup ...b5 demeurerait toujours une option.

18...♕e7 19.f3

Un piège intelligent, car je pensais alors ce coup impossible du fait de la combinaison 19...♘xd5 20.exd5 ♗d4+ 21.♔h1 ♗f2. Mais en y regardant de plus près, il se trouve qu'après 22.♘e4! ♗xe1 23.♗g5, les Blancs prennent l'avantage. Mais aussi bien ...b5 que le coup joué dans la partie sont suffisamment bons pour les Noirs.

19...♘h5 20.♘f1 f5

La faiblesse de la première rangée blanche due à l'absence de la Tour blanche donne aux Noirs des motifs supplémentaires sur la colonne e, si bien que les Blancs doivent en interdire l'ouverture.

21.♗d3 f4

De nos jours, j'aurais plutôt préféré 21...♗d4+ ou (excusez la répétition) 21...b5.

22.g4!

Après mon coup précédent, le reste me semblait limpide : 22...♗e5, 23...g5, etc. jusqu'au mat, mais les Blancs décident de me mettre des bâtons dans les roues.

22...♗d4+

L'échange en g3 suivi de 23...♗h3 eût été plus calme et sans doute plus fort, mais les Noirs optent pour une action immédiate.

23.♔h1!

Après 23.♔g2, 23...♕h4 force le gain par 24.♖e2 ♗xg4 ou par 24.♕e2 ♗xg4 25.fxg4 f3+!

23...♕h4 24.♖e2!

Après 24.♕e2, les Noirs ont un choix agréable entre la calme variante 24...♗f2 où les Blancs doivent donner la qualité compte tenu de la menace 25...♘g3+, et la plus vivace 24...♗xg4 25.fxg4 f3 26.♕xf3 (26.♕d2 f2 27.♖e2 ♖f8! 28.gxh5 ♕h3) 26...♖f8!, avec de très dangereuses menaces.

Après le coup du texte, le sacrifice de Fou était sans doute la suite la plus forte. Par exemple : 24...♗xg4 25.fxg4 ♕xg4 (meilleur

que 25...f3 26.♖e3 ♕xg4 27.♕f2[8])
26.♖g2 ♕h3 avec une attaque très
dangereuse. Toutefois, les Noirs
furent séduits par autre chose.

24...♕h3 25.♖g2 ♕xf3 26.♘d2!

Après l'acceptation du sacrifice,
des variantes intéressantes se seraient produites : 26.gxh5 ♗h3
27.♖a3! ♖xe4 (malheureusement le
coup tentant 27...♖e5 qui menace
28...♖g5 échoue sur 28.♗xa6 et
après 28...♗xg2+ 29.♕xg2 ♖g5
30.♖xf3!) 28.♗xa6 ♗e3! 29.♖c3 (qui
défend le Fou c1) 29...b5!

26...♕e3

Pas simple d'opter bille en tête
pour un sacrifice de Dame dans une
compétition par équipes. Sans doute
le sacrifice d'une seule pièce était-il
assez bon et suffisant : 26...♕h3
27.gxh5 ♕xh5.

27.♘f1

Si 27.gxh5, 27...♗h3 est clairement très fort.

27...♕f3 28.♘d2

---

[8] Cependant 27...♘f4 28.♕xf3 ♘xd3
gagne maintenant pour les Noirs (note de J.
Nunn).

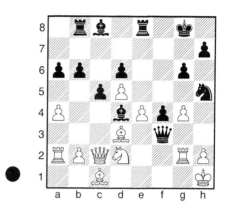

28...♗xg4?

Cela constitue la première fois où
j'ai réalisé un sacrifice positionnel
d'une Dame contre un Cavalier.

29.♘xf3 ♗xf3

On peut se rendre compte aisément que les Noirs ont obtenu certaines compensations. Leur paire de
Fous occupe une position menaçante et à la moindre occasion, leur
Cavalier rejoindra avec fracas le
théâtre des opérations. La menace
immédiate et assez évidente est
30...♖e5 et 31...♘g3+. Le prochain
coup des blancs est dirigé contre
elle.

30.h4

Après la partie, ce coup a fait
l'objet d'une discussion passionnée,
dans laquelle aussi bien les joueurs
que les entraîneurs des équipes des
jeunes ont pris part. Je n'arrive

malheureusement pas à me souvenir de toutes les variantes qui sont apparues alors sur l'échiquier pendant cette analyse post mortem, mais la conclusion générale a été que les Noirs n'avaient pas pris tant de risques que ça.

Aujourd'hui, en revanche, je ne suis plus si sûr de la correction des initiatives noires. 30.♗d2 mérite un sérieux examen, avec l'idée d'éliminer sur-le-champ le Fou noir de cases noires. La suite 30...♖e5 31.h4 ♗xg2+ 32.♔xg2 f3+ 33.♔xf3 ♖f8+ 34.♔e2 n'est pas dangereuse pour les Blancs, car le Roi va trouver un refuge sur l'aile dame.

Le coup piégeur 31...♗f2 arrive à ses fins sur 32.♗c3? ♘g3+ 33.♔h2 ♖h5, mais si les Blancs poursuivent immédiatement par 32.♔h2, ils vont pouvoir parer toutes les menaces.

Le mieux pour les Noirs est sans doute le calme 31...♖f8 32.♗c3 ♗xg2+ 33.♕xg2 f3 34.♕g4 ♖f4 ou 34.♕h3 f2, avec une position peu claire dans laquelle l'avantage matériel des Blancs ne saurait être sous-estimé.

30...♖f8

La Tour ne sert plus à rien sur la cinquième rangée.

31.♗e2

Le sacrifice de Dame a vraiment déstabilisé mon adversaire réputé pour son flegme habituel et il commet une erreur décisive. Après l'immédiat 31.♔h2 ♗xg2 32.♕xg2, nous serions parvenus à une position semblable à celle analysée dans la note précédente.

31...♘g3+ 32.♔h2 ♗xg2

Cet ordre de coups a échappé à la vigilance des Blancs. Les Noirs ont maintenant l'attaque tout en rétablissant un équilibre matériel satisfaisant.

33.♔xg2 ♘xe2 34.♕xe2

Désespoir, mais même après le relativement meilleur 34.♖a3 (34.♔f3 ♘g1+!), les Noirs obtiennent aussi un avantage décisif en continuant par 34...f3+ 35.♖xf3 ♖xf3 36.♔xf3 ♖f8+ 37.♔g4 ♖f2! (37...h5+ 38.♔g5 ♘xc1 39.e5 est moins clair).

34...f3+ 35.♕xf3 ♖xf3 36.♔xf3 ♖f8+ 37.♔g3 ♗e5+ 38.♔g2 ♗f4 0-1

Après 39.♖a1 ♗xc1 40.♖xc1 ♖f4, la perte d'un second pion est inévitable pour les Blancs.

PARTIE N° 5
Tal – Straume
Championnat de Riga 1953
Ruy Lopez

« Une partie n'est jamais finie avant l'arrêt de la pendule ».

Ce principe échiquéen devrait faire sens pour tout un chacun. Pourtant, combien de fois est-il arrivé qu'une gaffe change tout dans une position encore archi-gagnante une minute auparavant.

Si je regarde en arrière ma carrière en tournoi, les exemples de ce type s'y trouvent à foison. Le plus récent fut dans ma partie contre Vaganian au 42e championnat d'URSS, où j'ai laissé filer une première place sans partage. Avec la qualité et un pion d'avance, j'ai commencé à m'impatienter : pourquoi mon adversaire continuait-il à jouer ? J'ai alors enchaîné imprécisions et petites erreurs, puis de plus graves, ce qui, de fil en aiguille, a conduit au miracle pour mon adversaire de me contraindre à accepter une nulle. Selon l'opinion généralement admise, je me suis affaibli prématurément à cause d'un mélange insidieux d'autosuffisance et de paresse qui a surgi juste au moment critique où il ne restait plus qu'à conclure. Cela constitue un défaut caractéristique chez certains joueurs : celui du relâchement coupable. La partie suivante en est l'illustration parfaite (plus précisément, en aurait pu être l'illustration parfaite).

1.e4 e5 2.♘f3 ♘c6 3.♗b5 a6 4.♗a4 ♘f6 5.0-0 ♗e7 6.d4

Les jeunes joueurs sont très friands des préparations dans lesquelles ils aiment faire tomber leurs adversaires. À l'époque de cette partie, j'épluchais scrupuleusement les magazines et dans la revue soviétique *Shakhmaty v SSSR* (je ne soupçonnais en ce temps pas qu'il en existait d'autres) j'avais vu des analyses de G. Geiler, si je ne m'abuse, dans lesquelles l'auteur montrait qu'après 6...exd4 7.e5 ♘e4 8.♘xd4 ♘c5 9.♘f5 0-0 10.♕g4 g6 11.♗h6 ♖e8 (on découvrit plus tard sur 11...d5 12.♘xe7+ ♕xe7 13.♗xf8 ♔xf8!) 12.♘c3 ♘xa4 13.♘d5! les Blancs obtenaient une attaque des plus dangereuses. C'est cette variante qui me servit d'étoile polaire. Hélas, mon adversaire, joueur d'une autre génération plus âgée, ne s'était pas abonné au magazine !

6...exd4 7.e5 ♘d5 8.♘xd4

8.c3 est ici l'autre possibilité, mais après 8...♘b6, il reste aux Blancs à démontrer un quelconque avantage.

8...♘xd4 9.♕xd4 ♘b6

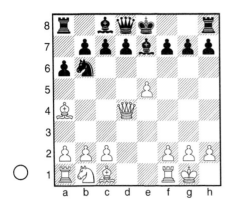

10.♕g4!?

Comme ça et pas autrement ! Je n'avais pas besoin de précipiter les choses si tôt, ne réalisant que plus tard qu'après 10.♗b3 0-0 11.♗f4 la position blanche était préférable.

Cependant, il me fallait réfuter le « non théorique » 7...♘d5 et si, pour ce faire, je devais sacrifier une pièce, alors tant mieux ! Vu que 10...0-0 est exclu à cause de 11.♗h6, j'ai pensé que le don devait être accepté. Objectivement, c'est faux ; on pouvait jouer 10...g6, même si on voit mal comment les Noirs vont terminer leur développement après 11.♗h6. Straume opte pour la plus forte continuation.

10...♘xa4 11.♕xg7 ♖f8 12.♗h6

Le plan des Blancs est très clair : capturer le pion h7, « se garder en réserve » la prise de la Tour f8, sortir vite leurs pièces, préparer la poussée du pion f au besoin. Les Noirs doivent vite se mobiliser sur l'aile dame, de sorte d'y réfugier leur Roi à la première occasion venue.

12...d5

Le pion blanc e5 restreint sérieusement les Noirs. Dans cette optique, 12...d6 méritait considération et ce, même s'il ouvre les colonnes centrales. Cela dit, le coup des Noirs ne saurait être blâmé.

13.♕xh7 ♗d7

Ce coup en revanche est trop tranquille. Les Noirs ne mettent pas leurs pièces dans le bon ordre. La tâche des Blancs eut été autrement plus difficile avec 13...♕d7 et la menace déplaisante 14...♕f5. On peut aussi ajouter que sur 13...♗e6, 14.♗xf8 (mais pas 14.f4 ♗c5+ 15.♔h1 ♕h4! 16.f5 0-0-0!) 14...♗xf8 15.f4 est désagréable pour les Noirs.

14.♘d2 ♗b5

Plus prudent était 14...♕c8, coup sur lequel les Blancs auraient vraisemblablement continué par 15.♗xf8 ♗xf8 16.♘f3 qui maintient de bonnes chances d'attaque.

15.c4!

Bien entendu les Blancs s'efforcent d'ouvrir les lignes.

15...dxc4

15...♗xc4 était mauvais : 16.♘xc4 dxc4 17.♖ad1 ♕c8 18.e6! fxe6 19.♖fe1, et l'attaque est irrésistible. Mais en continuant par 15...♗c6, les Noirs auraient pu continuer à se défendre. Avec l'arrivée du Cavalier blanc, il n'y a déjà sans doute plus de défense possible.

16.♘e4 ♘xb2!

La meilleure chance, pas tant du fait de la prise du pion que pour le contrôle de la colonne d.

17.♗xf8

17.♖fe1, l'autre plan d'attaque, semble moins convaincant sur 17...♔d7.

17...♗xf8 18.♘f6+ ♔e7 19.♖fe1

Les Blancs préparent la poussée e6 qui, jouée prématurément, eût permis l'audacieux 19...♔xe6, après quoi l'arrestation du Roi « baroudeur » eût été des plus difficiles.

19...♕d4

19...♕d3 était légèrement mieux, après quoi 20.♘e4 est sans doute le plus fort, gardant toutes les menaces.

20.♖e4 ♕c5

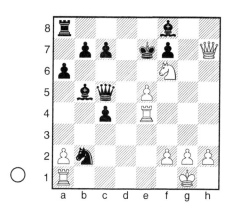

21.e6!

Vu que le Cavalier est imprenable, 21...♔xf6 22.♕xf7+ ♔g5 23.h3, les Noirs, après ce coup de boutoir, vont subir de nombreuses pertes matérielles, ce qui devient très manifeste après le coup suivant.

21...♔d6 22.e7! ♔c6

22...♗xe7 n'arrangeait rien : 23.♕xf7 menaçant mat en e6.

23.♕xf7

Bien entendu, on pouvait aussi jouer 23.e8♕+, mais pourquoi activer une Tour noire passive ? De plus les Blancs avaient un coup d'assommoir tactique en tête (cf. 25e coup).

23...♗xe7   24.♖xe7   ♔b6 25.♖xc7!

J'avais déjà anticipé une fin possible du type : 25...♝c6 26.♖xb7+ (26.♞d7+ est trop simple).

25...♛d4 26.♖xb7+ ♚a5

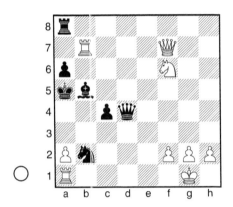

La qualité, deux pions et l'attaque sont des avantages suffisants en principe pour tout un tournoi ! Mais c'est là que commence l'incompréhensible. Et je ne peux toujours pas expliquer le coup suivant des Blancs.

27.♛d5??

Je ne vois que deux « explications » à cette bourde : ou bien les Blancs pensaient que les Noirs seraient contraints à l'abandon après l'échange des Dames, ou bien c'est un truc tactique qui m'avait attiré ici (27...♛xf6 28.♖xb5+). Quoi qu'il en soit, après le naturel 27.♞d5, les Noirs auraient eu toutes les raisons d'abandonner, vu qu'on ne voit pas de suite satisfaisante à leur propo-

ser. Sur 27...♞d1, 28.♛f3 est séduisant bien que pas forcé.

27...♖d8

Je n'avais absolument pas envisagé ce coup. Le Cavalier f6 fait le paon dans le vide et le pion passé c devient une menace réelle.

28.♛xd4 ♖xd4 29.h3

29.f3 était sans aucun doute plus précis, afin de ramener le Cavalier en jeu sans délai.

29...c3 30.♖c1 ♚b4 31.♖e7

Les Blancs changent de plan et leur tâche immédiate est de donner leur Cavalier contre le pion c.

31...♝c4

Les Noirs n'obtiennent rien par 31...♖d1+ 32.♖xd1 ♞xd1 33.♞d5+ ou bien 31...♞d3 32.♖c2 ♝a4 33.♖b7+!

32.♞e4 ♖d1+ 33.♖xd1 ♞xd1 34.♞xc3 ♞xc3 35.h4 ♝xa2 36.h5 a5 37.h6 ♝b1 38.h7?

Il est évident que le Cavalier occupe une case idéale en c3. En cas de besoin, il est prêt à bloquer la Tour adverse depuis les cases a4 ou b1.

La variante forcée suivante n'aurait pas dû être trop dure à calculer : 38.♖b7+! ♘b5 (sinon 39.♖xb1) 39.h7 ♗xh7 40.♖xh7 a4 41.g4 a3 42.♔g2 a2 43.♖h1 ♘c3 44.♖a1 ♔b3 45.g5 ♔b2 46.♖xa2+ ♔xa2 47.g6 ♘d5 48.♔f3 ♔b3 49.♔e4 ♔c4 50.♔e5 ♘e7 51.g7 ♔c5 52.f4. Le coup impulsif de la partie rend à nouveau le gain blanc problématique.

38...♗xh7 39.♖xh7 a4 40.g4 a3

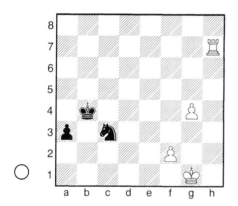

41.♖a7??

Les Blancs laissent filer leur dernière occasion de forcer un gain par 41.♖b7+. Après aussi bien 41...♘b5 42.♖e7 a2 43.♖e1 ♘c3 44.♖a1 ♔b3 45.♔g2 ♔b2 46.♖xa2+ ♔xa2 47.♔f3 ♔b3 48.♔f4 que 41...♔c4 42.♖a7 ♔b3 43.♔g2 a2 44.♖xa2 ♔xa2 45.♔f3, il manque un temps aux Noirs pour annuler.

41...♘a4??

Un cas assez rare d'aveuglement mutuel. Le simple coup 41...a2 aurait annulé, car après 42.♖xa2 (forcé à cause de la menace 42...♘a4) 42.♖xa2 ♘xa2 43.g5 ♘c3 44.♔g2 ♔c5, le Roi noir arrive juste à temps.

42.♖b7+

La Tour blanche va pouvoir rejoindre la première rangée. Le reste n'est qu'une question de simple technique.

42...♔c3 43.♖b1 ♔c2 44.♖e1

Les Blancs n'ont désormais plus besoin de calculer des variantes avec des pions contre le Cavalier. Le gain s'obtient d'une tout autre manière.

44...♘c3 45.g5 a2 46.g6 ♘b1 47.g7 a1♕ 48.g8♕

Une fois de plus, les Blancs obtiennent la qualité, un pion de plus et l'attaque. Il n'y aura plus d'autres aventures dans cette partie.

48...♔d2 49.♕e6 ♕g7+ 50.♔f1 ♘c3 51.♕e3+ ♔c2 52.♖c1+ ♔b3 53.♕xc3+ ♕xc3 54.♖xc3+ ♔xc3 55.♔e2 ♔d4 56.♔f3 ♔e5 57.♔g4 ♔f6 58.♔f4 1-0

Les trois derniers coups blancs étaient les seuls coups.

PARTIE N° 6
Saigin – Tal
*Match pour le titre de maître sovié-
tique, Riga 1954*
Ouverture anglaise

1.d4 ♘f6 2.c4 c5 3.♘f3 e6 4.g3

Ce développement lent ne pose
pas de problèmes particuliers aux
Noirs. Bien plus actif est 4.d5.

4...cxd4 5.♘xd4 d5

Dans une autre partie entre les
mêmes joueurs (Léningrad 1952) fut
joué 5...♘c6 6.♗g2 ♕b6 7.♘c2! Le
coup 5...d5 est plus fort.

6.♗g2 e5 7.♘f3 d4!

Les pions centraux noirs entra-
vent la liberté de mouvement des
pièces blanches.

8.0-0 ♘c6 9.e3

De peur de la possibilité d'un
...e4 ultérieur, les Blancs décident
de miner le centre noir.

9...♗e7 10.exd4 exd4 11.♘bd2

Menaçant 12.♘b3.

11...♗e6 12.♖e1

On n'a rien à gagner par 12.♘g5
♗f5 où le Cavalier g5 est mal placé.

12...0-0 13.b3

Il aurait suivi 13...d3 sur 13.♘b3
et on voit mal ce que les Blancs peuvent entreprendre d'actif.

13...♕d7 14.♗b2 ♖ad8

Après avoir terminé leur développement, les Noirs sont prêts
pour un jeu actif au centre et à l'aile
roi et c'est pourquoi les Blancs doivent vite réagir à l'aile dame.

**15.a3 a5 16.♘e5 ♘xe5 17.♖xe5
b6 18.♘f3?**

Une erreur. Les Blancs espèrent
supprimer le pion d des Noirs, mais
sans succès. 18.♕f3 était plus fort.

18...♗c5 19.♕d2

19.b4 échoue sur 19...axb4
20.axb4 ♗d6! et la Tour n'a pas de
bonne case de fuite, vu que 21.♖e2
est suivi par 21...♗xc4 et 21.♖e1 par
21...♗xb4. La tentative de blocage
du pion d par la Dame est tout aussi
infructueuse : 19.♕d3 ♘g4 20.♖ee1
♗f5.

19...♘g4 20.♖ee1 d3 21.♖f1

21.♘e5 était plus fort.

21...♕d6!

Ce coup prévient la poussée b4 et
stoppe 22.h3, qui permettrait le

dévastateur 22...♘xf2 23.♖xf2 ♕xg3.

22.♕c3

Les Noirs prennent l'avantage après 22.♘g5 ♗f5 23.♘e4 ♗xe4 24.♗xe4 ♖fe8 25.♕g5 ♗d4.

22...f6 23.♖ad1

23.♘g5 perd après 23...♘xf2! 24.♖xf2 ♗xf2+ 25.♔xf2 fxg5+.

23...♖fe8 24.♖d2

24.♘g5 échoue là encore : 24...Cxf2 25.♖xf2 ♗xf2+ 26.♔xf2 ♕c5+.

24...♗f5 25.♘g5

Les Blancs cherchent leur salut dans les complications. Les Noirs menaçaient 25...♖e2 et sur 25.♘h4, les Noirs disposaient de la bonne réplique 25...♗e4.

25...♘e3!

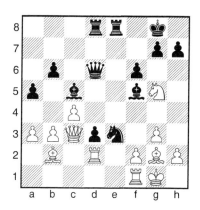

26.fxe3

Bouger la Tour n'est pas mieux, par exemple : 26.♖e1 (sur d'autres coups de Tour, 26...♘xg2 27.♔xg2 ♕c6+ suivi de 28...♗d4 et 29...fxg5 est décisif) 26...♘xg2 27.♖xe8+ ♖xe8 28.♔xg2 ♕c6+ 29.f3 ♖e1.

26...♗xe3+ 27.♔h1 ♗xd2 28.♕xd2 ♖e2 29.♕c3

Après 29.♗d5+, il suit bien évidemment 29...♕xd5+.

29...♖xg2 0-1

Sur 30.♔xg2, alors 30...d2 31.♖d1 ♗g4 32.♘f3 ♕d3!

PARTIE N° 7
Tal – Averbakh
*Championnat d'URSS par équipes,
Riga 1954*
Partie des quatre Cavaliers

Automne 1954. Riga organise un événement des plus importants : le championnat d'URSS par équipes. Petrossian, Taïmanov, Averbakh, Kortchnoï et d'autres joueurs expérimentés conduisent leurs délégations. On peut aisément imaginer l'appréhension d'un jeune joueur se retrouvant pour la première fois en pareille compagnie. Peu de temps auparavant, j'avais obtenu le titre de maître en gagnant mon match contre le biélorusse V. Saigin par 8 à 6 et j'attendais son officialisation imminente. Il était assez légitime que notre équipe « Daugava » n'ait pas placé de grands espoirs dans les résultats de son leader, et le score final lui a donné raison, car ce gain lors de la première ronde s'est avéré être le seul.

Chaque joueur a ses parties ou tournois les plus mémorables. Sans aucun doute, ce tournoi au premier échiquier à Riga était le plus fort que je n'avais jamais joué jusqu'ici, et la partie commentée ci-dessous constituait seulement ma troisième rencontre contre un grand maître (sans compter bien entendu plusieurs succès en simultanée).

Au printemps de la même année, j'ai encore eu la chance de jouer contre la légende vivante de Tallinn, Kérès, et même d'annuler l'une de nos deux parties.

1.e4 e5 2.♘f3 ♘c6 3.♘c3

Ce n'était absolument pas une invitation à la nulle qui a motivé le choix de ce coup qui a la réputation d'être très paisible. Parmi tous mes défauts, je peux affirmer franchement que durant toute ma vie cela est arrivé seulement une fois que j'ai joué sciemment pour la nulle avec les Blancs : contre Kortchnoï au championnat par équipes d'URSS 1955 : 1.e4 e6 2.d4 d5 3.exd5. J'y suis parvenu, mais non sans de grandes difficultés.

En fait, je voulais tester contre un fort joueur une variante tranchante connue par la théorie sous le nom de gambit de Belgrade.

3...♘f6 4.d4 exd4 5.♘d5

Cette variante, ou plus exactement l'une de ses ramifications : 5...♘xe4 6.♕e2 f5 7.♗f4 était une variante fétiche du club d'échecs du Palais des pionniers. V. Kirilov et moi-même y avions appliqué tout notre zèle, et je vous donne comme exemple la variante suivante qui encore aujourd'hui n'a rien perdu de son intérêt : 7.♗f4 ♗b4+ 8.c3 dxc3 9.♘xb4 ♘xb4 10.♗g5 ♘d3+ 11.♔d1 cxb2 12.♖b1 ♕e7 13.♗xe7 ♘c3+ 14.♔c2 ♘xe2 15.♗xe2 ♘xf2 16.♗a3 ♘xh1 17.♖xh1, variante estimée comme clairement avantageuse pour les Blancs. Nous avions en réserve d'autres variantes, vivantes et explosives, mais pour la correction desquelles il convient d'émettre quelques réserves.

Dans mon match contre Saigin, le gambit de Belgrade s'était présenté à deux reprises. Et dans les deux parties en question, mon adversaire avait choisi le coup 5...♗e7 qui m'avait bien convenu. Dans la présente partie, le grand maître de Moscou choisit un coup moins connu, mais en aucun cas inférieur.

5...♘b4

Nous avions aussi envisagé ce coup depuis qu'il avait été joué contre moi en 1952 par I. Zhdanov au championnat de Lettonie 1952. Les Blancs avaient alors continué en jouant 6.♘xf6+ ♕xf6 7.a3 ♘c6 8.♗g5 ♕g6 9.♗d3, mais il fut alors établi qu'après le simple 9...d6, les Noirs ont tout simplement un pion de plus. En accord avec ces analyses, j'ai donc joué :

6.♘xd4

Ici cependant les Noirs avaient pour moi une surprise de derrière les fagots.

6...♘xe4!

J'avais seulement compté sur 6...♘bxd5 7.exd5 ♘xd5 8.♘f5 ♘e7

9.♗g5 f6 10.♗xf6! gxf6 11.♕h5+ ♘g6 12.♗c4, et les Blancs obtiennent une attaque dangereuse pour la pièce.

La nouveauté théorique d'Averbakh a conduit à une réévaluation de la variante et, de nos jours, on considère 5...♘b4 comme l'un des moyens les plus simples pour obtenir une confortable égalité avec les Noirs. On n'a rien trouvé de mieux que le modeste 6.♗c4 pour les Blancs.

7.♘f5

Il est déjà trop tard pour reculer.

7...c6!

Le début d'une conception très forte dont le point d'orgue se trouve au 9e coup.

8.♘xb4 ♗xb4+ 9.c3 ♕f6

Un coup intermédiaire très important après lequel l'avantage noir est incontestable.

10.♕f3

La tentative de vendre chèrement la peau du Cavalier par 10.♘xg7+ est réfutée par le coup plein de sang-froid 10...♔d8. À la place du coup choisi, le coup apparemment plus actif 10.♕g4 valait d'être envisagé. Dans le cas de 10.♕g4 ♗xc3+ 11.bxc3 (11.♔e2 d5!) 11...♕xc3+ 12.♔e2 ♕c2+ 13.♔e3 ♕xf2+

14.♔xe4 d5+ 15.♔e5 ♗xf5 (15...f6+
16.♔d6 ♗xf5 17.♕e2+) 16.♕f4!, les
Blancs ont de bonnes chances. Cependant, les Noirs disposent au 12ᵉ
coup de la forte réplique 12...d5!,
après quoi la partie se termine rapidement.

10...♘xc3 11.a3

11.♗d2 ♕e5+ 12.♘e3 ♘d5
n'aide pas non plus.

11...♗a5

Rencontrant cette variante inconnue pour la première fois, le
grand maître a réussi à en trouver
une réfutation sur l'échiquier. Il a
passé pour ce faire plus de deux
heures sur ses dix premiers coups.
C'est un désir légitime de conserver
quelques minutes qui explique ce
dernier coup impulsif et logique
(une pièce est attaquée, on la retire),
mais du coup l'évaluation de la position doit être révisée.

En continuant simplement par
11...♕e5+ 12.♔d2 (12.♕e3 ♘d5+)
12...♘e4+ 13.♔c2, et en cas de besoin 13...♗f8, les Noirs seraient res-
tés avec deux pions de plus et le
gain eut été facile.

12.♗d2

Les Noirs vont devoir dorénavant
perdre une pièce tôt ou tard, car
12...♕e5+ 13.♕e3 ♘e4 échoue sur

14.♘d6+! ♕xd6 15.♕xe4+ ♔d8
16.♗xa5+ b6 17.♗b4.

12...d5 13.♘g3!

Plus faible est 13.♘e3 à cause de
13...♘e4.

13...♕e6+ 14.♕e3 d4 15.♕xe6+ ♗xe6

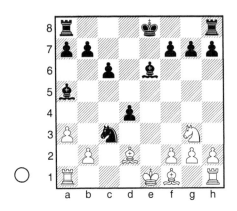

Le Cavalier est condamné, mais il
est dangereux de se précipiter sur sa
capture, les Blancs accusent un sérieux retard de développement. La
tentative de jouer pour un roque
rapide ne marche pas après 16.♗d3
0-0-0 17.0-0, car les Noirs ont
l'échec salvateur 17...♘e2+. Il faut
donc tout d'abord placer le Roi
blanc sur une case moins dangereuse.

16.f3 0-0-0 17.♔f2 ♗b6 18.bxc3 dxc3+ 19.♗e3 ♗xe3+

L'arrivée de la Tour sur la septième traverse serait comme un coup d'épée dans l'eau après 20.♗e2.

20.♔xe3 ♖he8 21.♘e4

Les Blancs ont le temps de poster leur Cavalier sur cette case centrale, car les Noirs ne peuvent tirer profit de l'échec à la découverte après 21...f5 22.♘xc3.

21...♗d5 22.g4 ♗xe4

Sans quoi, après 23.♗d3, les Blancs garderaient une structure de pions idéale sur l'aile roi.

23.fxe4 ♖d5 24.♖c1 g6 25.♗g2 f5

Si ma mémoire est bonne, Averbakh connaissait déjà les affres d'un zeitnot sévère. J'avais, quant à moi, plus d'une heure restante. Presque tous les spectateurs s'étaient agglutinés autour de notre échiquier ; les barrières de séparation entre le public et les joueurs étaient sur le point de céder. En bref, la situation était très tendue. Il n'était donc pas étonnant que je sois moi-même très excité dans un tel contexte et que les quinze derniers coups aient été joués au rythme d'un tournoi rapide.

26.gxf5?

Il est clair que les chances de nulle des Noirs augmentent après chaque échange de pion. Par conséquent, il aurait fallu jouer 26.h3, avec une position gagnante, même s'il demeurait quelques difficultés techniques à la réalisation.

26...gxf5 27.♖hf1

Par principe un piège est tendu : 28.♖xf5! ♖xf5 29.♗h3. Ai-je réellement espéré qu'il tomberait dedans ?

27...fxe4 28.♖xc3 ♖h5!

Naturellement les Noirs exploitent le temps offert par les Blancs.

29.♖h1

Si 29.h3, 29...♖g8 est désagréable.

29...♖h4

Les Noirs ont obtenu provisoirement trois pions pour la pièce et vont profiter du temps requis pour la capture du pion e pour mobiliser leurs pions de l'aile dame. Je soupçonne que la position doit déjà être nulle.

30.♖c4 ♔c7 31.♖xe4 ♖exe4+ 32.♗xe4 ♖h3+ 33.♗f3 c5

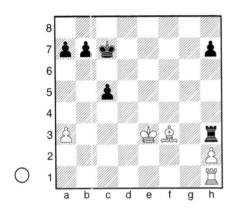

34.Rg1

Les Blancs auraient préservé quelques chances de gain en jouant 34.Rb1 b6 35.Rb2, suivi de l'amélioration de la position de leur Roi.

34...b5 35.Rg7+ Rb6 36.Rb7+ Ra6 37.Rb8 Rxh2

C'est OK, même si 37...Ra5 était plus simple.

38.Be2 Rh3+ 39.Re4 c4 40.a4 Rh4+ 1-0

À ce moment-là, ou quelques secondes plus tôt, l'arbitre a entériné le fait que les Noirs étaient tombés. Mon capitaine a eu toutes les peines du monde à retenir ma main, qui s'empressait déjà de placer avec arrogance mon Roi en d5. Dans ce cas, on n'aurait pas comptabilisé la perte des Noirs au temps.

En ce qui concerne la position, il ne peut y avoir d'ambiguïté : c'est une nulle, car en réponse à 41.Rd5, les Noirs peuvent répondre sans crainte 41...bxa4 (41...Ra5 est sans doute aussi possible) 42.Bxc4+ Ra5.

Une partie riche en aventures et en erreurs, mais ma première victoire sur un grand maître.

2. Un jeune maître

Le début de l'année 1956 a vu ma première apparition dans la finale du championnat d'URSS. Cette année-là, le tournoi a malheureusement été plus faible du fait de la participation de la plupart de nos ténors au tournoi des candidats. À l'exception de Spassky, tous les prétendants à la couronne mondiale avaient préféré se reposer avant cette échéance afin de s'y préparer.

J'ai très bien commencé ce tournoi, en particulier dans l'une de mes victoires, celle contre Simagin, qui a fait la une de tous les magazines d'échecs, bien qu'il n'y ait eu qu'un seul coup difficile à trouver dans cette partie.

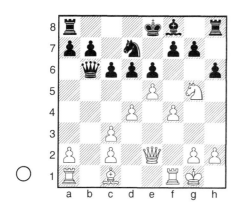

Tal – Simagin
Championnat d'URSS, Léningrad 1956

Les Noirs cherchent à faire battre en retraite le Cavalier, mais les Blancs n'y ont même jamais songé ! **12.♘xf7 ♔xf7 13.f5 dxe5 14.fxe6+ ♔xe6 15.♖b1!!** Il fallait avoir trouvé ce coup (ce que j'ai fait dans mes calculs préalables) pour se décider de sacrifier le Cavalier sur f7. Si 15...♕a6, il peut suivre 16.♕g4+ ♔d6 17.dxe5+ ♔c7 18.♗f4, et si 15...♕a5, simplement 16.♖xb7. **15...♕xb1 16.♕c4+ ♔d6 17.♗a3+ ♔c7 18.♖xb1 ♗xa3 19.♕b3!** Les Noirs ont une compensation matérielle suffisante pour la Dame, mais l'avance de développement des Blancs rend leur attaque irrésistible. **19...♗e7 20.♕xb7+ ♔d6** Le voyage retour ! **21.dxe5+ ♘xe5 22.♖d1+ ♔e6 23.♕b3+ ♔f5 24.♖f1+ ♔e4 25.♖e1+ ♔f5 26.g4+ ♔f6 27.♖f1+ ♔g6 28.♕e6+ ♔h7 29.♕xe5** et en plus de l'initiative, les Blancs ont aussi obtenu l'avantage matériel.

C'est à ce stade que le caractère univoque de mon style s'est révélé : au lieu de réaliser calmement et techniquement mon avantage, j'ai décidé de faire participer mon Roi à l'attaque, planifiant une marche royale sur la route g1–f2–g3–h4–h5–g6. Ce fut un succès au final, mais sur cette route périlleuse choisie, Simagin aurait pu faire nulle !

La sixième ronde a vu l'affrontement important contre Spassky. À domicile (le championnat avait lieu à Léningrad), il était clair que Boris avait tous les suffrages du public. Je n'aimais pas cela et j'ai joué de manière bizarre : mollement l'ouverture, puis de manière trop aiguë dans le milieu de jeu. Spassky a gagné très proprement.

Mon jeu a faibli après cette déroute. J'ai gagné une partie, en ai annulé quelques autres et en ai perdu une, sans qu'il y ait pratiquement rien de bon. Je dis « pratiquement » à dessein, car lors de la dernière ronde, je suis parvenu à me dépêtrer avec succès d'une variante tactique complexe en attaque.

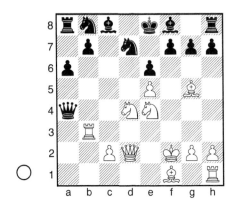

Tal – Toluch
Championnat d'URSS, Léningrad 1956

15.♗b5!? On sait maintenant que 15.♘xe6!! donne aux Blancs une attaque décisive. **15...axb5 16.♘xb5 f6 17.exf6 gxf6** La défense noire est également problématique après 17...♕xe4 18.fxg7 ♗c5+ 19.♔g3 ♕e5+ 20.♔h3 ♕xg7 21.♘c7+ ♔f7 22.♖f1+ ♔g8 23.♗h6, ou bien 18...♕f5+ 19.♖f3 ♗c5+ 20.♔g3 ♕e5+ 21.♔h3 ♖g8 22.♖e1, mais 17...♘xf6! aurait donné de bonnes chances de défense aux Noirs. **18.♖e1! ♖a6 19.♗xf6 ♘xf6 20.♘xf6+ ♔f7 21.♖f3 ♕h4+ 22.♔f1 e5 23.♕d5+ ♗e6 24.♘d7+ ♔g6 25.♘xe5+ ♔g7 26.♖g3+ ♕xg3 27.♕xb7+ ♘d7 28.hxg3 ♖b6 29.♕c7 ♗c5 30.♘xd7 ♗c4+ 31.♖e2**, et les Noirs dépassèrent la limite du temps imparti.

Les chroniqueurs du tournoi ont considéré que le partage de la 5e place n'était pas un mauvais résultat pour une première participation, mais je n'en étais pas personnellement satisfait. J'aurais espéré faire mieux du fait que la compétition était, comme cela a déjà été dit, dévaluée par l'absence des principaux ténors, et que la plupart des compétiteurs étaient comme moi des vainqueurs des demi-finales. J'étais surtout déçu de ne pas avoir fait mieux d'un point de vue créatif. Dans ma partie contre Taïmanov, par exemple, une pièce de plus ne s'est pas avérée suffisante pour l'emporter : j'étais déçu par mon jeu mollasson. Bien qu'on m'ait fait aussi de tels cadeaux, on les oublie vite, tandis qu'on se souvient longtemps de ses propres erreurs.

Peu après ce championnat, j'ai fait mon premier voyage à l'étranger. Nous sommes partis avec l'équipe d'URSS des étudiants pour le championnat du monde universitaire en Suède. J'y ai ressenti bon nombre de nouvelles impressions et sensations et y ai goûté l'ambiance spéciale de cette « mini-Olympiade ». Tous les jeunes étaient de bonne humeur ; il régnait beaucoup de fraternité et la barrière de la langue est tombée facilement dès le premier coup joué : je ne garderai pour toujours de ce championnat universitaire que d'excellents souvenirs !

Du point de vue des résultats, notre équipe, constituée uniquement de futurs grands maîtres, l'a facilement emporté. J'ai été récompensé par le prix du meilleur résultat au troisième échiquier. Ma partie contre Ivkov, donnée plus bas, fut intéressante.

La fin de l'année 1956 a été assez dramatique. Malgré un résultat médiocre lors du match entre la Lettonie et l'Estonie, j'étais considéré comme l'un des favoris pour la demi-finale des championnats d'URSS à Tbilissi.

Je ne vais pas me hasarder aujourd'hui à une explication des causes de cette débâcle, mais il s'est avéré que le tournoi a été très difficile pour moi. Après douze rondes, j'affichais au compteur une victoire (et bonté divine, loin d'être convaincante dans une finale avec quatre dames contre Kasparian), deux bulles et neuf (!!) nulles. En plus de ça, les défaites étaient très vexantes, car consécutives à de grosses gaffes.

La seule chose dont j'ai pu me satisfaire fut une défense acharnée et réussie contre Kortchnoï dans la douzième ronde. La partie s'est achevée par la nulle autour du centième coup (!). Je ne sais toujours pas aujourd'hui si ce combat a eu un effet ragaillardissant sur mon jeu par la suite, mais toujours est-il que j'ai obtenu 6 sur 7 dans la phase finale du tournoi. Je suis du coup revenu sur les talons des candidats au départage pour la finale à Moscou.

Il n'était pas impossible non plus qu'une conversation avec mon entraîneur Koblentz, qui jouait également dans la demi-finale, ait eu un rôle dans cette « renaissance ». Il avait bien joué lors des douze rondes si bien qu'il se trouvait parmi les leaders, et je lui ai dit en plaisantant :

« Ne soyez pas contrarié, Maître ! Nous nous qualifierons tous les deux pour la finale, seulement cette fois-ci je serai derrière vous ! »

Koblentz a faibli sur la fin et, finalement, « la tradition a été respectée ».

Passons à janvier 1957. Le championnat d'URSS a été un fort tournoi et vraiment très intéressant du point de vue créatif. Je ne dis pas ça parce que je l'ai remporté, mais vraiment, car il en a été objectivement ainsi. Toluch, par exemple, a fourni quelques attaques brillantes ; les expérimentés Bronstein et Kérès ont joué avec beaucoup de fraîcheur ; et ce fut en cette occasion que Petrossian, qui passe normalement pour un joueur timoré, a démontré qu'il était capable – et de quelle manière ! – de jouer à des échecs « ouverts ». Il a perdu quelques parties (ce qui n'est pas habituel chez lui), mais est parvenu à en gagner bien davantage. J'ai réussi également à remporter plusieurs rencontres intéressantes.

Contrairement à mon habitude, le début du tournoi a bien commencé pour moi : la partie contre Aronson est donnée plus bas. J'ai gagné ensuite trois parties d'affilée, dont une contre le champion en titre Taïmanov, et une autre, la première de ma vie contre mon idole d'alors : Bronstein, dont le jeu avait toujours été pour moi un modèle et, si vous préférez, une référence. La quatrième victoire contre Bannik est venue enrichir la collection de mes parties, déjà assez fournie, dans lesquelles mon adversaire tend un piège où je tombe, mais où j'arrive à trouver une faille dans la suite de la variante.

J'ai lâché mon premier demi-point lors de la cinquième ronde et, bien entendu, ce fut dans ma partie contre Kortchnoï.

Dans la sixième ronde, j'ai été puni sans ménagement par Nezhmetdinov pour avoir mal évalué la position.

La partie de la septième ronde aurait pu être ma meilleure du tournoi. Nous sommes arrivés dans la position suivante après des complications intéressantes :

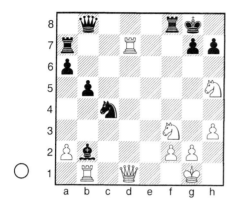

Tal – Antoshin
Championnat d'URSS, Moscou 1957

J'ai sacrifié la qualité : **25.♖xb2 ♘xb2 26.♕d5+ ♔h8 27.♕d4 ♖xd7 28.♕xd7 ♖g8 29.♘g5 h6 30.♘f7+ ♔h7**, et ici, je pensais que dans la variante : 31.♕f5+ g6 32.♕d7 gxh5 33.♘g5+ ♔g6 34.♕e6+ ♔xg5 35.g3 h4 36.f4+ ♔h5 je ne pouvais pas jouer 37.g2 (!!!)–g4, car les Noirs prendraient en passant. J'ai oublié que le pion était déjà en g3 et que le mat par 37.g3–g4 était parfaitement légal et à l'ordre du jour.

Après la partie (n'ayant pas trouvé le mat, j'ai rapidement récupéré la qualité et accepté la nulle) cela m'a bien entendu été signalé par Geller, Bronstein et quelqu'un d'autre et j'en ai été anéanti. Suivirent ensuite quatre nulles, et pas de quoi s'en vanter, puis une partie contre Boleslavsky que j'ai ajournée dans une position inférieure et que j'ai fini par perdre.

Après la journée de repos, mon humeur est revenue au beau fixe, vu que je suis parvenu à sortir victorieux d'une partie intéressante contre Petrossian. Les choses sont allées alors vraiment en s'améliorant : j'ai battu Kérès, le leader du moment (la partie est donnée plus loin), dans un style positionnel, à ma plus grande surprise, et du coup j'ai rejoint la tête de la compétition en compagnie de Bronstein. Dans la ronde suivante, la 17ᵉ, j'ai joué une partie qui ne m'a rapporté qu'un demi-point, mais une satisfaction énorme ainsi qu'un prix spécial.

Tal,Mihail – Aronin
Championnat d'URSS, Tbilissi 1957
Gambit de la Dame refusé

1.d4 d5 2.c4 e6 3.♘c3 c5 4.e3 ♘f6 5.♘f3 ♘c6 6.a3 ♗d6 7.dxc5 ♗xc5 8.b4 ♗d6 9.♗b2 0-0 10.♕c2 ♘e5 11.0-0-0 ♕e7 12.♘b5 ♘ed7 13.♘xd6 ♕xd6 14.♕c3 ♖e8 15.g4 ♕f8 16.♗d3 ♘b6 17.g5 ♘a4 18.♕c2 ♘xb2 19.♔xb2 dxc4 20.gxf6 cxd3 21.♕xd3 e5 22.♘g5 g6 23.h4 ♗f5 24.e4 ♗g4 25.h5 ♖ad8 26.hxg6 ♖xd3 27.♖xd3 hxg6 28.♖h7 ♖c8 29.f3 ♖c6 30.♖xf7 ♕xf7 31.♘xf7 ♔xf7 32.fxg4 ♔xf6 33.♖d7 ♖b6 34.♔c3 ♔g5 35.a4 a6 36.♔c4 ♔xg4 ½-½

Ayant retrouvé l'inspiration, j'ai sacrifié une pièce lors de la ronde suivante et gagné en 27 coups contre Gurgenidze, puis deux nulles ont suivi, de sorte qu'avant la dernière ronde, nous partagions à trois la première place, Bronstein, Toluch et moi-même. Mon adversaire de la dernière ronde était Toluch, alors que Bronstein devait jouer Kholmov contre lequel « par ordre d'en haut » personne ne gagnait à cette époque, si bien qu'une nulle m'assurait le partage du titre.

Revenons un peu en arrière. J'avais annulé mon avant-dernière ronde contre Kholmov avec les Noirs, alors que ce dernier devait gagner pour accomplir sa dernière norme de grand maître. Il a poussé longuement à l'attaque, mais autour du trentième coup, la position s'était tellement simplifiée que je me suis autorisé moi-même à entamer des négociations de paix. Kholmov a rejeté très violemment mon offre de nulle et s'est immergé dans une profonde réflexion d'environ une heure, heure durant laquelle toutes sortes de spéculations effrayantes m'ont traversé l'esprit. Puis, il a enfin levé les yeux de l'échiquier et a prononcé le mot « nulle ! » et nous avons commencé à analyser. À la question de savoir à quoi il avait bien pu penser durant tout ce temps, il a répondu : « À la question de savoir par quel moyen j'allais bien pouvoir gagner demain avec les Noirs contre Bronstein... »

JOURNALISTE : *Sans doute n'est-il pas très convenable d'interrompre le cours de votre récit au moment de votre couronnement, mais quoi qu'il en soit, j'aimerais savoir quelles pensées extérieures peuvent parfois vous envahir et interférer pendant la partie ?*

JOUEUR : Oh oui ! Par exemple je n'oublierai jamais ma partie contre le grand maître Vassiukov lors de l'un des championnats d'URSS. J'avais envisagé un sacrifice de Cavalier dans une position très tendue, sacrifice loin d'être évident et comportant un arbre de variantes assez touffu, mais alors que j'étais en train de m'atteler consciencieusement à son calcul, j'ai constaté avec horreur que rien ne marchait comme mon intuition l'avait pressenti. Les idées s'empilaient les unes sur les autres. Je passais d'une réplique subtile de mon adversaire qui fonctionnait dans un cas à une autre situation où ce coup s'avérait être sans intérêt. Le résultat fut que ma tête a fini par se remplir d'un fatras chaotique de toutes sortes de coups, si bien que le fameux « arbre des variantes » que les entraîneurs vous recommandent d'élaguer au mieux proliférait incroyablement vite.

Alors soudain, pour quelque raison inconnue, m'est venu à l'esprit le célèbre couplet de Korney Ivanovitch Chukovsky :

« Oh la tâche ingrate que d'extirper l'hippopotame du marigot ! »

Je ne sais par quelles associations d'idées cet hippopotame est apparu au beau milieu de l'échiquier, mais, alors même que les spectateurs étaient convaincus que je continuais d'étudier la position, j'étais en train d'essayer pour ma part, malgré mon respect des animaux, de résoudre cette énigme : comment contraindre un hippopotame à quitter un marais ? Je me souviens que je voyais des crics, des leviers aussi, des hélicoptères et même une échelle de corde. À la suite de cette réflexion prolongée, je me suis avoué vaincu en tant qu'ingénieur et ai pensé méchamment : « Bon, laissons-le se noyer ! » Soudain, l'hippopotame disparut, parti de l'échiquier comme il était venu, de lui-même. Immédiatement, la position ne m'a plus semblé si compliquée. Il m'apparaissait maintenant que, d'une façon ou d'une autre, il était impossible de calculer toutes les variantes et que le sacrifice du Cavalier était, par nature, purement intuitif. Et dès lors qu'il me laissait entrevoir une partie intéressante, je n'ai pas pu m'empêcher de le jouer.

Le jour suivant, j'ai lu avec jubilation dans les journaux que « Mikhaïl Tal, après avoir soigneusement réfléchi sur la position pendant quarante minutes, fit un sacrifice de pièce calculé avec la plus grande précision... »

Mais revenons au championnat. La partie de la dernière ronde promettait d'être une partie de combat vu que j'avais les Blancs et que mon adversaire, Toluch, était un joueur sans compromis ; et c'est ce qu'elle fut.

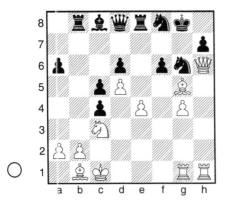

Tal – Toluch
Championnat d'URSS, Tbilisi 1957

30.e5! ♖xe5 Si 30...fxg5, alors 31.♗xg6 hxg6 32.♕h8+ ♔f7 33.♖h7+! et mat. **31.♗xg6** ♖b7 Les Noirs ne peuvent pas prendre en g6 à cause de la même variante, alors que sur 31...♖xg5, il aurait suivi 32.♗xh7+ ♔f7 33.♘e4. **32.♘e4!** fxg5 **33.♖f1** ♖xe4 Il n'y a rien de mieux face à la menace 34.♘f6+. **34.♗xe4** ♖g7 **35.♖f6** ♗xg4 **36.♖hf1** ♘d7 **37.♖xd6** ♕e7 **38.♖xa6** ♔h8 **39.♗xh7** ♘b8 **40.♗f5+** ♔g8 **41.♗e6+** ♗xe6 **42.♖xe6 1-0**

Cette année qui avait si bien débuté m'a bien vite apporté son lot de malheurs. Mon père est mort et je ne fus pas dans mon assiette pendant quelques mois. Même mes examens de fin d'année d'études furent différés jusqu'au printemps suivant. Je n'ai rejoué aux échecs qu'en été, à l'occasion du championnat du monde universitaire à Reykjavik. L'URSS alignait une équipe impressionnante : deux grands maîtres et quelques maîtres très forts, et il n'y eut donc pas vraiment de bagarre pour la coupe. J'y ai bien joué et l'une de mes victoires, celle contre Kolarov, est annotée plus bas.

Il y a eu ensuite deux compétitions par équipes : le championnat d'Europe et un inoubliable voyage d'agrément mi-touristique, mi-sérieux en Italie. Lors de la douzième Olympiade à Moscou l'année précédente, l'équipe italienne nous avait conviés à jouer une série de matchs amicaux. J'espère qu'ils n'en seront pas offensés, mais il faut bien admettre que même sur l'échiquier, on pensait davantage à notre escapade autour de Venise (nous étions, il faut dire, à peine adultes), à toucher les pierres de l'ancien Colisée et à visiter la Scala et la cathédrale Saint-Pierre.

Nous avons toutefois joué avec assiduité et remporté les cinq matchs. L'une des parties fut assez inhabituelle. Peu avant son début, mon adversaire, le maître Sabadosh, un monsieur charmant et d'un âge déjà fort avancé, est venu à ma rencontre et m'a dit qu'il avait à son crédit des parties nulles contre Alekhine, Lasker et Euwe. Avec cette candeur juvénile qui me caractérisait alors, je n'ai pas réalisé qu'il s'agissait en réalité d'une offre implicite de nulle, et comme je me sentais un peu grippé, il a eu en retour comme réponse le fait que je m'excusais d'avance de ne passer que peu de temps devant notre échiquier, afin de ne pas l'infecter. Et de fait, je n'ai utilisé que sept minutes de mon temps, mais ce fut assez pour remporter la partie. Ce fut tout à l'honneur de Signor Sabadosh de ne pas en avoir été offensé et, quand, incapable d'assister au banquet, je me suis alité dans ma chambre, il m'a fait porter du vin, des fruits et, en guise de souvenir, une cravate à la mode aux couleurs incroyables. De retour à la maison, les médecins ont diagnostiqué *post factum* que j'avais eu une pneumonie.

JOURNALISTE : *Et votre nouveau titre ne vous protégeait-il pas ?*

JOUEUR D'ÉCHECS : Le titre était en effet tout neuf. Un congrès de la FIDE s'était tenu pendant le championnat d'Europe et notre fédération avait présenté ma candidature au titre de grand maître. Mais les prérequis n'y étaient pas. Premièrement, je n'étais pas maître international, et secondement je n'avais pas réalisé de norme de grand maître dans un tournoi international. Face à cela, nous avons mis en avant le fait que j'avais remporté le championnat d'URSS, et ce, contre une très forte opposition. Le congrès a pris une décision satisfaisante pour tous : j'ai obtenu le titre à la condition que l'obtiennent aussi L. Evans et A. Bisguier, qui avaient raté leur norme pour un demi-point. Le titre de grand maître nous a été ainsi décerné à nous trois.

L'année suivante, 1958, m'a vu rester à domicile puis partir. Le championnat d'URSS était organisé à Riga.

JOURNALISTE : *Est-ce un avantage de jouer à domicile ?*

JOUEUR D'ÉCHECS : Sans aucun doute pour les footballeurs. Tout leur est familier, ils ont le soutien du public, mais rien n'est moins certain aux échecs. Mon expérience me dit qu'il est bon de jouer à la maison quand on joue bien. Mais si ça ne tourne pas rond, alors jouer à domicile est plus délicat. De plus, le championnat servait de tournoi zonal, marquant ainsi mes débuts dans la quête de la couronne mondiale.

JOURNALISTE : *Votre objectif était-il de gagner de nouveau, ou ?*

JOUEUR D'ÉCHECS : C'est cela : « ou ». Je ne visais pas particulièrement la première place, mais du fait que le tournoi était aussi le zonal, avec

Koblentz, on s'était fixé l'objectif de finir dans les quatre premiers, afin d'aller à l'Interzonal.

JOURNALISTE : *Est-ce que vous vous fixez systématiquement des objectifs et planifiez vos résultats ?*

JOUEUR D'ÉCHECS : Relativement peu souvent. En général, cette tâche incombe à mon secondant ou à ma femme. Ils me soumettent un programme, ou, plus exactement, trois : un programme maximum, un minimum, et un soi-disant programme réaliste. Le programme maximum n'est rien d'autre que de gagner ; le minimum correspond à au moins 50 %, (où les défaites sont exclues !), tandis que le programme réaliste se situe quelque part entre les deux.

Le temps du festival était donc arrivé à Riga. En dehors du public habituel, mes élèves étaient là aussi pour suivre les parties. J'étais à cette époque dans ma période d'enseignant stagiaire et la classe à laquelle je donnais un cours de littérature était composée essentiellement de joueurs d'échecs fanatiques.

JOURNALISTE : *On raconte qu'il est arrivé qu'ils jouent une fois pendant l'un de vos cours, c'est vrai ?*

JOUEUR D'ÉCHECS : C'est vrai en cette occasion. Lorsque je suis entré pour la première fois dans cette classe, il y avait un échiquier avec une position installée sur le rebord de la fenêtre. J'ai supposé que cela devait être une nouvelle forme d'obséquiosité envers ma personne, et en jetant un coup d'œil professionnel sur l'échiquier, j'ai vu que les Blancs pouvaient mater en quatre coups. J'ai fait alors une erreur pédagogique de débutant dans ma gestion du groupe : j'ai tourné le dos à la classe pendant deux ou trois minutes, le temps de suivre un élève que j'avais appelé au tableau. Lorsque j'ai de nouveau fait face à la classe entière, j'ai vu que la position avait changé sur l'échiquier, et que les Blancs non seulement n'avaient plus de mat en quatre coups, mais même plus l'ombre d'une attaque. Il était clair que les protagonistes préféraient le jeu à l'étude. Ayant éventé qui ils étaient, j'ai demandé avec sévérité qu'ils me donnent leurs carnets de correspondance qui se trouvaient comme par hasard sur le bureau du professeur. À la fin du cours, je les leur ai rendus en leur disant :

« Tirons une leçon de cet incident : les échecs et les études ne font pas bon ménage ! »

L'élève ayant joué avec Noirs a pris son carnet en silence, mais celui ayant joué avec les Blancs m'a demandé un autographe et j'ai écrit dans son carnet de correspondance : « N'a pas trouvé un mat en quatre coups pendant le cours de littérature. » Après cela, nous sommes devenus amis.

Au championnat, j'ai commencé par une partie contre Toluch et notre apparition sur la scène a été saluée par une ovation d'impatience : les gens avaient encore en tête notre partie de l'année passée. Cependant, la forme de Toluch n'était pas au top en cette occasion et il a joué faiblement. Pour moi aussi, il s'est avéré dès la troisième ronde que la bataille serait des plus difficiles.

Contre Boleslavsky, j'ai placé dans la défense est-indienne l'une de mes rares nouveautés théoriques, gagné rapidement un pion, et obtenu de bonnes chances de gain. J'avais juste un coup prophylactique à jouer, mais j'ai trouvé ça si timide que je me suis rué sur une colonne ouverte avec ma Tour, et les pièces noires ont repris du poil de la bête. J'ai considéré à un moment donné qu'il était prématuré de proposer la nulle et quand je l'ai enfin fait, j'ai vu qu'il était déjà trop tard.

JOURNALISTE : *Votre seconde défaite consécutive contre Boleslavsky... Si quelqu'un vous bat, est-ce que la tendance s'accuse dans les parties suivantes ?*
JOUEUR D'ÉCHECS : Je crois qu'il est plus juste de dire que ça arrive après une défaite lors de la toute première rencontre. Dans ce cas-là, il semble en effet que j'inaugure alors cette fâcheuse tradition de perdre en série.

JOURNALISTE : *Que pensez-vous en général du fait de « prendre sa revanche » ?*
JOUEUR D'ÉCHECS : Il y a un vieux proverbe russe qui dit : « Le père a battu son fils non pas parce qu'il a joué à un jeu d'argent, mais pour avoir essayé de se refaire ! » En principe, essayer de prendre sa revanche – aux échecs ! – est une bonne chose, mais dès lors que ça devient une fin en soi, et cela m'est souvent arrivé, vous perdez alors toute objectivité en évaluant la position, et au lieu d'une revanche, vous obtenez souvent l'inverse. Il ne fait aucun doute que c'est l'explication, par exemple, à mon score catastrophique contre Kortchnoï.

JOURNALISTE : *Mais dans ce cas, ne serait-il pas plus judicieux d'oublier le passé, et de jouer chaque partie comme si le score était vierge ?*
JOUEUR D'ÉCHECS : Évidemment que oui, mais les émotions vous envahissent à votre insu. Revenons au championnat. J'ai gagné ensuite une partie contre Averbakh, qui est commentée ici, et qui a été sujette à de

nombreuses controverses jusqu'à ce que la théorie démontre que mon sacrifice de pièce n'était pas juste, et que les Blancs auraient pu garder leur avantage matériel en trouvant le coup intermédiaire adéquat.

JOURNALISTE : *Une petite minute, je vous prie ! Comment se fait-il que vous ayez sacrifié une pièce, juste comme ça, contre un grand maître ? Vous en escomptiez quoi ?*

JOUEUR D'ÉCHECS : Le fait est que tous les ténors du jeu d'échecs ont une particularité que tous connaissent bien. Averbakh aime bien – et il travaille à cela dans son jeu – que la position sur l'échiquier soit absolument claire. Et de fait, dans notre partie, cette particularité fut patente, car Averbakh m'a immédiatement rendu la pièce sacrifiée afin de clarifier la situation. Je ne sais pas s'il l'a fait de manière délibérée, ou bien s'il a oublié quelque chose, mais le jeu a été transposé dans une position claire, avec toutefois un pion de plus pour les Noirs. Objectivement, la position blanche était encore sans doute tenable, mais Averbakh s'était retrouvé du coup en crise de temps, et il a oublié une petite pointe tactique qui a conduit à de grosses pertes matérielles. Un tel sacrifice, contre des joueurs comme Kortchnoï ou Kholmov, n'aurait pas pu se produire, car ils sont toujours prêts à entrer dans les complications aiguës, avec la volonté farouche de garder le matériel qui a été sacrifié contre eux.

JOURNALISTE : *Vous n'auriez donc pas joué de la sorte contre eux ?*

JOUEUR D'ÉCHECS : En tout cas, j'y aurais réfléchi plus longtemps si je n'avais pas vu sur l'échiquier une réfutation directe au sacrifice.

Concernant les autres parties, je me souviens très bien de celle contre Petrossian. J'ai obtenu une meilleure position, mais ce fut à cet instant que j'ai réalisé que j'avais encore beaucoup à apprendre sur le plan stratégique. Le sacrifice de qualité proposé par Petrossian était le coup le plus fort et le seul dans la position critique. Aujourd'hui, je l'aurais refusé sans aucune hésitation, à condition de garder l'initiative, mais en cette occasion, j'ai gagné la qualité et ajourné la partie dans une position... critique ! À la reprise, j'ai perdu le fil, non sans l'aide de mon adversaire.

JOURNALISTE : *C'était un exemple du fameux « sens du danger » de Petrossian. De quelle manière est-il développé dans votre cas ?*

JOUEUR D'ÉCHECS : Pas du tout, j'en ai peur. Je ne comprends toujours pas comment il a pu m'arriver de finir certains tournois sans défaites.

Le milieu du tournoi s'est très mal déroulé pour moi. Après avoir refusé la nulle, j'ai gaffé contre ce même Kortchnoï (nous y voilà : essayer de prendre sa revanche !), et la même chose s'est produite contre Bannik, contre lequel j'avais pourtant un bon score jusqu'ici. En vérité, dans ce dernier cas, il y a eu des aides extérieures à cette défaite : étant grippé, j'avais de la fièvre et j'étais sous antibiotiques. Cependant, l'infirmière a fait une erreur et m'a donné un sédatif. Mes amis ont remarqué que je n'étais pas moi-même pendant la partie (cela s'est produit le jour prévu pour les ajournements). Je ne me déplaçais plus comme à mon habitude, restais rivé à ma chaise tout le temps, fixant l'échiquier avec un regard mélancolique. J'ai joué aussi sans énergie, très mollement. Je me suis retrouvé dans une mauvaise position contre Bannik, qui s'est alors emmêlé les pinceaux. La position s'est équilibrée et j'ai commencé à me dire que je pourrais jouer pour le gain. J'ai à ce moment tout oublié, y compris la pendule, et seul le regard insistant de certaines personnes dans l'assistance m'a averti qu'il ne me restait plus qu'une poignée de secondes. J'ai alors saisi le premier pion que j'avais sous la main et l'ai poussé, fragilisant ainsi toute mon aile roi. J'ai tenu le coup ainsi jusqu'au contrôle du temps, mais pas plus loin.

Après cet incident, mon score tomba à 50 %, avec la moitié ou presque du tournoi derrière moi, et donc avec peu d'espoir de victoire.

C'est sans doute ce constat qui m'a mis dans une meilleure disposition d'esprit et que j'ai commencé à jouer plus facilement et plus calmement. J'ai gagné plusieurs parties de suite, jusqu'à ma rencontre avec Polougaïevsky qui fut tragi-comique. Dans cette partie, j'ai perdu une grande partie de mon avantage durant le zeitnot, et à l'ajournement, je me suis retrouvé avec un pion de plus, sans savoir si cela suffisait pour gagner. De plus, nous n'avions pas du tout envisagé le coup sous enveloppe de Polougaïevsky, qui était une avance de son Roi à la rencontre du mien.

La partie continua, et est venu alors le moment de choisir entre l'échange des Tours menant à une nulle certaine ou de donner deux pions sans raison logique. J'étais à cet instant très remonté, en partie parce que mon adversaire m'avait proposé la nulle la veille dans une position inférieure, et aussi parce que je n'avais pas réussi à prévoir son coup sous enveloppe. Sans trop réfléchir, j'ai opté pour la solution kamikaze, ce qui m'a conduit à déployer d'incroyables efforts pour enfin obtenir la nulle.

Malgré cela, mon combat pour entrer dans les quatre premières places qualificatives pour l'Interzonal s'annonçait plutôt bien. Le rythme des leaders vers la fin du tournoi avait considérablement ralenti, si bien qu'après une victoire dans l'avant-dernière ronde, je me suis retrouvé dans le groupe de tête en compagnie de Petrossian, avec derrière Bronstein à un demi-point et Averbakh et Spassky à un point. L'un d'entre nous serait éliminé ! La situation était d'autant plus piquante que les appariements de la dernière ronde étaient : Petrossian – Averbakh, moi-même contre Spassky et Bronstein – Kortchnoï. Personne ne s'était donc aventuré à faire des pronostics.

Il s'est avéré qu'une seule partie sur les trois fut décisive. Mes rivaux ont rapidement fait nulle, alors que Spassky et moi-même étions engagés dans un duel à mort plutôt que dans une bataille pour la vie. Strictement parlant, une partie nulle m'aurait suffi, ce qui m'aurait permis de partager la première place, et qui plus est, j'avais les Noirs. Mais Spassky ne souhaitait pas jouer un match de départage contre Averbakh pour la 4e place. Le résultat fut une variante tranchante dans la Nimzo-indienne, où Spassky n'a pas joué avec l'énergie requise. Une position égale est survenue dans laquelle j'ai proposé nulle, proposition que Spassky a refusée. C'était sans doute parce que son score contre moi était positif : deux gains et deux nulles, mais aussi parce que Spassky connaissait mon secret pourtant gardé avec soin : je n'étais toujours pas au mieux de ma forme physique.

Quoi qu'il en soit, j'ai fait immédiatement un mauvais coup, après quoi mes problèmes n'ont fait qu'augmenter. Quelque part avant le contrôle du temps, j'aurais pu opter pour une finale de Tours annulante avec un pion de moins, mais au lieu de cela, j'ai choisi une finale de pièces lourdes où mon Roi était exposé.

Nous avons analysé la partie ajournée jusqu'à cinq heures de matin. Il n'est pas apparu de gain blanc évident, mais ma position était vraiment déplaisante. Mon secondant m'a alors envoyé me coucher pour les trois heures restantes, car la reprise s'effectuait le matin à 9 h.

Mes problèmes ont commencé dès mon arrivée dans le hall du tournoi. Malgré le fait qu'on soit en semaine, il était encombré d'une foule de supporters, rendant l'accès à la salle de jeu presque impossible. Mes élèves, qui avaient tout simplement séché leurs cours, étaient rassemblés là aussi.

La partie fut reprise. Du coin de l'œil, je pouvais apercevoir Petrossian, avec un costume neuf, chemise et cravate blanches, prêt à se livrer à ses interviews de nouveau champion. Au petit buffet installé derrière la scène, Spassky buvait fiévreusement du kéfir[9]. Il semblait qu'il n'avait pas dû dormir beaucoup lui non plus.

Nous avons suivi une variante forcée pendant six coups dans laquelle Spassky a très bien joué ; on n'a trouvé que six mois plus tard le chemin du gain dans cette ligne. Mais sur l'échiquier et après une courte nuit, il a été incapable de trouver ce chemin difficile. Il n'était pas, qui plus est, au meilleur de sa forme, ayant essuyé une défaite dans l'avant-dernière ronde.

---

[9] Une boisson à base de lait fermenté semblable au yaourt (note du traducteur anglais).

Après que nous ayons joué quinze autres coups, seulement deux résultats étaient encore possibles : Spassky pouvait à tout moment forcer la nulle ou convertir son avantage en gain. Malgré cela, ma position s'améliorait petit à petit, si bien que le choix des Blancs devenait plus difficile : forcer la nulle ou continuer au risque que la partie puisse connaître trois résultats.

Spassky a décidé de ne pas forcer la nulle, mais après quelques coups supplémentaires, les deux Rois se sont retrouvés sous le feu adverse et il m'a alors offert la nulle d'une voix peu assurée. Pour être honnête, j'étais très embarrassé. D'un côté, j'ai toujours éprouvé de la sympathie pour Boris et j'avais aussi très envie de jouer le tournoi rapide qui s'annonçait immédiatement après celui-ci. Cependant, mon équipe et moi-même nous nous étions beaucoup impliqués dans cette partie et j'ai trouvé qu'il eut été immoral d'accepter la nulle d'un point de vue échiquéen, d'autant que, pour la première fois, j'avais quelques chances de gain dans cette partie, et c'était maintenant ou jamais que je pouvais la conclure.

Tout ceci m'a trotté dans la tête pendant trente à quarante secondes et j'ai décidé en fin de compte de décliner l'offre. J'ai vu immédiatement que Spassky, qui joue toujours avec un calme théâtral, était devenu nerveux. Il fut difficile pour lui de faire les bons choix sur l'échiquier et de fait tout fut terminé au bout de cinq coups, avec mon Roi enfin échappé de sa prison qui vint participer à la mise à mort du Roi adverse.

JOURNALISTE : *En résumé, s'il avait accepté la nulle hier, vous l'auriez acceptée aujourd'hui !*
JOUEUR D'ÉCHECS : Exactement !

JOURNALISTE : *Je me rends compte qu'un « ennemi » dans la vie et un « ennemi » sur l'échiquier sont deux choses différentes, mais est-ce que les sentiments envers l'adversaire : respect, inimitié, affection, exercent une influence sur le cours du jeu ?*
JOUEUR D'ÉCHECS : Bien entendu, bien que parfois sous une forme étrange. Par exemple, ni Spassky ni moi-même n'avons le plus petit désir de jouer contre des joueurs pour lesquels nous ressentons de l'inimitié, ce qui n'est pas le cas de Kortchnoï ou de Botvinnik qui vont au contraire essayer de réveiller ce sentiment avant la partie.

Aussi étrange que cela puisse paraître, ce fut après cette partie tragique du championnat d'URSS que nous sommes devenus amis Boris et moi. Il a eu la capacité de se mettre à ma place et a réalisé du coup que mon refus de son offre de nulle n'avait rien de personnel envers lui. Je pense qu'il aurait fait la même chose à ma place.

Le résultat de cette partie fut une surprise pour tout le monde : pour Averbakh qui avait nourri l'espoir d'un match de départage contre Spassky, pour Petrossian, pour Spassky et, malgré tout mon optimisme, pour moi-même.

JOURNALISTE : *Et quelle fut la réaction des supporters ?*

JOUEUR D'ÉCHECS : Ça les a rendus dingues ! Mais malgré cet enthousiasme, c'est toujours plus difficile pour moi de jouer à Riga que nulle part ailleurs. J'y ai toujours en tête le championnat de notre République. Si pour le reste du monde, j'étais déjà double champion d'URSS, grand maître international et tout le toutim, pour mes collègues à la maison, j'étais toujours le même Misha. En conséquence, je ne pouvais pas m'attendre à une quelconque déférence sur l'échiquier et, de fait, deux mois plus tard, je n'ai pris que la troisième place au championnat de Lettonie. J'y ai pourtant obtenu le plus haut pourcentage de points parmi toutes mes participations : 16 sur 19, mais deux autres joueurs ont fait mieux : 17 sur 19 !

Le sort du tournoi y a été scellé par un incident anecdotique. Avant de jouer contre Gipslis, je potassais pour mon examen d'état universitaire en russe. Cela incluait du vieux slave orthodoxe, du russe ancien, de la dialectologie, et Dieu sait quoi encore... J'étais entouré par dix kilos de littérature spécialisée quand soudain quelqu'un a sonné à la porte. C'était le facteur, porteur, outre du courrier habituel, de la dernière mouture de *Shakhmaty Bulletin*. J'y ai vu un signe du destin m'invitant à me détendre. Je me suis donc fait couler un bain brûlant dans lequel je me suis doublement plongé, car aussi dans la lecture du magazine. J'en suis venu directement à la lecture d'un article de N. Krogius sur une grande variante de la défense sicilienne. À cette époque, j'étais un adepte de cette variante, et ce, des deux côtés de l'échiquier. Et là, j'ai soudain lu : « Les Noirs ont récemment adopté la nouvelle suite ...e5. » Il suivait deux parties, une gagnée par les Noirs et l'autre nulle.

Super, ai-je pensé, je vais pouvoir faire une nulle rapide contre Gipslis dans cette variante et revenir ensuite à la philologie.

Comme si tout avait été préarrangé, nous avions joué en cinq minutes tous les coups de la variante analysée dans l'article, mais au moment de jouer le coup recommandé ...e5, une pensée est soudain venue me contrarier : et si les Blancs jouent simplement ♗c4 ? Gipslis n'a pas laissé à mon esprit le temps de se torturer outre mesure, puisqu'il a joué immédiatement ce coup.

La partie a suivi son cours pendant cinq heures pleines, à l'issue desquelles ma position était désespérée. Tout ce que j'ai obtenu fut un ajournement.

Le matin suivant, j'ai passé mon examen, mais j'ai abandonné la partie, après quoi nous l'avons analysée. La première question de Gipslis a été :

« Tu n'as donc pas eu le bulletin ? »

« Pourquoi, je n'aurais pas dû ? »

À ce moment, il a sorti la revue de son sac et m'a montré le coup ...e5, puis a tourné une page (!) sur laquelle j'ai lu la première ligne : « Cependant, en répondant à ...e5 par ♗c4, les Blancs posent de réels problèmes à leur adversaire. »

Depuis lors, je ne me suis plus jamais préparé à une partie en prenant un bain chaud.

Le stress ne m'a pas pour autant lâché. Peu de temps après cela, j'ai été envoyé dans le Sud sur insistance du corps médical qui avait détecté des nodules dans mes poumons. Koblentz m'a rejoint après que j'aie séjourné quelques semaines dans un sanatorium, afin de commencer sans urgence notre préparation pour l'Interzonal. Est arrivé alors un télégramme émanant de notre fédération : « Nous souhaiterions vous voir participer, du moins pour les matchs les plus importants, au championnat du monde universitaire par équipes. » J'en ai vraiment été ravi ; j'en avais soupé de la convalescence et me sentais bien. J'ai donc pris illico un vol pour Moscou. En réalité, « les matchs les plus importants » ont été tous les dix, et j'ai eu beaucoup de plaisir à les jouer, bien que Spassky et moi en ayons annulé de nombreux pour avoir le droit de les jouer tous les dix.

À remarquer que tout le poids de l'équipe reposait sur les épaules de ses deux premiers échiquiers, et l'année suivante, sans notre participation de Boris et de moi-même, notre équipe a sombré, ce qui suggère que la préparation de nos jeunes joueurs était le principal problème dans cette équipe. Une solution efficace a été trouvée deux ans plus tard.

PARTIE N° 8
Khasin – Tal
Championnat d'URSS, Léningrad
1956
Défense sicilienne

1.e4 c5 2.♘f3 ♘c6 3.d4 cxd4 4.♘xd4 ♘f6 5.♘c3 d6 6.♗c4 e6

7.0-0 a6

Les Noirs se préparent immédiatement pour un jeu actif à l'aile dame. 7...♗e7 suivi de ...0-0 est une défense plus solide.

8.♗e3 ♛c7 9.♗b3 ♗e7 10.f4 b5

Les Noirs exécutent leur plan avec constance.

11.f5!

La plus forte continuation qui assure aux Blancs un certain avantage positionnel. Après le plausible 11.♕f3, la partie Levin – Zhukovitsky (Odessa 1952) continua par 11...♗b7 12.a3 0-0 13.g4 ♘xd4 14.♗xd4 d5 15.e5 ♗c5 16.♖ad1 ♕b6 17.♘e2 ♘e4, avec une partie aiguë et pas du tout défavorable aux Noirs.

11...♘xd4 12.♕xd4

Si 12.♗xd4, il aurait pu suivre 12...b4 13.♘e2 e5 14.♗e3 0-0 avec des chances égales.

12...0-0 13.fxe6

Les Blancs n'auraient pas dû se précipiter sur cet échange ; 13.♖ad1 était plus fort. Le coup tentant 13.a4 n'aurait conduit nulle part après 13...♗d7, par exemple : 14.axb5 axb5 15.♖xa8 ♖xa8 16.fxe6 fxe6 17.♘d5 ♘xd5 18.♗xd5 ♖f8.

13...♗xe6

Si 13...fxe6, il aurait pu suivre 14.♘d5 ♘xd5 15.♗xd5, avec un léger avantage pour les Blancs.

14.♖ad1 ♖ac8 15.♔h1 ♖fd8 16.♘d5

Les Blancs empêchent ainsi de manière radicale la poussée noire ...d5, mais ce faisant, ils bloquent la diagonale de leur Fou de cases blanches.

16...♗xd5 17.exd5

Si 17.♗xd5, alors les Noirs peuvent gagner le pion c.

17...♘d7 18.♕f4 ♗f6 19.♗d4 ♖e8

La suite 19...♗xd4 20.♖xd4 (20.♕xf7+ ♔h8 21.♖xd4 échoue bien entendu sur 21...♖f8) 20...♘e5 est tentante, mais après 21.c3 ♖e8 22.♗c2, on ne voit pas bien comment les Noirs peuvent améliorer leur position, alors que les Blancs sont à même d'augmenter la pression sur l'aile roi.

20.c3 ♖e7

Le pseudo actif 20...♖e2 échoue sur 21.♕g4, avec une attaque double sur e2 et f6.

21.♗c2 ♗xd4 22.♕h4

Le simple 22.♖xd4 était meilleur.

22...♘f8 23.♖xd4 ♖e2 24.♗f5 ♖ce8

Il devient clair que l'initiative est passée aux mains des Noirs.

25.♖b4 ♖d2 26.♗e4 ♕e7

26...♘g6 méritait examen.

27.♕e1?

Les Blancs gaffent. Il aurait fallu jouer 27.♕f4 ♖e2 28.♕f3. Les Noirs ne peuvent pas alors gagner le Fou par 28...♖xe4?, à cause de 29.♖xe4 ♕xe4 30.♕xf7+, et mat en deux coups. Si 28...♖d2, il suit encore une fois 29.♕f4, tandis que 28...a5 n'est pas bon, car les Blancs peuvent répliquer 29.♕xe2 axb4 30.♖e1, etc.

27...♖xd5 28.♕f2

28.♗xd5 ♕xe1 29.♗xf7+ ♔h8 30.♖bf4 échoue sur 30...♘g6!, mais pas 30...♖e7? au vu de 31.♗c4!

28...♖e5 29.♗d3 ♘d7 30.♖f4 ♘c5!

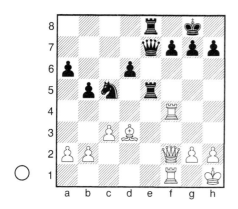

31.♖xf7

Perd rapidement, mais après 31.♗b1 ♖e2 32.♕f3 ♖e1, les Noirs devraient l'emporter aussi.

31...♘xd3 32.♕f3 ♖e1! 33.♕d5

Après 33.♖xe7, les Noirs peuvent gagner par 33...♖xf1+ 34.♕xf1 ♖xe7, et il n'y a pas de défense contre la menace 35...♖e1.

33...♕xf7

Le chemin le plus court vers la victoire.

34.♕xf7+ ♔h8 35.♔g1 ♖xf1+ 36.♕xf1 ♖e1 0-1

PARTIE N° 9
Tal – Ivkov
Olympiade universitaire, Uppsala
1956
Ruy Lopez

1.e4 e5 2.♘f3 ♘c6 3.♗b5 a6 4.♗a4 ♘f6 5.0-0 ♗e7 6.♖e1 b5 7.♗b3 0-0 8.c3 d6 9.h3 ♘a5 10.♗c2 c5 11.d4 ♕c7 12.♘bd2 ♗d7 13.♘f1 ♖fe8

Au tournoi de Zagreb, Ivkov avait joué 13...♘c4 contre Smyslov, mais il s'était retrouvé mal après 14.♕e2 ♖fe8 15.b3 ♘b6 16.dxe5 dxe5 17.c4! ♗c6 18.a4! Il est possible qu'après 13...♘c4, le simple 14.♘e3 soit fort également.

14.♘e3

Cette position s'est produite dans les parties Tal – Kholmov et Boleslavsky – Kholmov au 23ᵉ championnat d'URSS. Dans les deux parties, les Noirs ont continué par 14...♗f8 ; Boleslavsky parvint à obtenir l'avantage par 15.b4 cxd4 16.cxd4 ♘c6 (16...♘c4 17.♘xc4 bxc4 18.♗g5) 17.♗b2, et les Blancs l'ont rapidement emporté. Ivkov était bien évidemment au courant de tout cela et il opte pour une suite différente dans la partie.

14...g6 15.b4

Un coup identique à celui joué dans la partie déjà mentionnée, et semble-t-il le plus fort dans cette position. Comme il est apparu dans de nombreuses parties lors du tournoi de Zagreb, d'autres suites ne promettent rien de tangible aux Blancs. Par exemple, dans la partie Smyslov – Gligorić, il suivit 15.dxe5 dxe5 16.♘h2 ♖ad8 17.♕f3 ♗e6 18.♘hg4 ♘xg4 19.hxg4 ♘c4 20.♘d5 ♗xd5 21.exd5 ♘b6, et les deux joueurs ont conclu la paix au 30e coup.

15...cxb4 16.cxb4 ♘c4

Après 16...♘c6, les Blancs complètent tranquillement leur développement par 17.♗b2 et la pression sur la grande diagonale blanche a1-h8 leur donne un gros avantage positionnel.

17.♘xc4 bxc4 18.♖e3

Les Blancs menacent maintenant de transférer leur Fou en c3, après quoi ils auraient les meilleures chances, tant sur l'aile dame que sur l'aile roi. Si les Noirs répondent par 18...c3, alors après 19.♖b1, le pion passé sera pris tôt ou tard. La plus forte continuation était 18...♖ab8, et sur 19.♗d2 exd4 20.♘xd4 d5 21.e5 ♘e4 22.♗xe4 dxe4 23.♖xe4 ♗xb4 24.♗f4, où les Blancs gardent même ici une légère initiative.

Dans la partie, les Noirs vont opter pour une suite tentante, mais plus faible.

18...♗f8 19.♗b2!

Plus faible eût été 19.♗d2 exd4 20.♘xd4 d5 où les Noirs n'ont aucune difficulté.

19...♗h6 20.♖a3

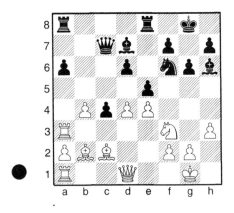

Les Blancs menacent de gagner un pion par 21.dxe5 dxe5 22.♖a5 c3 23.♖c5. Après 20...a5 21.bxa5

☖xa5 22.☖xa5 ♛xa5 23.♕e1, la finale est clairement en leur faveur. Le plus fort coup des Noirs était 20...♝b5, auquel j'aurais répondu 21.d5, gardant un avantage positionnel. (Le Fou noir en h6 est très mal placé, et il est incapable de participer à la défense de l'aile dame.)

20...♛b7?

Le début d'une combinaison fautive.

21.dxe5 ♛xb4 22.♛d4

Ivkov n'avait compté que sur 22.☖b1 dxe5 23.♝c1 ♛f8 24.♝xh6 ♛xh6 (24...♛xa3? 25.♝g5) 25.☖b6 ☖e6, avec une nulle probable. Après le coup joué, les Noirs sont perdus.

22...♞h5

N'est pas meilleur 22...☖ab8 23.☖b1 dxe5 24.♞xe5 ♛d2 à cause du simple 25.♞xd7 et les Blancs restent avec une pièce de plus. Sur 22...☖eb8 23.☖b1 ♞e8, les Blancs pourraient jouer 24.exd6 ♝g7 25.e5, car 25...♞xd6 échoue sur 26.♝c1.

23.exd6

23.e6!? était séduisant : 23...♝g7 24.exf7+ ♚xf7 25.♕d5+ ♚e7 26.♝xg7, mais après 26...♞xg7! (pas 26...♛xa3 27.♝d4), les Blancs n'ont

rien de concret, malgré leur forte position.

23...♝g7 24.e5 ♝c6

24...♞f4 était plus résistant. Après 25.☖e3 ♞e6 26.♕c3, les Blancs auraient toujours une position gagnante, mais il resterait quelques difficultés pour la réalisation.

25.☖e3 ♝xf3 26.♝c3 ♛b5 27.gxf3 ☖ad8 28.f4 ☖e6 29.☖b1 ♛c6 30.☖b6 ♛c8 31.♝d1 ♝h6 32.♝xh5 gxh5 33.f5 1-0

PARTIE N° 10
Koblentz – Tal
Partie d'entraînement, Riga 1957
Défense hollandaise

Les trois sacrifices de Tour

Très souvent, lors de conférences, je dois répondre à certaines questions : « Pouvez-vous expliquer comment vous vous préparez pour les tournois ? » ou encore du même genre : « Quelle est la meilleure façon de se préparer aux compétitions importantes ? »

Il me faut tout d'abord dire qu'il n'existe pas de méthode passe-partout. La seule solution possible, et qu'il faut bien garder à l'esprit, est que chacun doit être conscient de son propre style et envisager des stratégies personnelles pour le développer.

Il y a vingt ans, Botvinnik avait proposé sa méthode pour aider les joueurs dans leur préparation. Dans cette dernière, l'accent avait été mis principalement sur deux points. Le premier portait sur la préparation théorique : en particulier par l'analyse de variantes spécifiques. Le second sur la préparation psychologique. Il est notable de relever que Botvinnik possédait les bases de parties de tous ses adversaires potentiels. Il donnait aussi beaucoup d'importance à la préparation physique avant les tournois importants.

De nos jours, du fait des progrès réalisés dans l'aspect normatif du jeu, cette méthode semble être obsolète. Par exemple, il n'est pas du tout évident de savoir s'il faut enchaîner tournoi après tournoi. La réponse de Botvinnik est « non » et il se l'applique à lui-même en ne jouant pas trop souvent. À l'inverse, le grand maître Gligorić joue énormément, et, ce faisant, force est de constater qu'il ne perd jamais sa forme.

Une autre question : « Quand tester une nouvelle idée ? » C'est un secret de polichinelle de dire que la plupart des compétitions ont pour enjeu des qualifications incompatibles le plus souvent avec le désir qu'a le joueur de mettre en avant son imagination. Pas facile de jouer dans le style « je me lâche » comme dans une partie d'entraînement. Voilà peut-être le mot clé en réponse à toutes nos questions précédentes.

En effet, quand les joueurs d'échecs se rencontrent pour des parties d'entraînement, sans enjeu sportif, ils peuvent mettre à l'épreuve les variantes les plus intéressantes et dangereuses, et c'est à eux de décider s'ils vont garder les résultats secrets ou s'ils vont les intégrer à leur répertoire afin d'en faire des armes surprise.

Je voudrais attirer l'attention du lecteur sur la partie d'entraînement suivante, disputée avec mon coach Koblentz.

1.d4 e6 2.c4 f5

Sans doute de nombreux joueurs feront la réflexion suivante : « Bien sûr, c'est une partie d'entraînement », car la défense hollandaise n'est pas souvent jouée en tournoi. Cependant, notre intention était de mettre à l'épreuve dans cette partie un plan suggéré par le maître soviétique Ilyin-Zhenevsky. Compte tenu du résultat, je ne serai pas le signataire d'une pétition visant à interdire la défense hollandaise pour toujours !

3.♘f3 ♞f6 4.g3 ♝e7 5.♝g2 0-0 6.0-0 d6 7.♘c3 ♛e8 8.♖e1

Cette idée, suivie de e4, a été suggérée par Steinitz il y a fort longtemps. Récemment, la partie Kérès – Simagin en fut une illustration victorieuse pour le grand maître estonien.

8...♛g6

À première vue, ce coup n'a pas l'air de faire grand-chose pour contrer le plan des Blancs. Dans la partie précitée, les Noirs ont joué l'habituel 8...♛h5, et après 9.e4 fxe4 10.♞xe4 ♞xe4 11.♜xe4 ♞c6 12.♝f4, ils se sont retrouvés dans une position très difficile.

Si les Noirs avaient voulu empêcher e4, ils auraient pu choisir entre 8...d5, mais 9.cxd5 exd5 10.♛b3 c6 11.e4! est bon pour les Blancs, et le plus logique 8...♞e4.

Il faut cependant mentionner que le coup joué (8...♛g6) a déjà été utilisé dans l'une des parties de la demi-finale du championnat de Lettonie, avec une fin plutôt rapide : 9.♛c2 ♛g6 10.♞xe4?? fxe4 11.♞d2 e3!, et les Blancs ont abandonné, car ils vont perdre une Tour. Au lieu de 10.♞xe4??, 10.♝e3 était meilleur.

9.e4 fxe4 10.♞xe4 ♞xe4 11.♜xe4 ♞c6

La Tour est immunisée à cause de 12.♞h4. 11..e5 a été joué souvent au lieu du coup de la partie, mais comme l'a montré la pratique, les Blancs sont mieux après 11...e5. Le coup joué vise l'idée défensive des Noirs : préparer ...e5.

12.♜e3

Ce coup empêche la libération des Noirs par ...e5. Mon adversaire m'a montré l'intéressante variante suivante après la partie : 12...e5 13.dxe5 ♝g4 14.exd6 ♝xd6. On peut avoir l'impression que l'initiative noire vaut un pion, mais il suivrait alors 15.c5! ♝e7 16.b4 ♝f6 17.♝b2! – une répétition intéressante du motif combinatoire. Il devient clair maintenant que la tâche de la Tour incombe à la troisième rangée. La même Tour aura aussi une vie trépidante dans la variante jouée dans la partie.

12...♝f6 13.d5 exd5 14.cxd5 ♞e5 15.♞xe5 ♝xe5 16.♜b3

Si les Noirs devaient maintenant perdre un temps pour défendre leur aile dame, leur position serait assez triste après 17.♝e3 et 18.♜c1.

16...♝f5

16...♝g4 était intéressant aussi afin de forcer 17.f3.

17.♜xb7 ♝c2 18.♛d2

Les Blancs ne veulent évidemment pas mettre leur Dame sur la colonne e où elle se retrouverait sous le feu des Tours adverses.

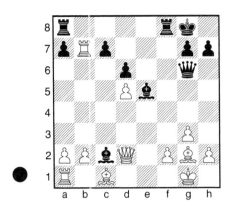

18...♖ae8 19.♖xc7 ♗d3

Les Noirs pourraient perdre prématurément après 19...♗d4 20.♕xd4 ♖e1+ 21.♗f1 ♗d3 22.♗h6!

20.♕b4!

Le seul coup pour sauver la partie. Les Blancs empêchent 20...♗d4, après quoi il suivrait 21.♗e3. Mais d'un autre côté, une faiblesse est apparue en f2, m'invitant à vérifier la correction d'un tentant sacrifice de Tour : 20...♖xf2!? 21.♔xf2 ♕f6+. Il est assez facile de voir que les Blancs ne peuvent pas s'interposer par 22.♗f4 à cause de 22...♗d4+ avec mat à suivre (23.♔f3 ♗e2 mat), et après 22.♗f3 viendrait alors 22...♗d4+ 23.♔g2 ♗f1+! Les Blancs n'ont donc qu'un seul coup : 22.♔g1 ♗d4+ 23.♔h1 et, bien que la position noire soit très active, on peut la décrire comme une de celles qui promettent beaucoup, mais donnent

peu. Le coup de la partie à l'air cependant très prometteur.

20...a5 21.♕a4

Seul coup là encore. Après 21.♕xa5 ♖xf2 22.♔xf2, 22...♗d4+ est immédiatement décisif.

21...♗xg3 22.hxg3 ♖e1+ 23.♔h2 ♗e4 24.♗e3

Évidemment, 24.♗xe4 permet aux Noirs de mater en deux coups : 25...♕h5+ 25.♔g2 ♕h1 mat.

24...♕h5+ 25.♗h3 ♖xe3

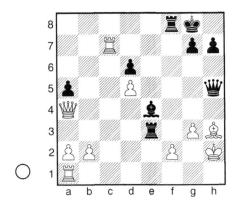

Le joli 25...♗g2 ne donne rien à cause de 26.♕g4.

La position blanche paraît être sans espoir, car toutes les pièces noires sont dirigées contre le Roi, mais la Tour blanche vient se mêler au combat de manière inattendue.

26.♖xg7+

J'avais vu cette ressource un peu plus tôt et j'avais pensé que 26...♔h8 était une réplique suffisante, mais après avoir examiné la position d'un peu plus près, je trouvai alors qu'il aurait pu suivre 27.♕d4!! et sur 27...♖xf2+, 28.♔g1. Quelle position intéressante : les Noirs attaquent, mais ce sont les Blancs qui matent l'attaquant ! J'ai donc dû changer pour le coup de la partie.

26...♔xg7 27.♕d4+ ♔g8

Les Noirs n'ont rien de décisif après 27...♖f6 28.♕xe3 ♖h6 29.g4 ♕e5+ 30.♕g3 ♕xb2 31.♖e1.

28.♕xe3 ♗f5 29.g4 ♗xg4 30.♖g1!

Après 30.♕g3, les Noirs échangent les Dames et obtiennent une très bonne finale en s'emparant du pion f2.

30...♖xf2+

On a tout d'abord le sentiment que les Blancs ont oublié cette possibilité, mais on s'aperçoit vite que tout a été très bien calculé.

31.♔h1 ♕xd5+ 32.♗g2 ♕h5+ 33.♗h3 ♕d5+ 34.♗g2 ♕d2

Le dernier piège. Si 35.♕e8+ ♔g7 36.♕e7+ ♖f7, et les Noirs gagnent grâce à la menace 37...♕h6+.

35.♕xd2 ♖xd2 36.♗f3 h5 37.♗xg4 hxg4 38.♖xg4+ ♔f7 39.♖a4 ½-½

PARTIE Nº 11
Aronson – Tal
Championnat d'URSS, Moscou
1957
Défense hollandaise

1.d4 e6 2.c4 f5 3.♘f3 ♘f6 4.♘c3 ♗e7 5.g3 0-0 6.♗g2 d6 7.0-0 ♕e8 8.♖e1 ♕g6 9.e4 fxe4 10.♘xe4 ♘xe4 11.♖xe4 ♘c6

Tout ceci a déjà été joué en de nombreuses occasions. 11...♕xe4 perd bien entendu sur 12.♘h4.

12.♕e2

Il fallait envisager plutôt la retraite de la Tour en e3 (12.♖e3), sur quoi 12...e5 ne marche pas à cause de la variante suivante : 13.dxe5 ♗g4 14.exd6 ♗xd6 15.c5 ♗e7 16.b4 ♗f6 17.♗b2 et les Blancs ont l'avantage.

12...♗f6 13.♗d2

13.♗f4 échoue sur 13...d5.

13...e5 14.dxe5 dxe5

Ce coup est le fruit d'une soif de complications, bien qu'il implique certains risques. Après 14...♘xe5 15.♗c3, les chances auraient été sensiblement égales.

101

**15.♗c3   ♗f5   16.♘h4   ♗xh4
17.♖xh4 ♖ae8 18.♕e3 h6**

18...e4 est faible à cause de 19.♖e1, et il est difficile de défendre le pion e4.

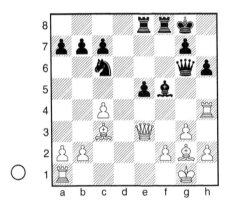

19.b4!

Les Blancs prennent un avantage positionnel à l'aile dame. Les Noirs tentent par leur coup suivant d'exploiter la mauvaise position de la Tour en h4.

19...♕f6 20.b5 ♘d8

Si 20...g5, les Blancs auraient pu sacrifier la qualité par 21.bxc6 gxh4 22.cxb7, etc.

21.♗d5+?

Le début d'un plan incorrect. Il fallait jouer 21.c5 et ensuite ♖a4. Dans ce cas, les Blancs auraient pu démontrer que 14...dxe5 était sans doute trop risqué.

21...♔h8

Plus précis que 21...♔h7 sur quoi 22.♗e4 eut conduit à une finale favorable.

Après le coup du texte, 22.♗b4 n'est pas bon pour les Blancs à cause de 22...g5 23.♗xf8 ♖xf8 24.♖e4 c6! 25.♖xe5 cxd5, et le pion est imprenable (26.cxd5) à cause de 26...♘f7.

22.f4?

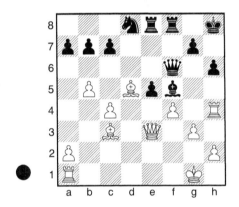

Changement de tableau après ce coup. Les Noirs vont s'emparer fermement de l'initiative. 22.c5 était meilleur, après quoi le contre-jeu noir commençait par 22...c6.

22...exf4 23.♕d2

Apparemment, les Blancs n'ont pas vu que sur 23.♕xe8, les Noirs avaient un échec intermédiaire en b6 (23...♕b6+). Sur 23.♗xf6, il aurait pu suivre 23...fxe3 24.♖xh6+ ♗h7 et les Noirs sont mieux.

23...♕b6+!

Le Fou doit être éloigné de la défense de la case e1, créant ainsi une menace d'échec sur cette même case par la Tour noire.

24.♗d4 ♕g6 25.♕xf4

Sur 25.♖xf4, il aurait suivi 25...♘e6.

25...♔h7 26.♕xc7

26.♖f1 aurait eu pour réplique 26...♗h3!

26...♗b1!

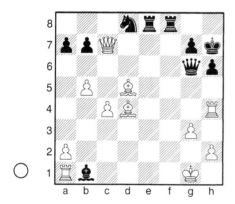

Enfermant la Tour. Le reste est simple.

27.♗e5 ♘e6! 28.♕d6 ♕f5 29.♗f4 ♘g5

Les Noirs auraient tout aussi bien pu continuer par 29...g5, mais en zeitnot, ils voulaient éviter d'affaiblir la position de leur Roi.

30.♕b4 ♗e4 31.♗xe4 ♖xe4 32.♖f1 ♖e2 33.♕d6 ♖xa2!

Bien entendu, les Noirs ne tombent pas dans le piège évident : 33...♘h3+ 34.♖xh3 ♕xh3 35.♕d3+.

34.♕d5 ♕c2 35.c5 ♖d8!

Évitant le dernier récif : sur 35...♖e8?, les Noirs auraient pu perdre après 36.♖xh6+!

36.♗d6 ♖e8 0-1

Il n'y a pas de défense contre la menace .37...♖e1, et dans cette position, les Blancs dépassèrent la limite de temps.

PARTIE N° 12
Tal – Klaman
Championnat d'URSS, Moscou 1957
Défense sicilienne

1.e4 c5 2.♘f3 ♘c6 3.d4 cxd4 4.♘xd4 ♘f6 5.♘c3 d6 6.♗g5 ♗d7 7.♕d2

Cela perd un temps, mais les Blancs s'en accommodent délibérément, car après l'échange des Cavaliers en d4, il sera plus facile pour eux de développer une attaque au centre et à l'aile roi.

Possible aussi était le simple 7.♗xf6 ou 7.♗e2.

7...♘xd4 8.♕xd4 ♕a5 9.♗xf6 gxf6 10.0-0-0 ♖c8 11.f4 ♖g8 12.g3 e6 13.♗h3

13.♕xf6 ouvrirait la diagonale au Fou adverse.

13...♕c5

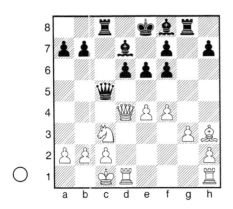

Il est temps d'essayer de déloger la Dame blanche de sa position centrale active. Les Blancs menaçaient déjà 14.♖he1 suivi de ♘d5.

14.♕d2 b5

Les Noirs poursuivent à dessein leur plan de contre-jeu sur l'aile dame.

15.♖he1 b4 16.♘e2 ♕c4 17.♔b1 ♕xe4?

Les Noirs n'auraient pas dû prendre ce pion. La colonne e est

maintenant ouverte et les Noirs devront bientôt rendre le matériel.

18.♘d4 ♕b7 19.♕d3 ♗e7

Du fait de la menace 20.♘f5, les Noirs sont déjà forcés de rendre le pion.

20.♕xh7 ♖f8 21.♗g4!

Non seulement libère le passage au pion h, mais permet aussi de maintenir le Roi noir au centre.

21...♕c7

La tentative de s'échapper avec le Roi échoue. Sur 21...♔d8 suit 22.♗h5 et les Noirs ne peuvent pas jouer 22...♗e8 à cause de 23.♖xe6 fxe6 24.♘xe6+ ♔d7 25.♘xf8+ ♔d8 26.♖xd6+ ♗xd6 27.♘e6 mat.

22.♔a1

Le but de ce coup est d'attirer mon adversaire dans un piège.

22...f5

Plus fort était 22...a5 pour chercher du contre-jeu le plus vite possible. Les Blancs n'obtiennent alors rien avec 23.♗h5 e5 24.♘f5 ♕xc2 25.♗g6 à cause de 25...♕c5. Dans ce cas, il aurait été très difficile pour les Blancs de casser le centre des Noirs.

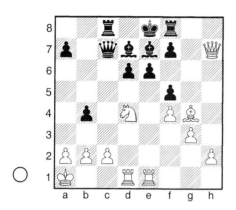

23.♗xf5! exf5 24.♖xe7+ ♚xe7 25.♖e1+ ♚d8

Avec le Roi toujours en b1, les Noirs auraient pu répondre 25...♗e6, car 26.♘xe6 échoue à cause de 26...♕xc2+.

26.♕h4+ f6 27.♕h6 ♕a5

Les deux joueurs ont joué pour cette position. Les Noirs comptaient bien entendu sur 28.♕xf8+ ♚c7, où 29.♕xf6 perd après 29...b3! ; sur 29.♕e7 ♖e8 30.♘e6+ ♚c8 31.♕xd6, il suivrait également 31...b3! ; alors qu'après 29.♘b3, les Noirs peuvent entrer en finale en prenant tout d'abord le pion a (29....♕xa2 30.♚xa2 ♖xf8). Le coup intermédiaire suivant change cependant et de manière aiguë le tableau ; les Blancs restent avec deux bons pions de plus.

28.♘b3 ♕d5 29.♕xf8+ ♚c7

30.♕xf6 ♖e8 31.♖c1 ♗a4 32.♕d4 ♕b7 33.♖d1 ♖e6

Ou 33...♖d8 34.♘c5.

34.♕c4+ 1-0

1.d4 ♘f6 2.c4 e6 3.♘f3 c5 4.e3

Les Blancs évitent les variantes aiguës qui découlent de 4.d5 et orientent le jeu dans une variante tranquille du gambit de la Dame.

4...d5 5.a3 cxd4

Évitant les positions qui découlent de 6.dxc5 et b4.

6.exd4 ♗e7

Les Noirs ne souhaitent pas encore dévoiler la position de leur Cavalier dame. Si par exemple déjà 6...♘c6, les Blancs pourraient jouer 7.c5 suivi de ♗b5, prenant le contrôle du centre.

7.♘c3 0-0 8.♗f4

On joue habituellement 8.♗d3 ici, mais après 8...dxc4, les Noirs gagnent un temps. Avec le coup de la partie, les Blancs espèrent l'éviter, convaincus que les Noirs prendront tôt ou tard sur c4.

8...♘c6 9.♖c1 ♘e4! 10.♗d3 ♘xc3 11.♖xc3 dxc4 12.♖xc4

Sur 12.♗xc4, 12...♗f6 serait possible.

12...♕a5+ 13.♗d2

Sur 13.♕d2, les Noirs auraient échangé les Dames, transposant dans une finale égale.

13...♕d5 14.♕c2

La cause principale des futures difficultés blanches. 14.♕e2, qui laisse à la Tour des cases de repli, était plus fort.

14...f5

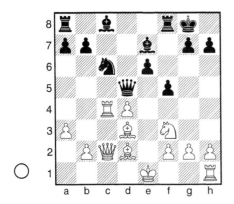

15.0-0 ♗d7 16.♖d1

Le pion d est indirectement défendu.

16...♖ac8

Il n'y avait rien à gagner par 16...♗e8 en vue de 17.♖c3 ♗h5 18.♗c4 ♕e4 19.♕b3 et les Blancs sont mieux. La ligne suivante ne marche pas non plus : 16...♖f6 17.♖c3 ♖g6 18.♗c4 ♕xf3? 19.♖xf3 ♘xd4 20.♕d3 ♘xf3+ 21.♕xf3 ♗c6 22.♕xf5, etc.

16...b5 ne ferait qu'affaiblir la position noire, et après 17.♖c3 ♘xd4 18.♘xd4 ♕xd4 19.♗e3, les Blancs prennent l'initiative.

17.♗e3 ♘a5

17...g5 aurait échoué sur 18.♖c5 ♕d6 (prendre la qualité par 18...♗xc5 est risqué) 19.d5 ♘e5 20.♘xe5 ♕xe5 21.dxe6!, et les complications qui en résultent sont en faveur des Blancs.

18.♖xc8

Si 18.♖c3, alors après 18...♖xc3 19.bxc3 ♗b5, les Noirs installent un blocage sur les cases blanches.

18...♖xc8 19.♕e2 ♗d6 20.♘e5

Difficile de trouver un bon coup blanc dans cette position. Si 20.♖c1, alors 20...♖xc1+ 21.♗xc1 ♘b3 22.♗e3 b5, et les Noirs ont un avantage positionnel comme auparavant.

20...♗a4 21.♖e1 ♗xe5 22.dxe5 ♖d8 23.b4

Les Noirs auraient aussi une meilleure position après 23.♗c2 ♗xc2 suivi de ...♘c6. Si 23.♗b1, alors 23...♗d1, etc.

23...♗c6!

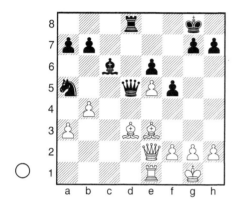

Il y a fort à parier que les Blancs ont sous-estimé la force de ce coup intermédiaire.

24.f3 ♕xd3 25.♕xd3

Davantage de résistance eût été possible par 25.bxa5 ♕xa3 26.a6!

25...♖xd3 26.bxa5 ♖xa3 27.♗xa7 ♖xa5 28.♗d4 ♖a2 29.♖b1 ♖d2 30.♗c3 ♖c2 31.♗d4 ♔f7 32.h4

Ce coup facilite considérablement la tâche des Noirs. 32.h3 était meilleur.

32...♔g6 33.♖b4 h6 34.♖b2

Perd rapidement, mais il n'y avait pas de défense face aux menaces ...f4 et ...♔h5.

34...♖xb2 35.♗xb2 ♔h5 36.♗a3 ♔xh4 37.♗f8 ♔g3 38.♗xg7 h5 39.♗h6 ♗xf3! 40.gxf3 ♔xf3 41.♗f1 b5 42.♗d2 h4 43.♗b4 h3 44.♔g1 ♔e2 0-1

1.e4 c5 2.♘f3 d6 3.d4 cxd4 4.♘xd4 ♘f6 5.♘c3 a6 6.♗g5 ♘bd7

On considère de nos jours 6...e6 comme étant plus fort, même si après 7.f4 suivi de ♕f3 et de 0-0-0, les Noirs sont loin d'avoir égalisé. Le coup du texte a été adopté avec succès par Petrossian contre Nezhmetdinov lors du 21e championnat d'URSS, où il suivit 7.♕f3? h6! 8.♗e3 e5! avec une excellente partie pour les Noirs. Plus tard, il fut cependant établi qu'après 7.♗c4, les Blancs prenaient l'avantage. Dans notre partie, les Noirs jouent une nouvelle suite.

7.♗c4 ♕a5 8.♕d2 e6

Le dernier coup des Noirs a été joué dans le but de gagner un temps sur l'éventuel sacrifice rituel sur e6.

9.0-0-0 b5 10.♗xe6!?

Ce sacrifice est incorrect dans la position présente et il ne donne au mieux que la nulle pour les Blancs. Mais on n'a toujours pas réfuté le système blanc. Pour en illustrer la force, les Blancs auraient dû continuer par 10.♗d5! exd5 11.♘c6! ♕c7 12.exd5, avec une très forte et sans doute irrésistible attaque. Je voulais forcer les événements, et j'ai donc évité la variante 10.♗d5 ♘xd5 11.exd5 e5 12.♕e1 ♕c7 où les Noirs ont une position solide même si les Blancs conservent un avantage incontestable.

10...fxe6 11.♘xe6 ♔f7

Le seul coup bien entendu. Les Noirs tentent de soustraire leur Roi à l'attaque.

12.♘xf8 ♖xf8 13.♕xd6

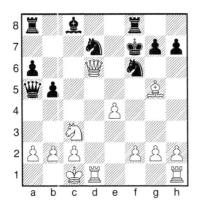

C'est la position que les Blancs avaient en tête avant de sacrifier la pièce. Les menaces 14.e5 et 14 ♘d5 semblent dangereuses, mais il suivit...

13...b4 14.♘d5 ♕xa2!

... et il m'est apparu alors que les Blancs n'ont rien obtenu de concret. La variante suivante échoue : 15.♗xf6 ♘xf6 16.♕e7+ ♔g8 17.♘xf6+ gxf6 18.♖d3 ♕f7! Et dans d'autres variantes aussi, la Dame noire joue un rôle actif dans la défense de son aile roi. Après environ une heure de réflexion, les Blancs jouèrent...

15.♖he1

... après quoi les Noirs auraient pu forcer la nulle par 15...♕a1+ 16.♔d2 ♕xb2 17.e5 ♕d4+ avec un échec perpétuel. Cependant, convaincu que les Blancs n'avaient pas de compensations, Kolarov a continué calmement...

15...♔g8 16.♗xf6!

Ce coup montre cependant que l'attaque des Blancs n'est pas encore terminée. Il fut une véritable surprise pour Kolarov, qui a immédiatement fait dans sa foulée la bourde décisive.

16...gxf6?

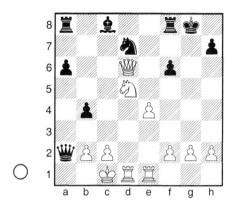

L'attaque blanche est maintenant irrésistible. Il fallait jouer 16...♘xf6 17.♘e7+ ♚f7 (17...♚h8 18.♘g6+) 18.♘c6 (pas 18.e5 ♗e6), et je crois que les Noirs n'ont rien de mieux que de forcer la nulle par 18...♚g8.

17.♖d3

Instaurant les menaces ♖g3+ et ♕e7.

17...♕a1+ 18.♚d2 ♕xb2 19.f4

Il n'y avait rien à espérer de 19.♖g3+ ♚h8 20.♕e7 f5. Le coup joué empêche que la Dame ne vienne en e5 et renouvelle la menace.

19...b3

19...♚h8 aurait eu pour réplique le même coup que celui joué dans la partie.

20.♘e7+ ♚h8 21.♖xb3 ♕a2

22.♕d5 ♖a7?

Perd sur-le-champ. Le seul coup était 22...♖d8, contre lequel j'avais prévu 23.♘g6+ ♚g7 24.♘e5! ♘xe5 25.♕xd8 ♘c4+ 26.♚c3 ♕a5+ 27.♕xa5 ♘xa5 28.♖b6 ♗d7 29.♚b4 ♘c6+ 30.♚c5 ♖c8 31.♚d6 ♗e8 32.♖b7+ ♚g8 33.e5.

23.♘g6+ ♚g7 24.♘xf8 ♚xf8 25.e5! ♘xe5 26.♕c5+ ♚g8 27.♕xc8+ ♚f7 28.fxe5 1-0

PARTIE N° 15
Ferrantes – Tal
Match Milan – Riga, 1957
Défense est-indienne

1.d4 ♘f6 2.♘f3 g6 3.c4 ♗g7 4.♘c3 0-0 5.e4 d6 6.h3 e5 7.dxe5

La suite habituelle 7.d5 ♘h5 8.g3 f5 est bien plus intéressante.

7...dxe5 8.♗e3 ♕e7

Les Noirs mobilisent leur Dame immédiatement. 8...♘bd7 était aussi possible, mais je voulais commencer sans attendre la lutte pour la case d4.

9.♕b3 ♘c6 10.♘d5 ♕d8

Plus faible était 10...♘xd5 11.cxd5 ♘d4 12.♗xd4 exd4 13.♗d3.

11.♗d3?

Maintenant les Noirs s'emparent de l'initiative. Sur 11.♖d1, j'avais très envie de sacrifier ma Dame par 11...♘xe4 12.♘b6 axb6 13.♖xd8 ♖xd8, qui aurait conduit à des complications favorables. Les Blancs auraient dû jouer 11.♗g5, sur quoi la variante suivante ne marche pas : 11...♘d4 12.♘xd4 exd4 13.♕f3. J'étais prêt à jouer 11..♗e6 puis d'échanger sur d5.

11...♘d4 12.♗xd4

Les Blancs ne peuvent pas jouer 12.♘xd4 exd4 13.♗xd4 ♘xd5 14.♗xg7 ♘f4 15.♗xf8 ♘xd3+ 16.♔f1 ♕d4 17.♕c2 ♔xf8 à cause de 18...♗e6.

12...exd4 13.0-0 ♘h5

Les Noirs envisagent, après 14...c6, de jouer leur Cavalier en f4 et de commencer une attaque. C'est pourquoi la réplique blanche est forcée.

14.g4 c6 15.gxh5 cxd5 16.cxd5 ♕f6!

Il n'est pas la peine de perdre du temps à prendre le pion h3, car après 16...♗xh3 17.♖fe1, les Blancs consolident leur position par ♗f1 et ♘h2.

17.♗c4 b5 18.♗e2 ♖e8

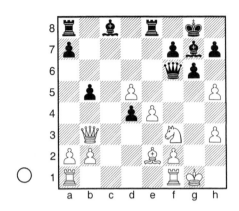

19.♕d3

19.♘d2 perd à cause de 19...♕g5+.

19...♕f4

Les Noirs ont atteint leur but qui est le gain du pion e, vu que le Cavalier blanc ne peut quitter la défense de l'aile roi.

20.♖fe1 ♖xe4 21.♕d2 ♗b7

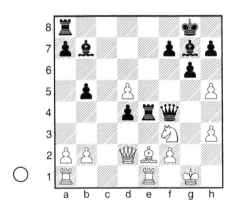

Les Noirs disposaient ici de plusieurs suites alléchantes. Après une longue réflexion, ils se décident pour la plus pragmatique. 21...♖e3 22.fxe3 dxe3 semblait très dangereux pour les Blancs, mais ils peuvent se défendre par 23.♕d1! (la variante suivante perd : 23.♕c2 ♗f5 24.♕c6 ♖c8 25.♕b7 ♕g3+ 26.♔h1 ♗e5 27.♘xe5 ♗e4+ 28.♘f3 ♗xf3+ 29.♗xf3 ♕xf3+ 30.♔g1 ♕g3+ 31.♔h1 ♖c2 32.♕a8+ ♔g7 33.h6+ ♔xh6 34.♕f8+ ♔h5) 23...♕g3+ 24.♔h1 ♗f5 25.♗f1!

Dans le cas de 21...♕f6, une suite possible est 22.h6 ♗xh3 23.hxg7 ♖ae8 24.d6 d3 25.d7 (25.♕xd3 ♖g4+ 26.♔h2 ♕f4+ 27.♔xh3 ♖e5) 25...♗xd7 26.♕xd3, et les Noirs n'ont rien obtenu de décisif.

22.♕xf4 ♖xf4 23.hxg6 hxg6 24.♘d2 d3 25.♗xd3 ♖d4 26.♘b3! ♖xd3 27.♘c5 ♖xd5 28.♘xb7 ♖b8

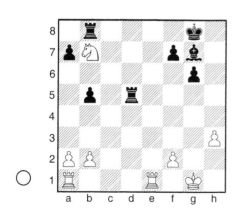

29.♘a5

Les Blancs auraient pu résister davantage en jouant 29.♖e7 ♗f6 30.♖c7 ♗e5 31.♖c5 ♖xc5 32.♘xc5 ♗xb2 33.♖b1 ♗d4, même si les Noirs devraient l'emporter avec leur pion de plus.

29...♗xb2 30.♘c6 ♖g5+

Plus fort que 30...♗xa1 31.♘e7+.

31.♔f1 ♗xa1 32.♘xb8 ♗d4 33.♘c6 ♗b6

La finale est sans espoir pour les Blancs. Il suivit :

34.♖e4 ♖c5 35.♘b4 a5 36.♘d3 ♖c3 37.♘f4 ♖f3 38.♘d5 ♖xf2+ 39.♔e1 ♗c5 40.♘c7 ♖xa2 41.♘xb5 ♖h2 0-1

PARTIE N° 16
Tal – Toluch
Championnat d'URSS, Riga 1958
Défense Nimzo-indienne

1.d4 ♘f6 2.c4 e6 3.♘c3 ♗b4 4.e3 c5 5.♘f3 d5 6.♗d3 0-0 7.0-0 ♘bd7

Plus précis est 7...dxc4 8.♗xc4 ♘bd7. Les Noirs ont maintenant de sérieux problèmes.

8.a3 cxd4

Les Blancs prennent également l'initiative après 8...dxc4 9.axb4! cxd4 10.♗xh7+ ♘xh7 11.♕xd4

(Koblentz – Barshauskas, Tallin 1956). Les Blancs sont mieux après 8...♗xc3 9.bxc3 dxc4 10.♗xc4 ♕c7 11.♕e2 e5 12.e4! b6 13.♗g5 ♗b7 14.d5.

9.♘xd5! exd5 10.axb4 dxc4 11.♗xc4 ♘b6 12.♗b3 dxe3 13.♗xe3 ♘bd5

Tout a déjà été joué jusqu'ici. Le coup 13...♘bd5 est une nouvelle idée. Les Noirs envisagent de consolider leur position au centre après ...b6 et ...♗b7. Dans sa partie contre Furman (Riga 1955), Gipslis avait continué par 13...♘fd5, mais après 14.♗c5 ♖e8 15.♖e1 ♗e6 16.♘d4, les Blancs eurent un considérable avantage positionnel.

Dans sa partie contre Kortchnoï (Hastings 1955/56), Darga fit entrer la partie en finale : 13...♗e6 14.♗xe6 fxe6 15.♕xd8 ♖fxd8 16.♖xa7! ♖xa7 17.♗xb6 ♖da8 18.♗xa7 ♖xa7. Les Blancs ont un pion de plus, et bien que la réalisation de l'avantage présente certaines difficultés techniques, il doit pouvoir être converti. Le coup de la partie ne donne pas non plus l'égalité aux Noirs. C'est toute la variante commençant par 7...♘bd7 qui doit être à l'évidence rejetée.

14.♗c5 ♖e8 15.♖e1 ♖xe1+ 16.♕xe1 b6 17.♗d4

Ici le Fou occupe une très forte position.

17...♗b7

17...♗f5 était meilleur pour assurer la défense du pion f en cas de besoin.

18.♖d1 ♕e8 19.♗e5

Après la partie, le grand maître Toluch a admis qu'il avait sous-estimé ce simple coup qui paralyse durablement les pièces noires.

19...♕b5

Cherchant du contre-jeu contre le pion faible b4. Si 19...♘xb4, les Blancs avaient prévu 20.♕xb4 ♗xf3 21.♖e1 ♗b7 22.♗xf6 ♕c6 23.♗xf7+ ♔h8 24.♗xg7+! ♔xg7 25.♖d5 ♕xd5 26.♖e7+, avec une attaque irrésistible. 19...♖d8 n'était pas non plus satisfaisant à cause de 20.♕d2, et 20...♖d7 échoue sur 21.♗a4.

20.♗xf6 gxf6

20...♘xf6 offrait une résistance plus tenace, bien qu'après 21.♕e7 ♗d5 22.♗xd5 ♘xd5 23.♕b7 ♖d8 24.h4, le clouage du Cavalier soit désagréable.

21.♕e4 ♕xb4

21...♖e8 perd sur 22.♖xd5.

22.♘d4 f5 23.♕e5! ♘e7 24.♕f6 ♗d5

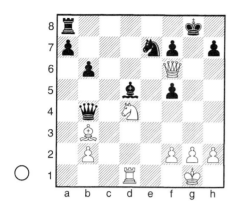

Ce coup évident est réfuté par une combinaison très simple. La position noire est également indéfendable après 24...♖f8 25.h3 ♗d5 26.♖d3 ♗xb3 27.♖g3+! ♘g6 28.♘xf5.

25.♘c6! ♕xb3

Si 25...♗xc6, alors tout simplement 26.♕xf7+ ♔h8 27.♕f6 mat.

26.♘xe7+ ♔f8 27.♖e1

Le mat est désormais imparable.

27...♗e6 28.♘xf5 1-0

PARTIE N° 17
Averbakh – Tal
Championnat d'URSS, Riga 1958
Défense Benoni moderne

1.d4 ♘f6 2.c4 e6 3.♘c3 c5 4.d5 exd5 5.cxd5 d6

Nous avons atteint la position typique de cette variante populaire. Les Noirs se sont créé une faiblesse en d6 et ont permis aux Blancs de prendre le centre. En échange, ils ont obtenu du contre-jeu lié à leur majorité de pions à l'aile dame. Un rôle important est dévolu au Fou en g7, qui exercera une forte pression sur la grande diagonale a1–h8.

6.e4 g6 7.♗e2 ♗g7 8.♘f3 0-0 9.0-0 ♖e8

Dans la partie Smyslov – Filip (Championnat d'Europe par équipes, Vienne 1957), c'est 9...♗g4 qui fut joué, mais après 10.h3 ♗xf3 11.♗xf3 a6? (11...♘bd7 est plus précis) 12.♗f4, les Blancs ont pris un clair avantage. Le coup joué, qui attaque le pion e4, est beaucoup plus actif.

10.♕c2

On joue principalement ici 10.♘d2, dans le but de poster le Cavalier en c4.

10...♘a6 11.♗f4

Les Noirs sacrifient une pièce après ce coup.

11...♘b4 12.♕b1

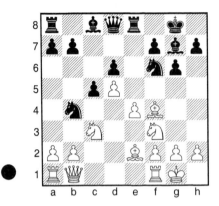

12...♘xe4!?

À l'évidence, la suite la plus forte. Sur 12...♘h5, les Blancs auraient joué 13.♗g5 f6 14.♗e3 f5 15.a3! fxe4 16.axb4 exf3 17.♗xf3 cxb4 18.♘e4 et ils sont mieux.

13.♘xe4 ♗f5 14.♘fd2 ♘xd5 15.♗xd6?

L'erreur décisive après laquelle les Blancs se retrouvent dans une position perdante.

Il était essentiel de jouer 15.♗g3, sur quoi les Noirs envisageaient 15...♕e7. Après 16.♗f3 ♖ad8, ils ont une position dynamique du fait de la menace d'avance de leurs pions centraux.

Les Blancs feraient mieux de jouer 16.♗b5, sur quoi il pourrait suivre 16...♗xe4 17.♘xe4 ♕xe4 18.♗xe8 ♕xe8 19.♗xd6 ♕c6 20.♗g3 c4, où les Noirs ont un pion pour la qualité et du contre-jeu sur l'aile

dame. Dans ce cas, les chances auraient été égales.[10]

15...♘f6!

Les Noirs regagnent maintenant leur pièce.

16.♗f3

Pire encore serait 16.♗xc5 ♘xe4 17.♘xe4 ♗xe4, où les Blancs ne peuvent ni jouer 18.♕d1 à cause de 18...♕g5, ni 18.♕c1 à cause de 18...♖c8.

16...♘xe4 17.♘xe4 ♗xe4 18.♗xe4 ♕xd6 19.♕c2 ♖e7

La phase technique de la partie débute. Du fait de la présence des fous de couleur opposée, il est très difficile de se faire un pion passé sur l'aile dame, et c'est pourquoi les Noirs optent plutôt pour une attaque sur le Roi blanc, utilisant pour ce faire de la colonne e ouverte et du fort avant-poste d4 pour le Fou de cases noires.

20.♗f3 ♖ae8 21.♖ad1 ♗d4 22.a4

---

[10] 1 Après que cette partie fut jouée, et après la parution des notes de Tal, la théorie de cette variante a évolué. Kholmov a démontré qu'après 15.♗g3 ♕e7 16.♗f3 ♖ad8 17.♖e1!, les Blancs prenaient l'avantage dans toutes les variantes. Du fait de cette possibilité, les Noirs ne devraient pas jouer 12...♘xe4, mais plutôt 12...♕e7, avec une partie satisfaisante (note de l'éditeur anglais).

b6 23.b3 ♖e5 24.♖d2

Les Blancs cherchent à soulager leur défense par l'échange d'une paire de Tours. Les Noirs ne peuvent l'empêcher, car il n'y a rien à attendre de 24...♕e6 25.♘c4 ou de 24...♕e7 25.♗c6.

24...h5 25.♖e2 ♖xe2 26.♗xe2 h4

Des nuages noirs s'amoncellent sur la position du Roi blanc.

27.♔h1 ♕f4

La menace est 28...♗e5. 28.♗c4 ne l'empêche pas, car après 28...♗e5 29.♕xg6+ ♔f8, la Dame blanche est en prise et il y a une menace de mat.

28.g3 ♕f6 29.♕d1 ♖d8

La Tour a joué son rôle sur la colonne e.

30.♗g4 ♗xf2! 31.♕e2

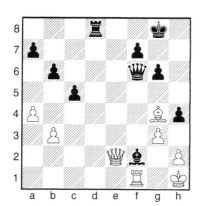

31...♖d2!

La pointe de la petite combinaison noire.

32.♕e8+

Sur 32.♕xd2, 32...♕c6+ est décisif.

32...♔g7 33.gxh4 ♕d4 34.♗h3 ♕d3 35.♗g2

Les Blancs auraient pu tenter de compliquer les choses par 35.♕e5+ ♔h7 36.♕f4, après quoi les Noirs ne peuvent pas jouer 36...♕xh3 à cause de l'échec perpétuel : 37.♕xf7+ ♔h6 38.♕f8+ ♔h5 39.♕h8+ ♔g4 40.♕c8+. Les Noirs auraient pu cependant gagner par 36...♕d5+ 37.♗g2 ♕xg2+ 38.♔xg2 ♗e3+ 39.♔h1 ♗xf4 40.♖xf4 ♔g7.

35...♖d1 0-1

Sur 36.♕b5 suivrait 36...♖xf1+ 37.♗xf1 ♕e4+ 38.♗g2 ♕xh4, et les Noirs gagnent.

PARTIE N° 18
Tal – Geller
Championnat d'URSS, Riga 1958
Ruy Lopez

1.e4 e5 2.♘f3 ♘c6 3.♗b5 a6 4.♗a4 ♘f6 5.0-0 ♗e7 6.♖e1 b5 7.♗b3 0-0 8.c3 d6 9.h3 ♘a5 10.♗c2 c5 11.d4 ♗b7

Ce coup est devenu récemment de plus en plus populaire à la place du coup habituel 11...♕c7. La partie Geller – Averbakh, jouée quelques rondes plus tôt, a montré que le coup normal 12.♘bd2 n'est pas dangereux pour les Noirs. Et c'est pourquoi j'ai voulu essayer dans la présente partie une idée douteuse impliquant un immédiat coup de boutoir sur l'aile dame. Vu que je n'ai obtenu aucun avantage avec les Blancs, on en arrive à la conclusion que ces derniers doivent fermer le centre par la poussée d5.

12.b4   cxb4   13.cxb4   ♘c4 14.♘bd2 d5

Il était également possible de commencer par 14...♘xd2. Le coup joué est plus tranchant.

15.exd5

Bien entendu les Blancs ne se satisfaisaient pas de la suite 15.♘xc4 bxc4 16.dxe5 ♘xe4.

15...exd4

Sans doute plus fort était 15...♘xd5 16.♘xc4 bxc4 17.♘xe5, bien qu'après 17...♘xb4 18.♘xc4 ♘xc2 19.♕xc2 ♖c8 20.♕d3 les Blancs repoussent les menaces noires tout en gardant leur pion supplémentaire.

16.♘xc4 bxc4 17.♕xd4 ♗xb4

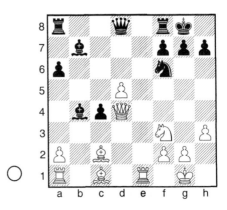

Les Noirs étaient ici à la croisée des chemins. Les deux pions blancs d5 et b4 sont faibles, mais un coup légal ne permet que la capture de l'un d'entre eux. Après une réflexion interminable, Geller décida de laisser les Blancs avec le pion le plus difficilement défendable, à savoir le pion d5. Difficile de dire si ce fut là le bon choix et le plus fort coup. Dans tous les cas, 17...♘xd5 donne aux Blancs l'avantage après 18.♕e4 g6 19.♗h6 ♖e8 20.♗a4 ♘c3 21.♕xb7 ♘xa4 22.♕c6[11].

Sur 17...♗xd5, les Blancs peuvent jouer 18.♘e5, créant des menaces contre le Roi noir.

18.♖b1!

Ce coup permet aux Blancs de raviver leur initiative, alors que des

---

[11] 22.♖ad1 gagne une pièce (note de J. Nunn).

coups de l'autre Tour la laisseraient s'éteindre.

18...♗xe1

18...♘xd5 échoue sur 19.♗xh7+ ♚xh7 20.♘g5+ ♚g8 21.♕h4 ♘f6 22.♖xb4, avec les menaces ♖xb7 et ♗b2.

19.♖xb7 ♖e8

Le coup objectivement le plus fort, même si la continuation suivante eut refroidi les velléités agressives des Blancs : 19...♕xd5 20.♕xd5 ♘xd5 21.♘xe1 ♖ab8 22.♖xb8 ♖xb8, transposant dans une finale compliquée et qui n'est peut-être pas défavorable aux Noirs.

20.d6

Sans avoir peur de 20...♖e2 à cause de la réponse 21.♕xc4.

20...♕c8 21.♗g5!?

On pouvait jouer aussi 21.♖c7 ♕e6 22.♗g5 ♘d5 23.♖c5 ♘c3, avec une position peu claire.

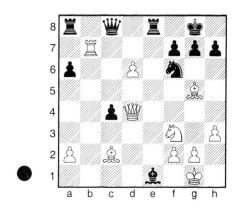

21...♖e2!

Un coup splendide. Les Noirs ne peuvent se permettre de prendre la Tour blanche, par exemple : 21...♕xb7 22.♗xf6 gxf6 (on ne voit rien de mieux) 23.♕h4[12] ♗xf2+ 24.♚xf2 ♕b6+ 25.♘d4 ♕xd6 26.♕xh7+ ♚f8 27.♕h6+, et les Noirs ont « l'agréable » choix entre perdre leur Dame par ...♚e7 ou bien se faire mater après ...♚g8. Si les Noirs jouent 23...f5 au lieu de 23...♗xf2+, alors les pièces transitent par la case g5, plaque tournante de l'attaque contre le camp adverse, d'abord la Dame avec échec, puis le Cavalier. Et si cela ne suffit pas, le Fou aura lui aussi son mot à dire au moment opportun. Cependant, pour l'heure, les Blancs sont obligés de calmer le jeu.

---

[12]   23.♕g4+   gagne   sur-le-champ : 23...♚f8 24.♗xh7 ou 23...♚h8 24.♕f5 (note de J. Nunn).

22.♖c7

Après 22.♘xe1 ♖xe1+ 23.♔h2 ♕xb7 24.♗xf6 gxf6 25.♕h4 f5 26.♗xf5 f6, l'attaque des Blancs serait stoppée sans le renfort de la cavalerie.

22...♕e6 23.♘xe1

On peut maintenant faire cet échange.

23...♖xe1+ 24.♔h2 ♖d8!

Le seul coup, au vu de la menace 25.♖e7. 24...♘d7 échoue sur 25.♗a4.

25.♗xf6

Les Blancs ne peuvent pas jouer 25.♖e7 ♕xe7 26.♗xh7+ ♔h8. Ils auraient pu récupérer la qualité par 25.♗xh7+, mais après 25...♕xd6+[13] 27.♕xd6 ♖xd6 28.♖xe1, les Noirs demeurent mieux.

25...gxf6??

Une gaffe inattendue, qui interrompt le déroulement logique de la partie. Il fallait reprendre de la Dame (25...♕xf6) et après 26.♕xf6 gxf6 27.d7 survient une finale intéressante. La tentative noire d'aller chercher le pion d avec le Roi pourrait les mettre en difficulté après 27...♔f8 28.♗xh7 ♖e2 29.♔g3 ♖xa2 30.♗f5, et le pion h est bien plus dangereux que ses homonymes invalides sur les colonnes a et c. Les Noirs auraient dû sans doute rendre la qualité par 27...♔g7 28.♗f5 ♖e5 29.♖c8 ♖xf5 30.♖xd8 ♖d5, où les Blancs n'ont qu'un avantage minimal.

Après le coup de la partie, tout est cependant terminé. Il suivit :

26.♖e7 ♕xd6+

Si 26...♕xe7, alors 27.♕g4+ gagne la Dame.

---

[13] 26...♖e4! et seulement ensuite prendre en d6 gagne sur-le-champ pour les Noirs (note de J. Nunn).

27.♕xd6 ♖xd6 28.♖xe1 ♖d2 29.♖c1 ♖xf2 30.♗e4 ♖xa2 31.♖xc4 a5 32.♖c8+ ♔g7 33.♖c7 1-0

PARTIE N° 19
Spassky – Tal
Championnat d'URSS, Riga 1958
Défense Nimzo-indienne

Le lecteur est déjà sans aucun doute conscient de l'importance de cette rencontre qui s'est déroulée lors de la dernière ronde[14].

Chaque joueur se devait donc de l'emporter pour atteindre son objectif et cet enjeu a laissé son empreinte sur le déroulement de la partie. L'ouverture a été jouée de manière inhabituelle par les deux camps.

Nous avons à tour de rôle sacrifié des pions, puis les Noirs ont offert la qualité, même si ce sacrifice n'est resté que dans la marge des possibilités. J'ai considéré au 23ᵉ coup la position comme étant assez simple et équilibrée, et ai proposé la nulle. Les Blancs ont décidé qu'ils pouvaient continuer sans risque à se battre, et sans doute était-ce juste. Quoi qu'il en soit, j'ai été le premier à commettre la première erreur, après laquelle l'initiative est passée à Spassky. Il a joué le milieu de jeu

---

[14] La victoire donnerait à Tal une première place sans partage ; Spassky devait quant à lui l'emporter pour être sûr de se qualifier pour le tournoi interzonal de Portorož (note du traducteur anglais).

---

avec brio et les Noirs avaient de quoi s'alarmer à l'ajournement. La partie devait reprendre à midi le lendemain.

On peut facilement imaginer avec quelle intensité nous avons analysé, mon entraîneur A. Koblentz et moi-même. L'analyse fut terminée autour de cinq heures du matin pour des « raisons techniques » (l'un des analystes s'était endormi). Peu importe, à la reprise, j'ai pensé que la nulle serait l'issue la plus probable. C'est ce qui aurait dû arriver. Les Noirs sont parvenus à maintenir l'équilibre un bon moment, même s'ils ont dû jouer les équilibristes en trouvant des coups très difficiles. Spassky a sous-estimé la force de l'un d'entre eux, et il a continué à jouer pour le gain par inertie dans une position redevenue égale. L'avantage est alors passé aux Noirs et leur contre-attaque est devenue irrésistible.

1.d4 ♘f6 2.c4 e6 3.♘c3 ♗b4 4.a3

Lors de la préparation à cette rencontre, seuls 4.♗g5 et 4.e3 furent envisagés, car Spassky les emploie habituellement avec les Blancs. La variante Sämisch est arrivée comme une surprise, et j'ai donc décidé de sortir des sentiers battus.

4...♗xc3+ 5.bxc3 c5 6.e3 ♘c6 7.♗d3 e5

La suite habituelle est 7...0-0 8.♘e2 b6 9.e4 ♘e8, etc., avec une partie compliquée que la théorie considère être plutôt en faveur des Noirs. Mais « et si les Blancs avaient préparé quelque chose ? » Je me suis donc décidé pour une autre voie.

8.♘e2

Sur 8.d5, les Noirs auraient obtenu une bonne partie par 8...e4, aussi bien après 9.♗c2 ♘e5 que sur 9.dxc6 exd3 10.cxd7+ ♕xd7.

8...e4 9.♗b1 b6 10.♘g3 ♗a6

L'idée des Noirs est de contenir l'avance des pions centraux blancs. De plus, c'est à l'avantage des Noirs d'échanger le Cavalier blanc, car la pratique a démontré qu'il joue un rôle actif dans l'attaque sur l'aile roi. Il suffit de se souvenir de la magnifique partie Botvinnik – Capablanca (AVRO 1938) dans laquelle les Blancs ont sacrifié leur Cavalier en h5, ou bien de la partie Kotov – Unzicker (Stockholm 1952), dans laquelle ce fut un coup de Cavalier en g7 qui a conclu la partie.

11.f3

Kérès fit remarquer que les Blancs auraient pu gagner un pion par 11.♕a4 ♘a5 12.♘xe4. C'est vrai, mais après 12...♘xe4 13.♗xe4 ♖c8, les Noirs rétablissent l'équilibre matériel et maintiennent une bonne position. 11.♘xe4 ♘xe4 12.♗xe4 ♗xc4 13.f3 était possible, avec une position peu claire.

11...♗xc4

Après 11...exf3 12.♕xf3 ♗xc4 13.♘f5 0-0 14.e4, les Blancs obtiendraient une initiative très dangereuse.

12.♘f5

Après 12.fxe4 d6 13.♕f3 0-0 (plus faible est 13...♖c8 14.♘f5 0-0 15.♕g3 ♘e8 16.e5) 14.e5 (difficile autrement d'activer les pièces blanches) 14...dxe5 15.♕xc6 exd4, les Noirs auraient eu une forte attaque sur le Roi blanc resté au centre. Avec le coup de la partie, les Blancs posent à leur adversaire des problèmes plus difficiles.

12...0-0

L'autre possibilité : 12...d5 13.♘xg7+ ♔f8 14.♘f5 ♖g8 15.♘g3 était très risquée et ne conduisait vraisemblablement qu'à l'avantage des Blancs.

13.♘d6 ♗d3 14.♗xd3 exd3 15.♕xd3 cxd4 16.cxd4 ♘e8!

Les Blancs ont maintenant un choix à faire : échanger les Cavaliers en e8, après quoi leur initiative sur l'aile roi est terminée, ou bien retirer leur Cavalier en f5.

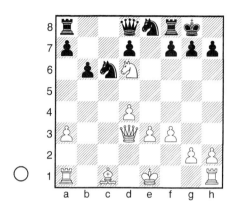

17.♘f5 d5 18.a4

18.♕b5 ♖c8 19.a4 ♘d6 n'empêcherait pas non plus les Noirs de mettre leur plan à exécution, car aussi bien 20.♕xd5 20...♘xf5 21.♕xf5 ♘xd4 que 20.♘xd6 ♕xd6 21.♗a3 ♕e6 sont clairement à leur avantage.

18...♘d6 19.♘xd6

Mais bien entendu pas 19.♗a3 ♘xf5 20.♗xf8? ♕g5, et les Noirs ont de très grosses menaces.

19...♕xd6 20.♗a3 ♘b4 21.♕b3 a5 22.0-0 ♖fc8 23.♖ac1

J'ai offert la nulle dans cette position, ayant en tête la variante suivante : 23...♕e6 24.♗xb4 axb4 25.♔f2 ♕d6 26.♔g1 ♕e6.

23...♕e6 24.♗xb4 axb4 25.♔f2

♕d6 26.h3

Les Blancs évitent ainsi la variante mentionnée plus haut, mais maintenant après 26...h5, les Noirs auraient pu menacer de prendre l'initiative. Au lieu de cela, il a suivi...

26...♔f8?

Un coup routinier : rapprocher le Roi du centre, mais cela aurait pu permettre aux Blancs, dans certains cas, de prendre le pion b sur échec, tandis que le pion h est également laissé sans défense.

27.♖c2!

Les Blancs sont prêts à s'emparer de la colonne c tout en exploitant la malheureuse position du Roi noir.

27...♖xc2+ 28.♕xc2 g6 29.♖c1

Il n'y avait rien à attendre de 29.♖b1 ♔g7 30.♕b3 ♕c6 31.♕xb4 ♖xa4 32.♕xb6 en vue de 32...♖a2+ 33.♔g3 ♕c2 34.♖g1 ♕f2+ 35.♔h2 ♕xe3.

29...♕d7 30.♕c6 ♕xc6 31.♖xc6 ♖a6

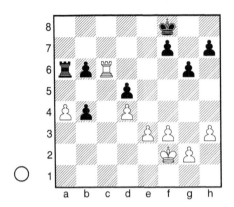

31...♖xa4 était plus précis :
32.♖xb6 ♔e7, approchant le Roi de
la Tour. La partie se serait alors
sans doute soldée par une nulle,
tandis que maintenant le combat est
relancé.

32.a5 b3 33.axb6

Après 33.♖c3 b2 34.♖b3 bxa5
35.♖xb2 a4 36.♖a2 a3, la finale est
nulle.

**33...b2 34.b7 b1♕ 35.♖c8+ ♔g7
36.b8♕**

C'est amusant de constater que
les deux pions ont été promus sur la
même colonne. Les Noirs sont les
premiers à administrer l'échec, mais
cela n'a pas trop d'importance.

36...♖a2+ 37.♔g3 ♕e1+ 38.♔h2

Ou 38.♔f4 ♖xg2 !

38...♕xe3 39.♖g8+ ♔f6

La tâche des Noirs aurait été plus
simple après 39...♔h6, car si
40.♕f8+ ♔h5 41.♕xf7, alors
41...♖xg2+ ! 42.♔xg2 ♕d2+, avec un
échec perpétuel.

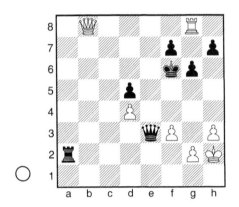

40.♕d6+

Une variante intéressante :
40.♖e8 ♕xd4 41.♖e2, mais après
♖d2 ! 42.♕h8+ ♔f5 43.♕c8+ ♔g5
44.♕c1 ♕f4+ 45.♔h1 ♖d4 ! (mais
pas 45...♖xe2 46.h4+ ♔f5 47.g4+
♔e5 48.♕c7+), les Noirs restent
avec un pion de plus

**40...♕e6 41.♕f4+ ♕f5 42.♕d6+
♕e6 43.♕g3 ♕e3 44.h4 ♖e2 !**

Le séduisant 44...♖a1 est plus
faible : 45.♕d6+ ♕e6 46.♕f4+
(46.♕d8+ ♕e7 47.♕xd5 ♖h1+)
46...♕f5 47.♕h6.

45.♕d6+ ♕e6

La partie fut ajournée dans cette position.

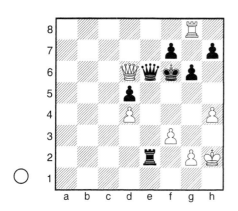

46.♕f4+!

Le plus fort. la transposition en finale de tours ne donne rien : 46.♕d8+ ♕e7 47.♖e8 (47.♕xd5 ♖xg2+) 47...♕xd8 48.♖xd8 ♖d2 49.♖xd5 ♔e6 50.♖e5+ ♔d7 51.♖e4 f5.

46...♕f5

Si 46...♔e7, les Blancs peuvent dégager la case h4 pour leur Dame par 47.h5!, rendant la défense noire très difficile.

47.♕h6 ♔e7 48.♕f8+ ♔f6 49.♕g7+ ♔e7 50.♖a8!

Forçant les pièces adverses à reculer. Le coup suivant des Noirs est forcé, du fait de la menace 51.♖a7+.

50...♕d7 51.♕f8+ ♔f6 52.♖a6+ ♖e6 53.♕h8+ ♔e7 54.♖a8 ♖e1

55.♔g3

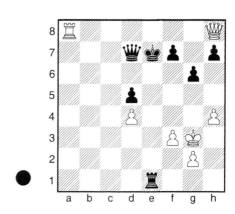

55...h5!

La recherche d'un échec perpétuel serait infructueuse : 55...♕c7+ 56.♔f2 ♕c2+ 57.♔xe1 ♕c1+ 58.♔f2 ♕d2+ 59.♔g3 ♕e1+ 60.♔g4 f5+ 61.♔g5 ♕e3+ 62.f4 ♕g3+ 63.♔h6 ♕xh4+ 64.♔g7 ♕f6+ 65.♔xh7 ♕h4+ 66.♔g8. Le coup de la partie prépare une cachette pour le Roi noir en f5.

56.♔f2 ♖e6 57.♖c8!

Après ce coup, les Noirs ne peuvent plus bouger que la Tour, car la Dame est liée à la défense des cases d5 et e8. Si 57...♕d6 58.♖e8+ et 59.♖d8+ est décisif, alors que n'importe quel coup de pion est à exclure. La ligne suivante ne va pas non plus : 57...♖c6 58.♕f8+ ♔f6 59.♖d8 ♕c7 60.♕h8+ ♔e7 61.♖e8+ ♔d7 62.♖e5, car les Blancs ont alors redistribué leurs forces avec succès.

La réponse des Noirs est par conséquent forcée.

57...♖d6 58.♕f8+[15] **♔f6 59.♖e8 ♖e6 60.♕h8+ ♔f5 61.♕h6 ♔f6**

Pas 61..♖xe8 (ou 61...♕xe8) à cause de 62.♕g5+, et les Blancs font mat au prochain coup.

62.♕h8+

Jouer pour le gain d'un pion par 62.♖d8 ♕c6 63.♕g5+ ♔g7 64.♕xd5 (64.♖xd5 f6) aurait permis aux Noirs de prendre l'initiative par 64...♕c2+[16] 65.♔g3 ♕c7+ 66.♔f2 ♕f4.

62...♔f5

Les Blancs auraient dû maintenant jouer pour la nulle, car leur attaque s'épuise.

63.♖d8 ♕c6

---

[15] Dans son introduction à ce chapitre, Tal mentionne qu'un gain fut trouvé ici par Spassky après coup, mais il ne donne pas la variante dans ses annotations. La voici : 58.g4 hxg4 (ou 58...♖e6 59.g5 ♖c6 60.♕f8+ ♔e6 61.♖e8+ ♔f5 62.♕e7 ♖c2+ 63.♔g3 ♕d6+ 64.♖e5+) 59.♕f8+ ♔f6 60.fxg4 ♖e6 (60...♖c6 61.♖e8 ♖c2+ 62.♔f3 ♖c3+ 63.♔f4 ♕c7+ 64.♖e5) 61.♖c3 ♔e4 62.♔f3+ ♔e6 63.g5 ♕e7 64.♕c8+ ♔d6 65.♕c5+ ♔d7 66.♕xd5+ ♔e8 67.♕xe4 ♕xe4 68.♖e3 ♕xe3+ 69.♔xe3, avec une finale de pions gagnante (note de J. Nunn).

[16] 64...♕c3! gagne immédiatement pour les Noirs (note de J. Nunn).

Plus précis que 63...♕b5 63.♔g3 ♖e2 65.♔h3, avec la menace 66.g4+. Les Noirs menacent maintenant de commencer une dangereuse contre-attaque avec 64...♕c2.

64.♖c8?

Les Blancs auraient dû jouer 64.♔g3.

64...♕a6 65.♔g3 ♕d6+ 66.♔h3

Les Blancs prennent aussi une mauvaise route en jouant 66.♔f2 ♕f4 (ou h2).

66...♖e1 67.g3

On ne peut pas jouer 67.g4+ hxg4+ 68.fxg4+ ♔f4 69.♕h6+ ♔e4! 70.♖e8+ ♔f3.

67...♖g1

Peu clair était 67...♕a6 68.g4+ hxg4+ 69.fxg4+ ♔f4 70.♕h6+ ♔f3 71.♖c3+ ♔e4 72.♕d2[17].

68.f4 ♖e1

Menaçant de transférer la Dame en e6, afin de pénétrer dans le camp adverse. La seule défense pour contrer cette menace était 69.♖e8, mais

---

[17] Pas si trouble que ça, car 72...♖h1+ mate en quatre coups. Tal escomptait sans doute 72.♔g3 ♕f1 73.♕d2 (note de J. Nunn).

après 69...♖xe8 70.♕xe8 ♕e6, les Noirs prenaient un clair avantage.

69.♖c2 ♕e6 70.♖f2

70.♕c8 ♕xc8 71.♖xc8 ♖e4 n'était pas mieux.

70...♖h1+ 71.♔g2 ♕e4+ 72.♖f3 ♔g4 73.♕c8+ f5 0-1

Sur 74.♕c3, suivrait 74...♖f1.

<hr>

PARTIE N° 20
Tal – Djurasević
*Olympiade universitaire, Varna
1958*
Défense sicilienne

<hr>

1.e4 c5 2.♘f3 ♘c6 3.d4 cxd4 4.♘xd4 ♘f6 5.♘c3 d6 6.♗g5 e6 7.♕d2 a6 8.0-0-0 h6 9.♗f4

Le coup 9.♗e3 a trouvé récemment davantage de supporters. Mais j'ai supposé que mon adversaire s'attendrait à ce coup et j'ai donc préféré retirer mon Fou sur une autre case.

9...♗d7 10.♘xc6 ♗xc6 11.f3 ♕b6

Les maîtres étrangers adoptent souvent des innovations théoriques soviétiques lors des rencontres avec des joueurs soviétiques. Grande est l'influence de notre pensée échiquéenne ! Le coup 11...♕b6 s'est vu pour la première fois dans la partie

Uusi – Shagalovich (Minsk 1957). Il suivit 12.♗xd6 0-0-0 13.e5 ♘e8 14.♕f4 ♘xd6 15.exd6 ♖d7, et les Noirs vont bientôt récupérer leur pion et obtenir une excellente position. Il est cependant clair que 12.♗xd6, autorisant le clouage du Fou, est difficilement recommandable.

12.♗c4

Ce coup n'est pas nouveau non plus : il a été joué par Boleslavsky contre Averbakh lors du 25e championnat d'URSS.

12...0-0-0 13.♗e3 ♕c7 14.♕f2 ♘d7

Si 14...d5, les Noirs n'auraient, bien entendu, pas répété les coups par 15.♗b6 ♕f4+ 16.♗e3 ♕c7 17.♗b6, mais ils auraient joué 15.exd5 exd5 16.♗b3, gardant les meilleures chances du fait de la faiblesse du pion noir d5.

Après le coup de la partie, l'attaque directe par les Blancs semble inadéquate s'ils jouent pour le gain. Cela passe plutôt par la poussée du pion f en f4, seul plan actif mais affaiblissant e4. Cependant, il faudra bien l'essayer : après tout cela créera aussi des faiblesses dans le camp noir !

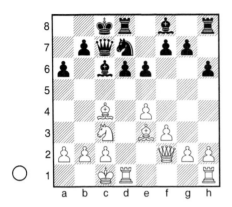

15.f4 b5!

La bonne réaction. Par 16.f5, les Blancs ont l'intention de provoquer l'avance du pion e en e5, s'assurant du coup le contrôle de la case d5. 15...♘c5 aurait échoué sur 16.e5!

16.♗e2 ♕b7

Préparant 17...b4 et attaquant le pion blanc e4.

17.a3

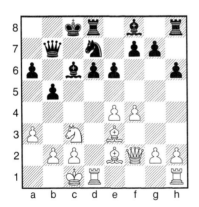

17...♗e7?

Donnant aux Blancs un tempo important pour s'organiser. Le sort du plan choisi par les Blancs dépend de l'évaluation de la position après la variante suivante : 17...♘f6 18.e5 ♘d5 19.♘xd5 ♗xd5 20.♖d2.

Et je considère que cette position est plus favorable aux Blancs : ils peuvent entamer des manœuvres actives le long de la colonne d, en jouant ♗f3 au moment approprié. Il faut prendre en compte le fait que l'échange ...dxe5 n'est pas favorable aux Noirs, car il les laisserait avec le pion f arriéré, tandis que 20...♗xg2 est dangereux, par exemple : 21.♖hd1 ♗d5 22.f5 dxe5 23.fxe6 fxe6 24.♗g4 ♖d7 25.♖xd5 exd5 26.♕f7, avec les menaces 27.♖xd5 et 27.♕e8+.

Il serait dangereux de prendre le pion e : après 17...♗xe4 18.♘xe4 ♕xe4 19.♖d4 suivi de f5, les Blancs auraient la paire de Fous et une dangereuse initiative.

18.♗f3 ♘f6

Ce coup arrive à présent trop tard. Sur 18...♘c5, outre le simple 19.e5, les Blancs auraient pu jouer le coup risqué 19.♘d5 ♗f8 (19...exd5 20.exd5 ♗d7 21.♗xc5 dxc5 22.d6) 20.♘b4 ♘xe4 21.♕h4 ♗e7 22.♕xe7 ♕xe7 23.♘xc6 ♕c7 24.♘xd8 d5 25.♖d3 ♔b8 26.♖hd1, et ils ont une position active malgré la perte imminente de leur Cavalier.

19.e5 ♘e4 20.♘xe4 ♗xe4 21.♗xe4 ♕xe4 22.♗b6!

La position blanche est supérieure, mais il faut en profiter immédiatement et sans laisser aux Noirs le temps de consolider la leur par ...♕c6 et ...d5.

22...♖d7 23.♖he1 ♕b7

Le seul coup. Si 23...♕c6, alors 24.♖d3 ♔b7 25.♗a5 dxe5 26.♖c3 ♕d6 27.fxe5, et les Noirs ne peuvent pas défendre la case b6, car sur 27...♕d4, les Blancs gagnent par 28.♖c7+.

24.exd6 ♖xd6

Les Blancs prendraient aussi l'avantage après 24...♗xd6 25.♗d4, suivi de 26.f5!,

25.♖xd6 ♗xd6 26.♕d4 ♗c7

Il n'est pas difficile de voir que les Noirs n'ont rien de mieux. N'est pas satisfaisant : 26...♗xf4+ 27.♕xf4 ♕xb6 28.♕xf7, qui gagne du matériel.

27.♗xc7!

Aussi possible était de gagner un pion par 27.♕xg7 ♗xf4+ 28.♔b1 ♖e8 29.g3, mais le coup joué est sans aucun doute plus logique. Les Noirs décident à présent d'entrer en finale de pions afin de se libérer de la pression exercée par les pièces blanches plus actives.

27...♕xc7 28.♖d1 ♖d8 29.♕xd8+ ♕xd8 30.♖xd8+ ♔xd8 31.♔d2 ♔d7

31...g5 échoue sur 32.fxg5 hxg5 33.h3, et les Blancs obtiennent des pions passés sur les deux ailes. À partir de maintenant, les coups prennent un caractère forcé.

32.♔d3 ♔d6 33.c4 bxc4+ 34.♔xc4 e5 35.fxe5+ ♔xe5 36.b4 f5 37.b5 axb5+ 38.♔xb5 f4 39.a4 g5 40.a5 g4

Les Noirs perdent aussi sur 40...♔d6 41.♔c4 ♔c6 42.♔d4 ♔b5 43.♔e4 ♔xa5 44.♔f5 ♔b4 45.h3 ♔c3 46.♔g6 ♔d2 47.♔xh6 ♔e3 48.♔xg5.

41.♔c4! 1-0

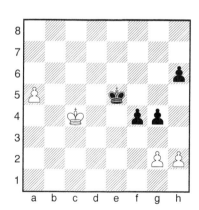

Si 41...♔e4, les Blancs vont à Dame les premiers sur échec, tandis qu'après 41...♔d6, le Roi blanc va éliminer tous les pions noirs.

3. En route pour le championnat du monde

Le tournoi interzonal était maintenant tout proche. Pour la petite histoire, c'était le premier événement international individuel de ma carrière.

Le règlement du tournoi était assez drastique. Il y avait été décidé pour la première fois que pas plus de deux joueurs (au début), puis trois après la douzième ronde, seraient qualifiés par pays (comprendre « pour l'URSS ! ») pour le tournoi des candidats. Par conséquent, chacun des membres des quatuors soviétiques devait non seulement gagner, mais devancer aussi au moins un de ses compatriotes. En bref, seules les trois premières places pouvaient nous satisfaire nous autres soviétiques, au regard des six premières pour le reste des participants.

Si j'anticipe légèrement, j'aimerais ajouter que pour ma première visite en Yougoslavie, j'ai bien joué et ce fut le début d'une sorte de tradition : je retournai souvent par la suite dans ce pays si hospitalier pour les joueurs d'échecs, et je n'ai pas de raisons de me plaindre de mes résultats tant en tournois qu'en matchs (touchons du bois !).

Ce tournoi fut aussi du plus grand intérêt du fait des débuts dans l'arène internationale du jeune (si l'on considère un joueur de 15 ans comme tel) Robert Fischer. Peu avant le début du tournoi interzonal, il avait fait une escale à Moscou pour la première et malheureusement la dernière fois jusqu'à ce jour, mais il n'y avait disputé que quelques parties rapides. On lui a demandé souvent des interviews, ce qu'il acceptait alors de bonne grâce, et chacun fut surpris par le fait qu'il répondait le plus librement qu'il escomptait par-dessus tout terminer à la première place, mais que ce serait difficile, car Bronstein pourrait la lui contester. Aussi loin que je me souvienne, je crois bien que c'est la première et la dernière fois que Fischer a émis la possibilité d'être devancé par quelqu'un. Il ne faisait cependant aucun doute pour lui qu'il finirait dans les six premières places qualificatives.

« Mais comment allez-vous vous y prendre ? » lui demanda-t-on.

« C'est très simple, répondit Fischer, j'ai prévu de trouver cinq adversaires à battre, et j'annulerai contre le reste. »

« Et supposons que vous perdiez une partie ? »

« OK, pas de soucis ; il faudra alors que j'en gagne six. »

Au vu des mauvais résultats de Fischer dans les premières rondes, cet aplomb est passé pour la présomption de la jeunesse.

Il a annulé contre Neikirch lors de la première ronde, étant moins bien avec les Blancs dès le 14e coup. De manière inattendue, le champion bulgare lui a offert la nulle deux coups plus tard.

Aux journalistes qui lui ont demandé pourquoi, Neikirch a répondu :

« J'avais peur qu'à mon retour en Bulgarie, on se moque de moi pour avoir battu ce gamin. »

À la suite de cela, Fischer a gagné une partie perdante contre le maître peu connu Fuster, puis un jour ou deux plus tard, a perdu dans un style sauvage contre Benko. À partir de là, étonnamment, il s'est bonifié de ronde en ronde. Vers le milieu du tournoi, il a fait nulle contre nous tous, les joueurs soviétiques. Son premier adversaire a été Bronstein, puis Averbakh, moi-même et Petrossian. Les quatre parties ont été très tendues et pas un de nous n'était d'humeur pacifique, mais les parties furent malgré tout toutes nulles. Ma rencontre contre le champion américain a été très aiguë. Après avoir atteint une position relativement égale, il n'était pas question pour moi de faire nulle contre ce garçon, et j'ai joué par conséquent en prenant des risques, après quoi Fischer a obtenu une attaque dangereuse. Il a fait alors une erreur et j'ai pris l'initiative grâce à un coup inattendu. Il m'a offert la nulle à ce moment-là, que j'ai déclinée. Il s'est retrouvé en zeitnot, et avec seulement une poignée de secondes lui restant à la pendule, il a trouvé au 39ᵉ coup la seule et très forte réplique lui permettant de maintenir l'équilibre. La partie fut ajournée, mais le jour suivant j'ai offert à mon tour la nullité, car il était devenu clair que ni les Noirs ni les Blancs ne pouvaient plus gagner.

Avant cette partie, j'avais plutôt bien commencé mon tournoi, mais après est survenue une très dommageable défaite causée par Matanović. J'ai joué très imprudemment l'ouverture dans une variante à la mode de la défense sicilienne, où j'ai fini par gagner une pièce, mais il s'est avéré que je suis tombé dans une préparation adverse. Je ne suis pas accoutumé à me défendre, et bien qu'ayant obtenu de bonnes chances de nulle du fait des erreurs de mon adversaire, j'ai fini par perdre cette partie. Du coup, le jour suivant, j'ai joué contre Filip sur le mode « ça passe ou ça casse ». Dans une position très tendue, j'ai décidé de sacrifier une pièce, qui aurait donné à Filip une position légèrement inférieure en cas de refus, tandis que son acceptation conduisait à des conséquences imprévisibles. Il est apparu que le sacrifice n'était pas correct à 100 %, mais avant de jouer son coup et de capturer ma pièce, Filip m'a offert la nulle. J'ai réalisé que quelque chose ne plaisait pas à mon adversaire dans l'évaluation de la position et j'ai par conséquent décliné l'offre. La confusion a semblé alors s'emparer de son esprit. L'origine de la phrase suivante, adressée par un spectateur à mon secondant, remonte à cette époque : « Une colonne ouverte pour Tal, il y aura un mat ! » Pour être tout à fait honnête, dans la partie qui nous concerne, il n'y avait pas l'ombre d'un mat.

Vers le milieu du tournoi j'ai fait une sorte de pause avec trois nulles consécutives, puis, réalisant que je n'avais guère le droit à tant de pacifisme (et même si les trois nulles en question étaient des nulles de combat), j'ai décliné la proposition de nulle dans ma partie contre Rossetto, dans une position pourtant plutôt douteuse. Cela a affecté mon adversaire, qui a perdu sans raison au moment d'aborder la finale. Je l'ai emporté ensuite sur Benko, ce qui m'a conforté dans le groupe de tête. J'étais assez sûr de moi concernant ma qualification pour les candidats.

Dans les deux dernières rondes, j'ai rencontré tour à tour les deux jeunes joueurs de l'Ouest Panno et Olafsson. Elles se sont avérées être décisives pour l'attribution de la première place. J'étais à ce moment-là en tête, depuis que Larsen, survolté après sa défaite contre moi le jour précédent, avait joué avec beaucoup d'énergie et d'enthousiasme contre mon plus proche rival, Petrossian, et l'avait battu. Est arrivé alors la terrible épreuve des deux dernières rondes. J'ai été satisfait de ma partie contre Panno. Elle a reçu plus tard le prix de la meilleure partie du tournoi (je l'annote un peu plus loin). Elle fut néanmoins ajournée dans une position très compliquée qui nous a fait nous creuser les méninges très longtemps avant de trouver le gain. Fatigué, j'ai décidé de jouer pour une nulle rapide contre Olafsson. Dans ma candeur juvénile, je n'ai jamais imaginé que mon adversaire pourrait vouloir jouer pour le gain.

Une fois de plus, j'ai joué l'ouverture de manière très superficielle, échangé de nombreuses pièces, mais sans jouer un seul coup important de manière précise. J'ai proposé rapidement la nulle qu'Olafsson a déclinée. Considérant seulement enfin la position avec un peu plus de sérieux, j'ai réalisé combien mon offre de nulle avait manqué de tact. Mon adversaire a ajourné la partie dans une position complètement gagnante. La reprise des parties ajournées était prévue le lendemain. Un gain contre Panno était bien plus improbable qu'une défaite contre Olafsson. Nous avons mis la position contre le grand maître argentin de côté et commencé à envisager les possibilités dans la finale de Tours tranquille et ennuyeuse contre l'islandais, avec la conviction grandissante au fil des minutes, que les choses allaient de mal en pis.

Finalement, notre choix s'est arrêté sur une idée absurde, le retrait de mon Roi devant le pion passé adverse, mais où nous avions découvert qu'elle offrait plusieurs occasions à mon adversaire de se tromper. Dans l'autre variante possible, mon adversaire aurait eu à démontrer quelques connaissances techniques élémentaires ; variante dans laquelle j'aurais pu perdre bien plus rapidement, mais où Olafsson aurait eu aussi quelques chances de faire fausse route.

Koblentz et moi-même avons montré nos analyses au leader de notre délégation, Lev Abramov, et nous lui avons demandé quel serait le choix d'un maître en de telles circonstances. Il a opté sans hésiter pour la deuxième variante.

La partie contre Panno fut la première à reprendre et elle s'est terminée facilement à notre grande surprise, car Panno n'avait pas analysé en profondeur la position ajournée, convaincu qu'il allait perdre. Après cette première partie, j'ai repris celle contre Olafsson, essayant de convoquer mes maigres talents d'acteur et feignant de jouer avec beaucoup de conviction et de confiance, surtout qu'Olafsson, comme à son habitude, avait passé beaucoup de temps pour mettre son coup sous enveloppe (45 minutes) et ne disposait plus que de peu de temps à la reprise. Cela aurait dû suffire pour le gain en d'autres circonstances, mais Olafsson était lui aussi devenu nerveux. Lorsque j'ai écarté mon Roi de son pion, il s'est plongé dans une profonde réflexion et a utilisé six minutes supplémentaires. Son premier et son deuxième coup étaient corrects, mais il s'est trompé au troisième et une position de nullité forcée en a émergé. Après cela, la question de la première place ne s'est plus posée.

JOURNALISTE : *Ce parcours météorique ne vous a-t-il pas effrayé à un certain point ?*

JOUEUR D'ÉCHECS : Pour être honnête, je trouvais que tout se déroulait assez normalement et, par-dessus tout, j'ai toujours pensé qu'entre ces deux maux : sous-estimation et surestimation de ses forces, le premier est de loin le plus néfaste. Presque sans trêve après Portorož, nous avons enchaîné avec l'Olympiade à Munich. Petrossian et moi avons fait nos débuts de réservistes dans l'équipe olympique, même si, d'après certains de nos amis, le fait d'avoir gagné deux fois le championnat d'URSS était du coup déprécié. J'étais cependant bien conscient que Botvinnik, jouant au premier échiquier, Smyslov au deuxième, et que Kérès et Bronstein avaient apporté davantage aux échecs que ne l'avaient fait Tal et Petrossian. En conséquence, en ce qui me concerne, cet ordre des échiquiers dans l'équipe était le seul possible. De plus, je n'avais jamais joué contre Botvinnik ou Smyslov, j'avais précédé Kérès en une occasion d'un demi-point, ce qui ne signifie pas grand-chose, et Bronstein avait toujours été mon idole.

À cette Olympiade, nous avons eu, Petrossian et moi, une tâche relativement facile, car à cette époque nos adversaires sur les derniers échiquiers n'étaient pas d'un très haut niveau. Nous avons fait tous les deux un bon score. Quelques parties me restent en mémoire, en particulier celle contre Trifunović, qui fut très intéressante. Avant le match, quand les Yougoslaves ont dû décider qui faire jouer contre Tal, ils ont choisi le « vieux renard » Trifunović (c'est ainsi qu'il était surnommé par les Yougoslaves eux-mêmes), un joueur très tenace, doué pour la défense mais pas assez agressif.

J'ai joué cette partie avec beaucoup d'enthousiasme, car je savais que gagner contre Trifunović constituait un exploit, d'autant plus qu'il voulait surtout ne pas perdre. Après la partie, il a été félicité par ses collègues pour avoir obtenu la nulle, car à un moment sa position était apparue comme douteuse. Il leur a répondu « Oui j'ai fait nulle, mais ça n'a pas été facile du tout ! »

Dix-sept ans plus tard, au tournoi international de Las Palmas, j'ai joué contre le grand maître Ljubojević, qui avait en 1975 sensiblement le même âge que moi en 1958 ! Dans cette partie, je me suis retrouvé dans une position difficile, mais je suis parvenu à faire nulle après d'intéressantes complications. Cette fois, les autres joueurs sont venus vers moi pour me féliciter de ma défense tenace, et presque involontairement, j'ai répété la phrase de Trifunović : « Oui, mais ça n'a pas été facile du tout ! »

JOURNALISTE : *Pensiez-vous déjà à Munich que vous alliez peut-être jouer un match contre Botvinnik ?*
JOUEUR D'ÉCHECS : Pas vraiment. Il fallait attendre encore un an avant le tournoi des candidats, et cela semblait encore bien loin. Mais j'ai pris un grand plaisir à regarder le jeu du champion du monde.

JOURNALISTE : *Et l'avez-vous examiné de près ?*
JOUEUR D'ÉCHECS : Non, non, pas particulièrement. Mais je me suis retrouvé tout simplement pour la première fois sur la même estrade que celle où jouait le champion, et j'étais aussi là quand il analysait. Cela a produit une grande impression sur moi, presque comme si j'étais un amateur.

Comme c'était la tradition à cette époque, l'année 1959 a débuté par le championnat d'Union soviétique. Je me suis rendu à Tbilissi passablement stressé par le fait d'être double champion d'URSS. J'étais parfaitement conscient du fait que c'était assez inhabituel et malséant d'avoir gagné le titre deux fois de suite. J'ai réalisé qu'à cette occasion les autres participants, sans même en être forcément conscients, formeraient une sorte de coalition pour m'empêcher de remporter mon troisième titre d'affilée, ce qui serait vraiment « trop ». Le très loquace Mark Taïmanov est allé même jusqu'à dire que, si cela devait se produire, il abandonnerait les échecs. En ne prenant pas la première place à Tbilissi, j'ai fait par conséquent une bonne action pour les échecs...

Je suis arrivé en retard à Tbilissi, et ma première partie, contre Taïmanov justement, a été reportée. Mon premier résultat sur l'échiquier fut ma bulle traditionnelle, obtenue au profit du jeune Yukhtman, qui a joué le gambit écossais contre moi. En recherchant davantage que l'égalité dans cette partie, j'ai à un certain moment surestimé mes chances et me suis retrouvé en proie à une attaque que mon adversaire a conduite avec beaucoup de précision.

Comme je l'ai déjà dit, ce genre de défaite me stimule et j'ai battu Polougaïevsky et Geller lors des deux rondes suivantes dans deux parties très intéressantes. Il y eut ensuite deux nulles contre Kérès et Lutikov, suivies d'un gain contre Kroguious, après quoi je devais jouer contre Petrossian, qui avait particulièrement bien réussi son début de tournoi et jouait avec beaucoup de verve. Tbilissi était après tout sa ville natale, celle aussi de sa jeunesse, et il était très motivé à l'idée de l'emporter à domicile. Comme à son habitude, il n'a pas connu la défaite, mais il a gagné plus de parties qu'à l'accoutumée, disons qu'au championnat de l'année précédente. Notre partie fut cependant reportée, car il était malade à ce moment-là, et cela m'a quelque peu affecté, parce que j'ai réalisé que cette rencontre était importante pour la bataille pour le maillot jaune. Lors de la ronde suivante, la bonne fortune m'a souri contre toute attente. Le maître Nezhmetdinov, qui a toujours eu contre moi un jeu très consistant et inspiré, a conduit une fois encore magnifiquement la partie, obtenant une position complètement gagnante pour finir par gaffer horriblement et perdre. Cette victoire ne m'a pas mis particulièrement en joie, et malgré mon gain suivant contre Averbakh, j'avais le sentiment que ma « récompense » n'allait pas tarder à venir. J'ai même fait une apparition à la télévision géorgienne où j'ai dit que je n'étais pas habitué à l'idée de me retrouver leader potentiel après dix rondes, et que, pour être honnête, j'avais peur que cela ne dure pas.

Et ce qui devait arriver arriva : ma « récompense » me fut donnée le jour suivant. Le jeune Goufeld, qui m'avait toujours témoigné beaucoup de respect et me craignait même, était en cette occasion d'humeur très agressive et exploita mon jeu trop actif. Dans une partie à roques opposés, j'étais plutôt satisfait jusqu'à ce que je prenne conscience que son attaque était en train de se développer bien plus rapidement que la mienne.

Cinq rondes avant la fin, Petrossian et moi avons joué notre partie reportée, qui s'est terminée par la nulle comme la plupart de celles que nous avions jouées auparavant. Ce qui joua un rôle décisif pour que dans ce championnat je n'aie pratiquement pas pris part à la lutte pour la première place fut une péripétie qui se produisit lors des reprises des parties ajournées.

À ce moment de la compétition, j'avais accumulé trois ajournements : contre Gurgenidze, Vasiukov et Spassky. Dans le dernier, je possédais un clair avantage, peut-être même décisif, dans la finale. Mais force était de constater que je n'aurais pas pu physiquement analyser les trois positions, d'autant plus qu'une lutte à couteaux tirés se profilait dans chacune des trois parties ajournées.

Après avoir appris auprès de l'un des arbitres l'ordre dans lequel je devais jouer les parties ajournées, et après m'être assuré que, sauf circonstances exceptionnelles, la partie contre Spassky devait se jouer en dernier, j'ai considéré qu'il était de mon devoir de prévenir Boris que je ferai tout mon possible pour faire en sorte que la reprise de notre partie ajournée n'ait lieu que le lendemain. Boris partageait totalement mon point de vue et accepta, d'autant plus qu'il n'avait qu'une seule partie ajournée à disputer.

Est venu alors le moment de la reprise. Il y a eu une complication, car Vasiukov, que je devais jouer en seconde position, devait tout d'abord en finir avec Lutikov. Je me suis assis face à Gurgenidze et me suis excusé d'avance auprès de lui du fait que j'allais jouer très lentement afin que notre partie ne se termine pas avant celle de Vasiukov contre Lutikov.

Grâce à un coup inattendu, trouvé presque à chaud une heure seulement avant la reprise, je suis parvenu rapidement à obtenir un avantage décisif contre Gurgenidze. Je n'ai pas voulu forcer les choses, tout en maintenant mon avantage, sachant que m'attendait une position contre Vasiukov dans laquelle mon Cavalier était beaucoup plus fort que son Fou, et où je pourrais faire longtemps tourner mon Cavalier avant d'entreprendre un plan de gain décisif. Ainsi, la possibilité de la reprise de la troisième ajournée contre Spassky ce même jour semblait exclue.

Il arriva alors que Lutikov se retrouve contre Vasiukov dans une position avec Roi, Fou et Cavalier contre Roi seul. Convaincu que leur partie ne durerait que quelques minutes, j'ai accéléré le tempo contre Gurgenidze qui a abandonné. Mais Vasiukov, contre Lutikov, continuait calmement et imperturbable à jouer le seul coup légal avec son Roi. Les arbitres, après les quinze minutes traditionnelles d'attente dans ce cas de figure, se sont mis en quête de Spassky, qui n'était pas là, car il m'avait bien entendu pris au mot ! On a commencé à discuter ferme et l'un des arbitres a suggéré d'interrompre la partie Lutikov-Vasiukov, ce qui aurait aidé Lutikov à trouver la méthode de gain dans cette finale, bien que cela ne soit qu'une formalité, étant donné que tout fort maître connaît la technique pour mater avec un Fou et un Cavalier contre un Roi seul, et c'était Vasiukov qui faisait traîner les choses. Cela dit, le règlement a prévalu. On trouva finalement Spassky et nous prîmes place pour finir notre partie. Sans surprise, j'ai fait dans ces conditions une erreur au bout de 20 minutes, et Spassky a pris l'avantage. Même ainsi, la partie a fini par la nulle, ce qui a permis à Petrossian de consolider sa position de leader.

Ma traditionnelle défaite contre Kortchnoï à la pénultième ronde a quasiment assuré la première place à Petrossian. Dans la ronde finale, les trois prétendants aux médailles ont annulé leurs parties. Le résultat fut l'or pour Petrossian, et l'argent pour Spassky et moi.

Personnellement, je n'ai pas ressenti de raisons de me plaindre de ce résultat ; pour une quelconque raison, ce partage de la seconde et troisième place a été considéré par certains comme un échec pour moi.

Je suis ensuite retourné à Riga, où se tenaient l'Olympiade de Lettonie pendant un mois et demi. Le tournoi fut organisé selon le système suisse, qui m'avait laissé un mauvais souvenir depuis mon échec avec la même formule trois ans auparavant. De plus, j'y aurais vivement souhaité la présence de mon entraîneur, Koblentz à cet événement, car il ne faisait que de rares apparitions lors des événements importants. J'ai fait tout ce que j'ai pu pour le convaincre d'y participer, lui offrant même une nulle en avance s'il se retrouvait apparié contre moi, au cas où j'aurais les Blancs. Je ne pense pas que cette offre ait joué un rôle particulier, mais quoi qu'il en soit, Koblentz a accepté de jouer. Frustré de compétitions, il a joué avec beaucoup d'appétit et après cinq rondes, nous nous étions détachés en tête des autres compétiteurs, et occupions la première table avec chacun cinq points. Du coup, nous nous sommes rencontrés à la sixième ronde, Koblentz ayant les Blancs. Une situation assez familière, n'est-ce pas ? Que celui qui ne s'est jamais comporté ainsi me jette la première pierre, mais si le maître m'avait proposé la nulle avant la partie, je l'aurais acceptée immédiatement. Cependant, Koblentz a gardé son calme et la partie a débuté sur un mode plutôt sérieux. J'ai choisi la défense française, avec laquelle je n'avais jamais connu de succès particulier, et me suis retrouvé dans une position douteuse, qui s'est transformée en une position perdante, autour des coups 16 et 17, tout le monde en était alors conscient. À ce moment-là, au trait, Koblentz m'a offert la nulle. La position était telle qu'il pouvait forcer un échec perpétuel, ou bien convertir doucement, mais sûrement son avantage en gain, ou bien forcer les choses, mais au risque de tomber dans un piège.

Je ne pouvais pas accepter la nulle dans une telle position, car je n'ai jamais été disposé à accepter la charité, et je me suis dit en moi-même : « S'il veut vraiment de la nulle, alors qu'il la force par l'échec perpétuel. » Je lui ai donc laissé l'initiative du choix.

Mon vieux collègue fut visiblement contrarié par mon refus, et après quelques minutes de réflexion, en proie à une vive émotion et presque hors de lui (extérieurement du moins), il a opté pour la combinaison gagnante. Ce faisant, il est tombé dans le piège dont j'ai déjà parlé, qui nous a conduits assez vite à une finale qui m'était favorable. Une nulle aurait pu être conclue, mais j'étais devenu celui qui se sentait offensé : le maître avait après tout méprisé l'échec perpétuel. Après l'ajournement de la partie, et contrairement à la tradition, nous nous sommes postés à des angles opposés du hall, mangeant nos sandwiches tout en analysant la position, mais échangeant tout de même des commentaires amicaux. À la reprise, je suis parvenu à l'emporter autour du 75e coup. Koblentz comprit en l'occurrence ma psychologie et réalisa que je m'étais conduit en accord avec les principes moraux les plus élevés.

Peu après cet événement a commencé un tournoi en l'honneur des 150 ans du club de Zurich, l'un des plus vieux d'Europe. C'était mon premier tournoi international qui n'était pas en rapport avec la quête du titre de champion du monde. Je m'y suis rendu avec le grand maître Kérès dont la compagnie m'a toujours été agréable et relaxante. Les coups me sont venus facilement à Zurich, même si j'y ai perdu ma traditionnelle première ronde, cette fois contre le maître suisse Bhend. Kérès m'a rassuré en plaisantant, disant que j'avais perdu contre un quasi-compatriote. Bhend avait en effet fraîchement épousé une jeune Russe rencontrée au festival international de la jeunesse et des étudiants moscovites.

Après mon infortune initiale, j'ai gagné quatre parties à la suite dans un style altier, fait de pointes tactiques alléchantes pour les fans. Ce fut ici à Zurich que, pour la première fois, j'ai rencontré un système de prix encourageant les victoires. La manière de calculer les prix remis aux participants était inhabituelle. En termes financiers, deux demi-points n'étaient l'équivalent que de gagner une partie et de perdre la seconde. Si mes souvenirs sont bons (pour l'instant, je ne peux pas me plaindre de ma mémoire échiquéenne !), une nulle rapportait 25 francs et une victoire 60 francs, avec même 10 francs de consolation en cas de défaite.

Je ne pense pas que cela ait influencé le jeu, mais le fait est qu'il y a eu peu de nulles, et jamais en tout cas de nulles de salon. Même la nulle que tout le monde attendait entre Kérès et Tal n'a été signée qu'après que j'eus échappé à une très forte domination de mon adversaire.

Lors de la septième ronde, il y a eu une partie que j'ai appréciée, tout comme les spectateurs, et même, il me semble, par son coauteur Keller. Je la donne ici sans commentaires, mais les variantes laissées dans les coulisses y sont nombreuses et complexes.

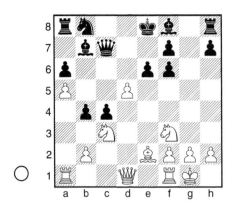

Tal – Keller
Zurich, 1959

14.dxe6 bxc3 15.♘d4 ♖g8 16.♕a4+ ♔d8 17.g3 ♗d5 18.♖fd1 ♔c8
19.bxc3 ♗c5 20.e7 ♘c6 21.♗g4+ ♔b7 22.♘b5 ♕e5 23.♖e1 ♗e4 24.♖ab1

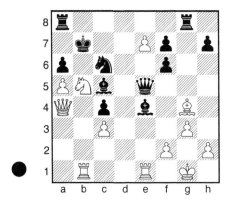

24...♖xg4 25.♖xe4 ♕xe4 26.♘d6+ ♔c7 27.♘xe4 ♖xe4 28.♕d1 ♖e5
29.♖b7+ ♔xb7 30.♕d7+ ♔b8 31.e8♕+ ♖xe8 32.♕xe8+ ♔b7 33.♕d7+
♔b8 34.♕xc6 1-0

JOURNALISTE : *Pourquoi n'avez-vous jamais annoté en personne cette partie, mais plutôt fait appel au grand maître Shamkovich, au maître Panov et à d'autres pour le faire ?*

JOUEUR D'ÉCHECS : Eh bien, pour tout dire, je ne voulais pas faire une analyse erronée, et je crains qu'il ne soit guère possible de la mener jusqu'au bout dans une position aussi complexe.

Donc, après 11 rondes, je totalisais 9,5 points, et il semblait que la bataille pour la première place était décidée, vu que mes poursuivants les plus proches étaient 1,5 point derrière moi, et je trouvais que je jouais plutôt bien. Peut-être est-ce cette confiance qui m'a fait jouer, lors de la 12e ronde contre Barcza, et pour la énième fois, « brillamment » dans une position gagnante ; et pour la énième fois, j'ai été puni. Mon adversaire trouva une réfutation simple à mon sacrifice de pièce et j'ai dû forcer la nulle.

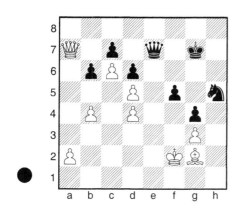

Barcza – Tal
Zurich, 1959

35...♞xg3 Pourquoi ? 35...f4 était suffisant et simple. **36.♔xg3 ♛e3+ 37.♔h2 ♛f4+ 38.♔h1 g3**

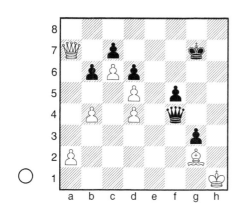

39.♛a6 ♛h6+ 40.♔g1 ♛e3+ 41.♔h1 ♛h6+ ½-½

Le ratage de cette partie a eu son effet, et j'ai perdu sans opposer une grande résistance le lendemain contre Gligorić, qui a produit une très bonne version de sa partie espagnole préférée.

Du coup, tout le monde s'est retrouvé à mes trousses : Gligorić, Kérès, et aussi Fischer, contre qui je devais jouer pour finir. Toutefois, j'avais réussi à maintenir avant la dernière ronde un écart d'un demi-point sur Gligorić, et d'un point sur Kérès et Fischer. Le jour précédent, le grand maître américain avait joué de manière téméraire contre Keller et le joueur suisse l'avait emporté, tandis que j'avais battu Donner avec les Noirs dans un système d'ouverture peu en vogue : 1.d4 ♘f6 2.c4 c5 :

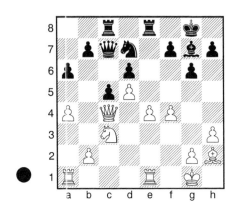

Donner – Tal
Zurich, 1959

19...♛b6! 20.♖ab1 ♛b4 21.♛f1 c4 22.♖e2 b5 23.axb5 axb5 24.♔h1 ♗xc3 25.bxc3 ♛xc3 26.♖xb5 ♛d3 27.♛e1 c3 28.♖b1 ♘c5! 0-1

Lors de la dernière ronde, seule une victoire pouvait satisfaire Fischer, mais la partie s'est achevée par la nulle, avec, pourrait-on dire, la victoire morale pour lui, car il a égalisé très facilement avec les Noirs. Dorénavant, seul Gligorić était susceptible de me rattraper, et il a essayé de gagner pendant plus de vingt coups dans une finale de Tour et Fou contre Kupper, qui avait lui Tour et Cavalier. Cependant, cette partie s'est malgré tout terminée par la nulle. Et ainsi, comme au tournoi Interzonal, j'ai terminé avec un demi-point devant Gligorić. Fischer partageait la troisième et quatrième place avec Kérès, et on a commencé à parler de plus en plus de lui.

Tout semblait aller pour le mieux. Nous avons rejoint la maison pour retrouver l'équipe lettone, qui était en train de faire un stage de préparation au bord de la mer près de Riga pour les Spartakiades des peuples soviétiques. C'est là que j'ai eu ma première attaque pour insuffisance rénale. Les médecins ont été pris de cours, mais ont décidé que ce serait plus prudent que je ne participe pas aux Spartakiades. J'ai réalisé que dans ces circonstances, affronter au premier échiquier Botvinnik, Spassky, Geller, Kérès, Boleslavsky et consorts risquait d'être compliqué pour moi, mais en même temps ma présence pourrait aider l'équipe. Bien que j'y aie pris la dernière place (pour la première fois de ma vie !) dans le tournoi des leaders, ne marquant que 2,5 points sur 8, j'ai cependant réussi à glaner quelques points pour notre équipe, si bien que tous se sont félicités de ma participation.

J'ai bien vite réalisé que je ne pouvais pas espérer faire mieux dans ce groupe. Je n'ai pu sacrifier qu'un seul Cavalier en g7 contre Kérès, dans une position où j'avais une attaque monstrueuse, ensuite la partie n'eut plus aucun intérêt. La même chose m'est arrivée le jour suivant, et je demeure toujours confus au sujet de cette partie : elle aurait pu être l'une de mes meilleures. En voici la seconde moitié, Spassky avait les Blancs.

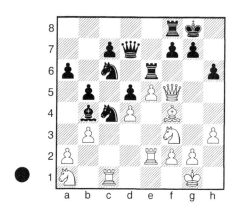

Spassky – Tal
Spartakiades d'URSS, Moscou 1959

23...f6! 24.♕g4 f5! 25.♕h5 ♘d6! 26.♘c2 ♘e4 27.♘xb4 ♘xb4 28.♘e1 c5! 29.♖b2 cxd4 30.♕d1 g5 31.♗h2 ♖c8 32.♖xc8+ ♕xc8 33.f3

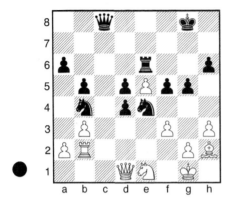

33...♛c3 Les Noirs gagnaient facilement après 33...♞c3, et si 34.♛xd4, alors 34...♞cxa2, et il n'y a pas de défense contre 35...♛c3. **34.fxe4 ♛xb2?** Les Noirs perdent à présent leur avantage ; ils auraient gardé les meilleures chances après 34...dxe4, par exemple 35.♖f2 ♞d5! 36.♖c2 ♛e3+ 37.♚h1 ♞c3 38.♛a1 ♞e2. **35.exf5 ♖c6 36.♗g3 d3?** Les Noirs auraient encore pu annuler par 36...♞c2 37.♛h5 ♞xe1 38.♗xe1 ♛c1! **37.♛h5 d2 38.♛e8+ ♚g7 39.♛e7+ ♚h8 40.f6 dxe1♛+ 41.♗xe1 1-0**

JOURNALISTE : *Pouvez-vous nous dire quelle est votre meilleure partie ?*

JOUEUR D'ÉCHECS : Non, pas tant que je suis vivant.

JOURNALISTE : *Je me souviens que vous disiez il y a dix ans que vous la jouiez à chaque fois que vous vous asseyiez devant l'échiquier.*

JOUEUR D'ÉCHECS : J'ai dit ça, vraiment ? Eh bien c'est la vérité. Mais aujourd'hui je nuancerais en disant : « Il se peut que je joue aujourd'hui ma meilleure partie » et pas « je dois jouer... », car après ces parties ma soif d'échecs se tarit à trop vouloir faire coïncider mes désirs et mes possibilités. Quoi qu'il en soit, je me préparais très sérieusement pour la première rencontre de ma vie contre Botvinnik. Pourtant, au lieu de lui, j'ai dû jouer son remplaçant moscovite Vasiukov, et il en résulta que ce fut Smyslov qui l'a rencontré, non sans difficultés. Je m'attendais à ce que Botvinnik joue la défense Caro-Kann. La position que Smyslov et moi-même allions atteindre dans le second cycle du prochain tournoi des candidats en Yougoslavie apparut déjà sur un échiquier dans l'une des pièces du gratte-ciel de l'hôtel *Ukraine* pendant les Spartakiades à Moscou.

J'ai accepté rapidement la nulle dans toutes les parties restantes des Spartakiades, à l'exception d'une seule. J'ai perdu toutefois contre mon vieil « ennemi » Nezhmetdinov en cherchant trop à gagner dans une position légèrement favorable. La suite se passe de commentaires.

Après les Spartakiades à Moscou, il y a eu le traditionnel championnat de blitz de la ville, sponsorisé par le journal moscovite *Vechernaya Moskva*. Je n'étais pas à mon premier tournoi de ce type et y ai joué la plupart du temps comme un poisson dans l'eau. Mais pour l'occasion, au cœur de la bataille – un tournoi de parties blitz peut durer 6 heures avec 24 participants –, je fus victime d'une nouvelle attaque. Après avoir aligné une dizaine de bulles, ce qui a fait fondre mon score jusqu'alors positif, j'ai pris un avion pour Riga, et à peine deux heures plus tard, je me suis retrouvé dans l'une de ses cliniques. Le lendemain matin, ils m'ont opéré et ont procédé à l'ablation de ... mon appendice ! Le plus drôle est que mes attaques dues à mon insuffisance rénale ont cessé pendant plusieurs années après cette intervention (!), jusqu'à ce que je subisse mon ablation rénale qui me prouva que cette première opération n'était pas efficace relativement à mes reins.

J'ai eu le droit à dix jours d'arrêt maladie, pas par mes médecins, mais par la FIDE : le tournoi des candidats en Yougoslavie était sur le point de débuter. Mes amis se sont occupés du convoyage de mes bagages jusqu'à l'aéroport, et ensuite le grand maître Averbakh (qui était au début mon seul secondant, Koblentz n'est arrivé qu'un peu plus tard) m'a accompagné avec Kérès, Petrossian, Smyslov et leurs secondants, au départ pour Bled.

Je ne me sentais pas trop affecté par les séquelles de mon opération, hormis une certaine difficulté mécanique à me mouvoir : durant une partie, je n'avais pas envie de me promener et j'étais incapable de marcher rapidement. J'étais en état de me battre, et la partie de la première ronde, qui a été aussi la première partie de ma vie contre Smyslov, fut ajournée dans une position que j'ai évaluée comme étant nulle, malgré une qualité de moins. J'ai battu ensuite Gligorić, puis j'ai joué contre Kérès, sans réaliser que le résultat de cette partie pouvait être décisif, car qui pouvait imaginer à ce moment-là que les deux futurs vainqueurs du tournoi étaient appariés durant cette partie ?

Dans cette rencontre, je suis tout d'abord parvenu à embrouiller mon formidable adversaire dans des complications tactiques, mais au lieu de jouer simplement par la suite, j'ai laissé filer mon avantage pour finalement perdre la partie.

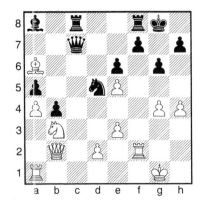

Kérès – Tal
Tournoi des candidats, Bled
1959

28...♞xe3! Deux pièces noires sont maintenant en prise, mais prendre l'une ou l'autre donnerait aux Noirs une attaque décisive. **29.♖c1 ♛e7! 30.dxe3 ♛xh4 31.♔f1 ♛h3+ 32.♔e2 ♛xg4+ 33.♔d2 ♖fd8+ 34.♞d4 ♛g3 35.♖f4 ♖xc1?** Correct était 35...♛g2+ 36.♗e2 ♛d5, gagnant un 4ᵉ pion pour le Cavalier et gardant l'initiative. **36.♛xc1 ♛g2+ 37.♗e2 ♛d5 38.♛c7! ♖d7 39.♛c4 ♔g7?** Perd la partie de manière inattendue, alors que 39...h5! 40.♛c8+ ♖d8 aurait à l'évidence annulé. **40.♛xd5 ♗xd5 41.♗b5 ♖c7 42.e4**, et les Blancs ont remporté la finale 22 coups plus tard.

En comptabilisant ma partie ajournée perdue contre Smyslov, mon classement dans le tournoi – un point sur trois – n'avait rien d'attrayant, surtout depuis cette défaite contrariante contre Kérès.

Ce dernier a été apparemment si épuisé par notre partie qu'il a joué le jour suivant passivement contre Petrossian et a perdu. Tigran a pris du coup le leadership. Ayant les Blancs contre moi, il n'a pas forcé les événements, et après avoir vaincu les protagonistes étrangers restants, j'ai terminé le premier tour du tournoi parmi les leaders.

Le second tour du tournoi s'est déroulé sensiblement de la même manière, à la différence près que je suis parvenu en plus à gagner une partie importante pour mon état d'esprit contre Smyslov. Comme vous le savez déjà, c'est dans cette partie qu'il a utilisé une nouveauté destinée au départ à contrer Botvinnik lors des Spartakiades. Pourtant, l'attaque et les sacrifices dans cette partie, qui a obtenu le prix de beauté, ont été de la pure improvisation.

La partie a suscité un grand intérêt (elle est annotée plus loin), et chaque matin, pendant trois semaines, le chef de notre délégation, le grand maître

Ragozine, a échangé à son sujet des variantes avec le journaliste yougoslave et maître bien connu Vuković. Vuković amenait une réfutation à la combinaison, et Ragozine, le jour suivant, apportait une amélioration à l'attaque. Finalement, ils sont arrivés à la conclusion que les Blancs avaient assez de pression en échange du sacrifice de pièce.

Ce jeu qui plaidait en ma faveur m'a fait songer que tout était possible ! Quelques jours plus tard, dans ma partie contre Kérès, j'ai soudain vu une fantastique possibilité d'un double sacrifice : un Cavalier en b6 et un Fou en d6. J'ai mis le plan à exécution, oublié une réfutation simple, et me suis obstiné à résister sous le coup de l'émotion, car j'aurais pu abandonner beaucoup plus tôt.

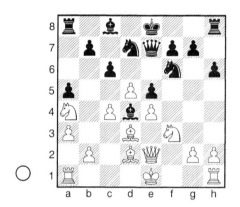

Tal – Kérès
Tournoi des candidats, Bled
1959

15.♘xd4? 15.♗e3 aurait maintenu une bonne position. **15...exd4 16.♗f4 ♘e5 17.♘b6 ♗g4! 18.♕c2 ♘xd3+ 19.♕xd3 ♖a6 20.0-0?** Il n'était pas encore trop tard pour la retraite 20.♘a4. **20...♖xb6 21.♗d6 ♕xd6 22.e5 ♕e7!** Je n'avais pas vu cette simple réplique : maintenant, sur 23.exf6, il suit 23...♕e3+ suivi de l'échange des Dames. Par conséquent, les Blancs ne récupèrent qu'une pièce sur deux, ce qui, bien entendu, n'est pas assez.

Je suis resté malgré tout très optimiste, considérant que j'avais été puni injustement pour avoir eu une idée originale. Après trois gains de suite, il est devenu clair que, sauf accident extraordinaire, Kérès ou moi-même serait le vainqueur au terme de ce second cycle. Le tournoi s'est déplacé à Zagreb, mais auparavant un blitz fut organisé à Bled. Je l'ai remporté, mais c'est autre chose qui reste gravé dans ma mémoire : une gaffe inédite. Je ne me souviens pas exactement dans quelle position, mais le mécanisme de l'erreur fut le suivant :

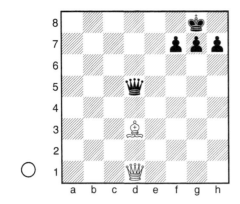

Averbakh – Tal
Tournoi de blitz, Bled 1959

Le trait était aux Noirs. Averbakh m'a offert la nulle, mais j'ai décidé de continuer. J'ai vu que j'avais à parer la menace 2.♗xh7+ et 3.♕xd5. Je me suis défendu donc par **1...h6????** Et comme vous vous en doutez, Averbakh a joué **2.♗xh7+** et ne m'a pas offert à nouveau la nulle !

J'abrège un peu. Pendant le tournoi des candidats, deux autres tournois de blitz ont été organisés. J'ai remporté les deux, dans l'un, après un match de départage contre Matanović. Avant ce match, Matanović a demandé que les prix soient partagés, quel que soit le résultat. Je n'y ai pas vu d'objection, même si le prix offert était une seule carabine à air comprimé, et qui plus est, sans double barillet.

J'ai entamé le troisième tour en partageant la deuxième et troisième place avec Petrossian, mais il apparaissait déjà assez clairement que Tigran faiblissait un peu. Comme souvent, il sous-estimait ses chances et s'estimait déjà très heureux de lutter pour pas plus qu'une honorable troisième place

Dans ce cycle, je me souviens particulièrement des parties contre Smyslov et Kérès (celle contre Fischer est annotée plus loin). Dans la première, mon adversaire a essayé bien évidemment de prendre sa revanche de sa défaite du tour précédent, et surtout, il est apparu que les anciens qui jouaient pour la couronne ne permettraient pas si facilement à un jeune de contester leur suprématie.

Smyslov a joué la partie avec brio et m'a complètement dominé jusqu'à un certain point, et qui plus est, je me suis retrouvé avec 2 ou 3 minutes seulement pour jouer 15 coups. N'ayant rien à perdre, je me suis efforcé de compliquer le jeu par tous les moyens. Mon drapeau étant sur le point de tomber, et encore avec 4 coups à jouer, Smyslov s'est alors engouffré à pieds joints dans un piège que j'ai tendu. Comme je l'ai compris par la suite, il avait envisagé mon sacrifice de Tour en g1 mais pas en h1.

Smyslov est d'ordinaire imperturbable devant l'échiquier, mais là, après mon 39e coup ...♖h1+, son visage a changé d'expression, et après environ trois minutes de réflexion, il a joué son coup tout en molestant furieusement la pendule. Quelques pièces ont été renversées, mais contrairement à mon habitude, j'ai tout d'abord administré un échec au Roi en g1, appuyé sur la pendule, et seulement ensuite commencé à remettre un peu d'ordre sur l'échiquier. Les Blancs ne pouvaient plus se soustraire à l'échec perpétuel.

Le même jour, Kérès a gaffé contre Fischer, et j'ai annulé face à Paul Petrovitch. Je me suis retrouvé en tête pour la première fois après avoir gagné dans la ronde suivante contre Gligorić.

La partie suivante, contre Kérès, a eu par conséquent un enjeu encore plus important. Mon adversaire m'a offert la nulle juste avant l'entrée dans des complications forcées. Mes deux défaites contre lui me sont revenues en mémoire, et en plus, j'avais les Noirs et je menais le bal qu'avec un demi-point d'avance. Une nulle s'imposait donc... sauf que la position était vraiment intéressante et je voulais aller au bout. Le jeu qui suivit fut en conséquence très aigu et tendu, et bien qu'en crise de temps (entre parenthèses, je gère toujours très bien le zeitnot quand je suis en forme), je suis parvenu à l'emporter.

JOURNALISTE : *La plupart du temps, vous refusez quand on vous offre la nulle. Est-ce que vous y réfléchissez au coup par coup ou bien sentez-vous le vent venir et refusez par défiance à la première charge ?*

JOUEUR D'ÉCHECS : Je prends hélas la plupart du temps la seconde option. Je vais même vous confier un petit secret de fabrique. Quand on m'offre la nulle autour du 15e coup, alors que rien ne se passe encore, je suis davantage enclin à l'accepter, mais par la suite, beaucoup moins.

Le troisième tour fut un grand succès pour moi : hormis la nulle contre Smyslov, je n'ai partagé le point qu'avec Petrossian et j'ai gagné toutes les autres parties. Je suis prêt à présent à reconnaître le fait qu'on n'a pas vraiment joué l'un contre l'autre dans les 3e et 4e tours, Petrossian et moi-même. C'était en quelque sorte une forme de protestation en réaction aux commentaires presque unanimes de la presse après notre partie du deuxième tour. Nous avions joué sérieusement la partie, puis nous avions lu ceci dans les journaux, et qui n'avait rien d'élogieux pour nous :

« Bien sûr, Tal et Petrossian sont amis ; et on n'y peut rien, et toutes leurs parties se terminent par la nulle. » Piqués au vif, nous avons décidé d'un commun accord : « OK, on va leur montrer ce qu'est une nulle sans se battre ! » Et en effet, il ne nous a pas fallu plus de 5 minutes pour annuler notre partie suivante.

Avant de partir à Belgrade pour le 4e tour, j'avais acquis une avance d'un point et demi sur les autres. En considérant que j'allais avoir les Blancs dans mes deux parties les plus importantes, celles contre Smyslov et Kérès, j'ai estimé que cette avance était suffisante pour gérer la fin du tournoi.

Cependant, je suis incapable de gagner un tournoi sans quelques aventures. Cela a commencé avec la partie contre Smyslov, où je me suis rué sans nécessité à l'attaque, cassé les dents sur une excellente défense, puis après une demi-gaffe et un semi-sacrifice, ai fini par l'emporter en zeitnot à la suite d'une gaffe de mon adversaire au 40e coup.

Dans la ronde suivante, j'ai eu pour allié Smyslov qui a gagné contre Kérès, et comme j'ai gagné contre Gligorić, j'ai augmenté mon avance à 2,5 points à cinq rondes de la fin. Il me suffisait d'annuler avec mon plus proche poursuivant, Kérès, qui se résignait déjà à prendre la seconde place, et la victoire finale était dans la poche. J'en étais parfaitement conscient, mais, ayant les Blancs, j'ai décidé malgré tout de tenter d'égaliser notre score personnel à deux points partout. J'ai fait alors l'expérience, et pour la première fois de ma vie, que courir deux lièvres à la fois et jouer pour deux résultats (car personne ne joue pour perdre, du moins à ma connaissance), n'est pas possible. J'ai commencé la partie bien décidé à jouer pour une partie positionnelle compliquée d'au moins cinq heures, mais mon objectif a fluctué à plusieurs reprises, et Kérès a parfaitement senti mes tergiversations. Il s'est mis à jouer lui aussi pour le gain à partir du quinzième coup. Par inertie, j'ai évité des échanges pendant quelques coups, et quand mon esprit s'est résolu à jouer pour la nulle, il était trop tard. Kérès a gagné le prix de la meilleure partie avec cette victoire.

Deux rondes plus tard, mon écart s'est réduit à seulement un point, et je devais jouer dans l'avant-dernière ronde contre un Fischer de nouveau performant, qui jusqu'ici avait dû capituler dans nos trois rencontres précédentes. On m'a appris plus tard que Fischer avait juré en public qu'il allait enfin prendre sa revanche lors de cette dernière partie, afin d'avoir le dernier mot.

Durant de ma préparation pour cette partie, j'avais décidé de jouer une défense sicilienne normale avec ...d6 et ...a6, et concernant le sacrifice du pion blanc e, je me croisais tranquillement les bras et me disais : « OK, je le prends ! » Je l'ai donc pris, et après que quelques erreurs furent commises du fait de mon manque de préparation, j'ai eu le sentiment de frôler les abysses, d'autant plus que Fischer jouait avec beaucoup de finesse et de précision. Pendant ce temps, Kérès, alléché par l'odeur du sang, s'était mis avec les Noirs dans une position où il lui était tout à fait possible de vaincre Gligorić. En bref, ce concours de circonstances laissait supposer que la question de la première place allait se décider lors de la dernière ronde, ou même après !

Cependant, Fischer, ne souhaitant pas rester avec un pion de moins trop longtemps, se hâta de rétablir l'égalité matérielle, et ce faisant laissa filer une partie de son avantage. J'ai été placé devant un choix à faire au 18e coup : ou bien entrer dans une finale légèrement défavorable, ou accepter un sacrifice de pièce qui m'exposait à une très forte attaque. Je n'ai pas vu de mat forcé, c'est vrai, mais cela était sans doute dû au fait que je ne le cherchais pas. Si j'avais eu les Blancs, j'aurais sans aucun doute considéré l'attaque comme étant décisive.

Quoi qu'il en soit, j'ai choisi la seconde option, et la célèbre position suivante fut atteinte trois coups plus tard.

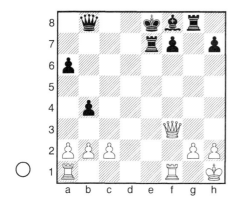

Fischer – Tal
Tournoi des candidats, Bled
1959

Cette partie est célèbre, car elle fut le théâtre d'un duel psychologique sauvage entre nous.

Chaque joueur à son propre rituel : l'un joue d'abord son coup et ne l'écrira qu'ensuite alors qu'un autre fera l'inverse. Pour l'anecdote, Fischer avait récemment objecté au premier l'argument selon lequel une feuille de partie n'est pas un tableau noir sur lequel on fait des exercices. Cependant, dans notre partie, Fischer a tout d'abord écrit à ce moment le coup **22.♕ae1!**, sans aucun doute le coup le plus fort, et il l'a écrit non pas en notation descriptive anglaise courante chez lui, mais en notation algébrique européenne, presque en russe ! Puis, de manière assez gauche, il a poussé la feuille vers moi. « Est-ce qu'il veut que je signe déjà la feuille ? me suis-je demandé, de quelle manière dois-je réagir ? » La désapprobation est impossible ; un sourire ferait suspecter quelque truc ; j'ai fait donc la chose la plus naturelle qui soit : je me suis levé et j'ai commencé une déambulation tranquille en bas de la scène. J'y ai croisé Petrossian, fait une blague à son endroit à laquelle il a répondu. Le Fischer d'alors, âgé de 15 ans, et qui n'était encore qu'un grand enfant, assis avec une expression confuse, chercha tout d'abord du regard son secondant assis au premier rang des spectateurs, puis me scruta.

Il a écrit alors un autre coup : **22.♕c6+?**, et après **22...♖d7 23.♖ae1+ ♗e7 24.♖xf7 ♔xf7 25.♕e6+ ♔f8! 26.♕xd7 ♕d6**, je suis parvenu à garder ma pièce d'avance et à ajourner la partie dans une position gagnante. Plus tard, lorsque je lui ai demandé pourquoi il n'avait pas joué **22.♖ae1**, il m'a répondu : « Eh bien, parce que vous avez rigolé quand je l'ai écrit ! »

Après cet incident, mon secondant m'a pris au mot pour mon intention de proposer nulle dans la dernière ronde au 12e coup contre Benko. Mon score contre lui était à cette époque de 5-0, et l'idée qu'il puisse refuser la nulle n'a même pas effleuré mon esprit.

JOURNALISTE : *Surtout après l'épisode des lunettes noires ?*
JOUEUR D'ÉCHECS : Oui, bien entendu ! Pendant le troisième tour, après avoir pris place devant l'échiquier, Benko, m'ayant soupçonné auparavant de l'avoir hypnotisé, a sorti de ses poches une paire de lunettes noires qu'il s'est mise sur le nez. J'avais préparé contre cette « innovation » que je savais possible, une « contre-mesure ». J'avais emprunté à Petrossian une énorme paire de lunettes noires, et j'ai fait avec elles comme avait fait mon adversaire. Cela a provoqué l'hilarité générale, non seulement des spectateurs, mais aussi des autres joueurs, des arbitres, et même de Benko lui-même. Cependant, et contrairement à moi, il ne les a pas ôtées avant le 20e coup, lorsque sa position était devenue sans espoir.

Ainsi, dans la dernière ronde, j'ai tenu parole et offert la nulle après avoir joué 12.g4. En silence, Benko a joué sa réplique, rapidement fait une bourde, et s'est retrouvé dans une position perdante. Au 21e coup, je pouvais soit administrer un échec perpétuel, soit transposer dans une finale complètement gagnante avec deux pions de plus.

J'ai donné le perpétuel, et, avec l'arrogance de la jeunesse, ai justifié ainsi ma décision auprès des journalistes : « Quand je veux gagner contre Benko, je gagne, et quand je veux annuler, j'annule. » Je demande aujourd'hui l'indulgence des lecteurs, après tout je n'avais que 22 ans, mais je pourrais ajouter que sur le plan psychologique, les choses auraient été plus simples pour Benko si j'avais gagné cette partie...

Ce ne fut qu'après cela, et sous la pression des journalistes, que j'ai commencé à songer au match contre Botvinnik.

Il y a eu encore un tournoi avant : le premier tournoi international de Riga, dont le slogan était : « La Baltique est la mer de l'amitié ».

JOURNALISTE : *Mais était-il pour vous judicieux d'y participer, à six mois de votre match pour le titre suprême ?*

JOUEUR D'ÉCHECS : Tout d'abord, cela aurait été assez maladroit pour moi de décliner une invitation dans ma ville de Riga. Ensuite, nous avons décidé, Koblentz et moi, de cacher mes ouvertures, surtout avec les Noirs contre 1.d4. Enfin, Koblentz m'a assigné une tâche académique contre nature : faire en sorte de jouer passivement dans l'ouverture afin de m'habituer à me défendre.

Ça a été en gros notre philosophie. Nous n'avons pas fixé d'objectif en ce qui concerne le résultat, et on peut se demander si cela nous aurait de toute façon aidés, tant les vainqueurs, Spassky et Mikenas, ont vraiment très bien joué. Un lot de consolation m'a été apporté par le prix de la meilleure attaque dans le tournoi (cette partie contre Johannessen est annotée plus loin) et par mon résultat dans le traditionnel blitz d'accompagnement : 16,5 sur 17.

Je plaisante bien entendu. Plus sérieusement, nous avons été satisfaits par la créativité dont j'ai fait preuve durant le tournoi, ce que nous avons considéré comme un pas supplémentaire dans notre préparation du match.

J'ai passé les derniers jours de l'année à Vilnius et n'ai pas pu décliner une invitation de nos voisins lituaniens d'aller donner une simultanée dans laquelle je fus confronté à des joueurs presque tous de première catégorie. Le résultat fut assez honorable pour moi : +19 -1 =6.

Est arrivée l'année 1960, mais avant de conduire la conversation sur les deux matchs pour le titre mondial, dans lesquels j'allais être l'un des deux protagonistes, j'aimerais vous narrer un épisode plus ancien. Cela concerne la manière dont le jeune Tal fut renvoyé d'un cours

Automne 1945 lors d'un cours de chant organisé en cinquième année dans la 77e école de Riga. Derrière l'une des tables d'écolier, deux jeunes garçons feuilletaient la revue d'échecs du 14e championnat d'URSS (ce fut mon premier contact avec la littérature échiquéenne) sur le mode « plus c'est obscur et mieux c'est », car à cette époque, des symboles tels que « e4 », « ♘f5 », etc. étaient pour moi comme des hiéroglyphes. Une chose était cependant parfaitement claire : toute une série de chiffres « 1 » était accolée au nom de Botvinnik. Entièrement absorbés par notre occupation, nous avons sans doute fait la première gaffe de notre carrière échiquéenne :

nous n'avons pas entendu une question posée par notre professeur. La récompense fut rapide et sévère.

Tous ceux de ma génération – garçons ayant appris pour la première fois les échecs juste après-guerre – avaient leur idole. C'était bien entendu Mikhaïl Moïsseïevitch Botvinnik. Nombreux supportaient Kérès, certains souhaitaient à Smyslov de la réussite, mais tous admiraient le premier champion du monde soviétique.

En 1948, j'ai connu également mes premiers succès dans le monde des échecs, en devenant joueur de 4ᵉ catégorie. Il est fort probable que je jouais alors moins bien qu'aujourd'hui, mais ma vanité n'était pas moindre. Lorsqu'en mai, Botvinnik fut proclamé champion du monde, j'en ai été ravi et pourtant quelque chose me taraudait au tréfonds : comment était-ce possible, vu qu'il ne m'avait pas encore rencontré sur l'échiquier ?

Les années ont passé. Les écoliers sont devenus des étudiants, les joueurs de 4ᵉ catégorie des candidats-maîtres, mais l'idole est demeurée la même. Je dois insister sur le fait que jusqu'à la dernière ronde du tournoi des candidats de 1959, l'idée que j'allais disputer un match pour le titre suprême contre Botvinnik ne m'avait jamais traversé l'esprit. Eh bien, le moment était pourtant venu.

PARTIE Nº 21
Tal – Panno
Interzonal de Portorož 1958
Ruy Lopez

1.e4 e5 2.♘f3 ♘c6 3.♗b5 a6 4.♗a4 ♘f6 5.0-0 ♗e7 6.♖e1 b5 7.♗b3 d6 8.c3 0-0 9.h3 ♘d7 10.d4 ♘b6

Cette variante a été mise au point par les joueurs bulgares. L'idée noire est de créer un contre-jeu immédiat sur l'aile dame. Après le naturel 11.♘bd2 exd4 12.cxd4 d5, les Noirs n'ont pas de problèmes. L'échange au centre 11.dxe5 ♘xe5 12.♘xe5 dxe5 13.♕h5 ne mène les

Blancs nulle part après 13...♕d6 (Fischer – Tal, Portorož 1958).

11.♗e3 exd4

Les Blancs visaient le contrôle de l'importante case d5 après les échanges en e5 et b6. Le coup des Noirs est en accord avec le plan stratégique mentionné plus haut.

12.cxd4 ♘a5

Plus fort que 12...d5 (Tal – Antoshin, 24ᵉ championnat d'URSS). Après 13.♘c3 dxe4 14.♘xe4, les Blancs ont l'initiative.

13.♗c2 c5 14.e5!

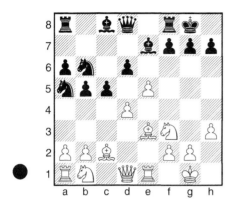

À l'évidence le seul coup blanc pour contrer les plans adverses. La position noire serait préférable tant après 14.♘c3 ♘ac4 15.♗c1 cxd4 16.♘xd4 ♗f6, qu'après 14.dxc5 dxc5 15.♕xd8 ♖xd8 16.b4 ♘b7 (ou 16...♘ac4).

Le coup joué dans la partie a plongé les Noirs dans une profonde réflexion. Une heure plus tard, il a suivi :

14...dxe5!

Panno évite de tomber dans différents pièges. Il était tentant de jouer 14...♘ac4 15.exd6 ♕xd6, mais les Blancs ont alors la forte réplique 16.♗g5! De même, après 14...cxd4 15.♗xd4, les Cavaliers noirs resteraient hors-jeu.

15.♘xe5 ♘bc4 16.♕d3

Les Blancs ne se satisfont pas d'une nulle : 16.♕h5 g6 17.♘xg6

fxg6 18.♗xg6 hxg6 19.♕xg6+ ♔h8, et 20.♗h6 ♖g8 21.♕h5 échoue à cause de 21...♕e8.

Nous entrons à présent dans des complications intéressantes.

16...f5

Si 16...g6, alors 17.♗h6 ♖e8 18.♕f3 ou 18.♘xf7. Il semblerait qu'au vu des menaces 17...♘xe3, 17...♘xb2 et 17...♘xe5, la position blanche soit inférieure, mais ils disposent d'un coup intéressant.

17.♗b3! f4

17...♗e6 perd un pion sur 18.dxc5.

18.♗d2 ♘xb3!

Les Noirs se seraient retrouvés en difficulté après 18...♗f5 19.♗xa5 ♕xa5 20.♕c3 ♕xc3 21.♘xc3 cxd4 22.♘xc4 bxc4 23.♗xc4+ ♔h8 24.♖xe7, avec un pion de moins. Maintenant, les Blancs pourraient jouer simplement 19.♕xb3 avec les menaces 20.♘xc4 et 20.♘c6.

19.♘c6!?

Il apparaît que les Blancs seraient en grande difficulté après 19.♕xb3 ♗f6 20.♘xc4 bxc4 21.♕xc4+ ♔h8. 20.♘a3 semble fort, mais ce coup n'est pas particulièrement gênant pour les Noirs. Les Blancs décident de se lancer dans une combinaison complexe dont les conséquences ne sont pas faciles à évaluer.

19...♘xa1 20.♘xd8 ♗f5

Sur 20...♗xd8, les Blancs ne peuvent pas poursuivre par 21.dxc5 à cause de 21...♖a7 et les pièces noires deviennent actives. Cependant, par 21.b3, les Blancs gagneraient le Cavalier en a1.

21.♕f3 ♖axd8 22.♖xe7 ♗xb1 23.♗xf4

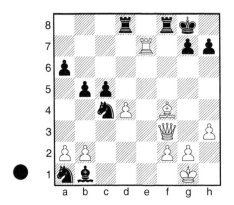

C'est la position pour laquelle les Blancs ont travaillé : un Cavalier a1 hors-jeu, les Fous de couleurs opposées, ce qui renforce l'attaque blanche sur g7, et le Cavalier en c4 qui peut être refoulé. De plus, les Blancs peuvent dans quelques variantes capturer le pion c5. Est mauvais 23...cxd4 24.b3 d3? étant donné 25.♕g4.

23...♖xd4 24.♕g4!

Ce coup est beaucoup plus fort que 24.♕g3, comme cela apparaîtra clairement plus tard.

24...♗g6 25.♕e6+ ♗f7 26.♕f5 ♘c2

Les Blancs ne sont pas forcés de prendre la nulle après 26...♗g6. Au lieu de cela, ils disposent de la combinaison suivante : 27.♖xg7+ ♔xg7 28.♗h6+ ♔xh6 29.♕xf8+, suivi de 30.♕xc5+ et de 31.♕xd4.

Les Noirs se hâtent de mobiliser leurs réserves.

27.b3 ♗g6

Au lieu de ce coup, les Noirs auraient pu jouer 27...♖d1+ 28.♔h2 ♘d2, et les Blancs doivent choisir entre des complications peu claires par 29.h4 ♘f1+ 30.♔h3, ou jouer plus simplement par 29.♗xd2 ♖xd2 30.♕xc5, et la position des Noirs reste inférieure en dépit de l'avantage matériel du fait de la mauvaise coordination de leurs pièces.

28.♖xg7+

Cette combinaison ne gagne pas ici, car la Tour en d4 est défendue.

28...♔xg7 29.♗h6+ ♔xh6 30.♕xf8+ ♔g5 31.bxc4 bxc4 32.g3 ♗e4 33.h4+

Il n'y a rien à gagner par 33.f4+ ♔g6 34.g4 h6, car il n'y a pas de menaces de mat. Après le coup de la partie, la réponse naturelle 33...♔g6 peut être suivie par 34.f3 ♗d5 35.g4, gagnant un temps important (♕f5+ menace). Panno se défend de manière splendide malgré un zeitnot sévère.

33...♔g4 34.♔h2 ♗f5!

Les Blancs menaçaient mat en deux coups. Si le Fou se retire en d5, alors le mat survient par 35.f3+ ♗xf3 36.♕c8+.

35.♕f6

En prenant la pièce, les Blancs risquaient de perdre : 35.f3+ ♔xf3 36.♕xf5+ ♔e3 (défendant le Cavalier de manière indirecte) 37.♕xh7 c3. Ils doivent donc rechercher de nouvelles cibles en vue de poursuivre l'attaque.

35...h6 36.♕e5 ♖e4 37.♕g7+ ♔f3 38.♕c3+ ♘e3

Bien que pas mauvais, une nulle s'obtenait facilement par 38...♔xf2 39.♕xc2+ ♔f3, et les Blancs ne peuvent pas se soustraire à l'échec perpétuel.

39.♔g1 ♗g4 40.fxe3 h5 41.♕e1

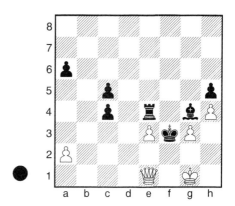

Cette dernière tentative de jouer pour le gain va être couronnée de succès de manière inattendue. Après 41.♕d2 ♖e6, la partie se serait conclue par la nulle.

41...♖xe3?

Fatigué par un long combat, Panno commet une erreur. 41...♖e6 aurait annulé rapidement, alors que 42.e4 ne mène à rien après 42...c3. Les Blancs ont maintenant de réelles chances de gain.

42.♕f1+

Le coup sous enveloppe.

42...♔e4 43.♕xc4+ ♔f3 44.♕f1+ ♔e4 45.♕xa6 ♔d4

Lors de l'analyse pendant l'ajournement, j'ai consacré le plus d'attention à la variante 45...♖xg3+ 46.♔f2 ♖d3 ; et après 47.♕c4+ ♖d4 48.♕c2+ ♔d5 49.a4 ♔c6 50.♕g6+

♔b7 51.♔e3, et les Noirs n'ont pas de réplique satisfaisante. Après le coup joué dans la partie, les Blancs l'emportent sans difficulté.

46.♕d6+ ♔c4 47.a4 ♖e1+ 48.♔f2 ♖e2+ 49.♔f1 ♖a2 50.♕a6+ ♔d4 51.a5 c4 52.♕b6+ ♔d5

Il n'y a rien de mieux (52...♔d3 53.♕b1+).

53.a6 ♖a1+ 54.♔f2 c3 55.a7 c2 56.♕b3+ ♔d6 57.♕d3+ 1-0

Si le Roi va sur la colonne c ou se rend en e5, alors 58.♕c3+ gagne, tandis que 57...♔e7 est suivi par 58.♕xc2 ♖xa7 59.♕h7+, et 57...♔e6 par 58.♕xc2 ♖xa7 59.♕e4+, et les Blancs gagne la Tour.

PARTIE N° 22
Lago – Tal
Olympiade de Munich 1958
Ouverture anglaise

1.c4 e5 2.♘c3 ♘f6 3.♘f3

Il est intéressant de remarquer que cette partie est identique jusqu'au 3ᵉ coup à la rencontre Norcia – Kérès du même match. Norcia joua ici 3.g3, après quoi les Noirs adoptèrent le système mis au point par Kérès 3...c6, et ils prirent l'avantage.
3...d6 4.g3 g6 5.♗g2 ♗g7 6.d3 0-0 7.♗d2

Pour le moment, les Blancs diffèrent le roque, considérant que leur première tâche est l'échange du Fou noir de cases noires. Cela, bien entendu, aurait pu être empêché, par exemple en jouant 7...h6 8.♕c1 ♔h7, mais les Noirs décident de suivre un plan tout tracé.

7...♘h5 8.♕c1 f5 9.♗h6 ♘c6 10.♗xg7 ♔xg7 11.♘d5 f4

En l'absence de Fous de cases noires, ce type de structure de pions favorise les Noirs.

12.♕c3 ♗e6 13.♘xf4

Un coup a priori surprenant, mais parfaitement justifié dans la position, car les Noirs ne peuvent pas mater le long de la colonne g qui va s'ouvrir, alors qu'ils sont davantage enclins à s'y faire mater eux-mêmes.

13...♘xf4

J'ai passé du temps à calculer le sacrifice de qualité 13...♖xf4 14.gxf4 ♘xf4. Je suis parvenu à la conclusion qu'après 15.♗f1 ♗g4 16.♘g1, les pièces blanches sont très bien placées sur leurs cases initiales. Je décidai donc d'y renoncer.

14.gxf4 ♖xf4 15.h4

15.0-0-0 était moins dangereux, mais les Blancs pensaient qu'ils pourraient toujours roquer plus tard.

15...♕f6

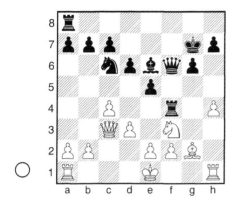

16.♘g5?

Après ce coup qui a toute l'apparence d'un fort coup, les Noirs obtiennent une attaque dangereuse. Les Blancs auraient dû faire le grand roque.

16...♘d4! 17.e3

En cas de 17.♘e4, les Noirs avaient prévu de sacrifier la qualité par 17...♖xe4. Après aussi bien 18.♗xe4 ♖f8 19.f3 ♕f4 que 18.dxe4 ♖f8 19.f3 ♕f4 20.♔f2 ♕xe4, et l'initiative des Noirs compenserait largement le faible investissement matériel.

17...♖xf2 18.exd4

Sur 18.♘xe6+, il aurait suivi 18...♕xe6! 19.♔xf2 ♖f8+ 20.♔e1

♕g4 21.exd4 (21.♕d2 ♕g3+ 22.♔d1 ♖f2) 21...♕xg2. Curieusement, après la partie, mon adversaire me montra cette variante, mais la trouvant peu claire, car les Blancs peuvent roquer dans la position finale. Sur le moment, j'étais d'accord et l'idée d'un tel oubli me tracassa un moment, jusqu'à ce que je me souvienne que le Roi blanc s'était déjà pas mal promené dans cette variante.

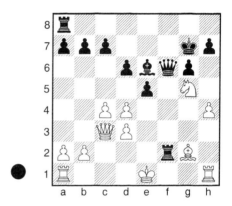

Avec le coup de la partie, le joueur italien tend un piège : 18...exd4 19.♕xd4.

18...♗g4

Il devient clair qu'après ce coup, le Roi blanc, piégé au centre de l'échiquier, est en grand danger de mort. Toutefois, Lago trouve une ressource défensive intéressante.

19.♗f3! ♖xf3

157

Ce coup me coûta quarante minutes de réflexion. C'est sans doute la seule manière de garder l'avantage. En cas de 19...♗xf3 20.♔xf2 ♗xh1+ 21.♔g1 exd4 22.♕a5 b6 23.♕b5 c6 24.♕a6, les Noirs ne peuvent espérer au mieux qu'une nulle par échec perpétuel. La prise immédiate en d4 conduit à des résultats quasi identiques après 20.♕a5. Des variantes impliquant le sacrifice de la Tour, par exemple 19...♗xf3 20.♔xf2 ♖f8, sont réfutées par 21.♖hf1. J'ai aussi envisagé le coup aventureux 19...h6, mais il est réfuté par le prosaïque : 20.dxe5 dxe5 21.♗xg4 hxg5 22.0-0-0 ♕f4+ 23.♔b1. Je dus donc revenir à la variante principale, et je parvins à y trouver une ligne pour maintenir mon avantage.

20.0-0-0 ♕f4+ 21.♔b1 ♕xd4

Les Blancs obtiendraient un dangereux contre-jeu sur d'autres suites.

22.♕xd4 exd4 23.♖hg1

Mon adversaire comptait sur cette position. Le coup a priori forcé 23...♖f4 conduit à la nulle après 24.♖de1 h6 25.♘e6+ ♗xe6 26.♖xe6. Cependant, une grosse désillusion l'attendait.

23...♖g3! 24.♖xg3 ♗xd1 25.♔c1 ♗h5 26.♘e6+ ♔h6 27.♘xc7 ♖f8

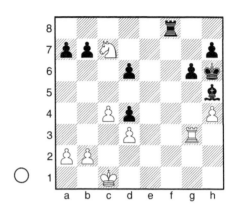

Il fallait bien évaluer cette finale à l'avance et ce n'était pas simple, car les pions de l'aile dame peuvent devenir actifs. Le coup 28.♘b5 retint toute mon attention, et les Noirs envisageaient alors de poursuivre par 28...♖f4 29.♘xd6 ♗f3, suivi par l'avance de leur Roi.

28.♘e6

Ce coup empêche la manœuvre mentionnée plus haut, mais il perd du temps, car le pion en d4 n'est pas si important que cela.

28...♖f1+ 29.♔c2 ♖f2+ 30.♔c1

N'était pas meilleur 30.♔b3 ♖f3 31.♖xf3 ♗xf3 32.♘xd4 ♗d1+, qui gagne un temps important.

30...a6! 31.♘g5 ♖f4 32.♘e4 ♗f3 33.♘xd6 ♔h5

La position blanche est perdue. Il suivit encore :

34.♖g5+ ♔xh4 35.♖e5 h5 36.c5 g5 37.♘f5+ ♖xf5 38.♖xf5 ♔g4 39.♖f8 h4 40.♖d8 h3 41.♖xd4+ ♔g3 0-1

PARTIE N° 23
Tal – Polougaïevsky
Championnat d'URSS, Tbilissi 1959
Défense sicilienne

1.e4 c5 2.♘f3 d6 3.d4 cxd4 4.♘xd4 ♘f6 5.♘c3 a6 6.♗g5 ♘bd7 7.♗c4 ♕a5 8.♕d2 e6 9.0-0

Jusqu'à récemment, les Blancs roquaient plutôt du grand côté dans cette position. Mais les efforts de certains aficionados de la défense sicilienne, dont le maître Kuibyshev, ont commencé à faire changer les choses dans cette variante. Le coup de la partie a été testé à quelques occasions avec de bons résultats pour les Blancs. La pointe est que sur le coup attendu 9...b5 pour initier du jeu sur l'aile dame pour les Noirs, il suit le sacrifice assez rituel mais très fort 10.♗d5 exd5 11.♘c6! ♕b6 12.exd5. Le Roi blanc est en sécurité, alors que son vis-à-vis va devoir entamer un voyage des plus périlleux. Cela fut confirmé dans la partie Mnatsakanyan – Zurakhov lors de la demi-finale du 26ᵉ championnat d'URSS.

9...♗e7

Dans sa partie contre moi à Portorož, Larsen avait choisi un autre plan mais sans succès : 9...h6 10.♗h4 ♗e7 11.♖ad1 ♘e5 12.♗b3, et il joua ici 12...g5. Cependant, après 13.♗g3 ♗d7 14.f4 gxf4 15.♗xf4 ♘h5? 16.♗xe5 ♕xe5 17.♔h1 ♘f6 18.♘f3 ♕h5, les Blancs ouvrent le centre à leur avantage par 19.e5! dxe5 20.♘e4!

10.♖ad1 ♘c5

10...0-0 est mauvais à cause de 11.♘d5. Polougaïevsky avait mis tous ses espoirs dans ce coup, mais la tournure des événements démontre que les Noirs ne parviennent pas tout à fait à égaliser.

11.♖fe1 ♗d7 12.a3

Ce simple coup met en péril les hostilités stratégiques des Noirs à l'aile dame : leurs pièces ne peuvent pas s'y maintenir.

12...♕c7

Les Noirs auraient pu transposer ici en finale par 12...♘fxe4 13.♘xe4 ♕xd2 14.♗xd2 ♘xe4 15.♖xe4 d5 16.♗xd5 exd5 17.♖e2[18] ♔f8, mais après 18.♗b4! ♗xb4 19.axb4, leur position est déprimante.

13.b4 ♘a4

---

[18] 17.♖e5 qui gagne un pion est sans doute plus fort (note de J. Nunn).

On pouvait jouer aussi :

a) 13...♘cxe4 14.♘xe4 ♕xc4 15.♗xf6 gxf6 16.♘f5! ;

b) 13...b5 14.♘dxb5 axb5 15.♘xb5 ♗xb5 16.♗xb5+ ♘cd7 17.e5! ;

et c) 13...♖c8 14.bxc5 ♕xc5 15.e5! ♕xc4 16.exf6 gxf6 17.♘e4 fxg5 18.♘f5.

Le coup joué dans la partie est celui qui pose aux Blancs les problèmes les plus difficiles.

14.♘xa4 ♗xa4

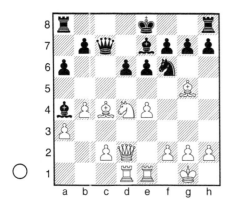

15.♗xe6! fxe6 16.♘xe6 ♕xc2 17.♕d4 ♔f7 18.♖c1 ♕a2 19.e5!

Les Blancs n'obtiendraient rien avec 19.♘xg7 ♔xg7 20.♖c7 ♕e6 21.♗xf6+ ♕xf6 22.♖xe7+ ♔g6.

19...dxe5

Les Noirs seraient aussi en difficulté après 19...♕xe6 20.exf6 ♗xf6 21.♗xf6 ♕xf6 22.♕d5+ ♔f8

23.♕xb7 (23.♖e6 est possible aussi) 23...♖e8 24.♕xa6, avec des pions passés blancs très dangereux.

20.♕xe5 ♕xf2+

Simplifiant la position sans mener toutefois à l'égalité. La force des pièces blanches centralisées s'illustre dans la variante suivante : 20...♖he8 21.♗xf6 ♗xf6 22.♖c7+ ♔g8 23.♖xg7+! Sur 20...♕d5, les Blancs ont toujours une forte attaque par 21.♕g3.

21.♔xf2 ♘g4+ 22.♔g1

22.♔g3 ♘xe5 23.♖c7 échoue malheureusement sur 23...♘d7!

22...♘xe5 23.♖xe5 ♗xg5!

Le mieux. Sur 23...♖ac8, il aurait pu suivre 24.♖f1+ ♗f6 25.♘xg7!, avec un gain rapide.

24.♘xg5+ ♔g6

Mais pas 24...♔f6, car après 25.♖cc5 ♖he8 26.♘e4+, les Noirs perdent la qualité.

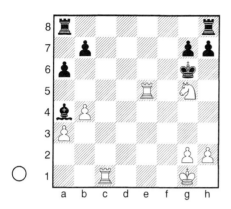

25.♘e6

Après 25.♖e6+ ♔xg5 26.♖c5+ ♔f4 27.♔f2, les Noirs s'en sortent indemnes par 27...♗c6!, par exemple sur 28.h3, il peut suivre 28...♗xg2, et si 28.g3+ ♔g4 29.♖exc6 bxc6 30.♔g2, alors 30...g5.

25...♖he8 26.♖e3 ♖ac8 27.♖f1 ♗b5 28.♖g3+ ♔h6 29.♘xg7 ♖f8

Les Noirs auraient pu ici transposer en finale de Tours après 29...♖xf1 30.♘xe8 ♖xe8 31.♔xf1. Les Blancs auraient certes préservé des chances de gain, mais au prix de certaines difficultés techniques à surmonter.

30.♖e1 ♖f6

Il y aurait aussi mat après 30...♗d7 31.h3 ♖f7 32.♖e4.

31.h3 ♖c2 32.♖e4 ♖c4 33.♖e5

♖c1+ 34.♔h2 1-0

PARTIE N° 24
Geller – Tal
Championnat d'URSS, Tbilissi 1959
Défense Benoni moderne

1.d4 ♘f6 2.c4 c5 3.d5 e6 4.♘c3 exd5 5.cxd5 d6 6.e4 g6 7.♘f3 ♗g7

Le nombre de fois où j'ai entendu dire par tout un chacun que cette défense était incorrecte ! Son intérêt réside pourtant dans le fait que les Noirs ont toujours des possibilités de contre-jeu au centre ou sur l'aile dame.

8.♗g5

Ce coup restreint le jeu noir.

8...a6 9.a4 h6 10.♗f4

Après 10.♗h4, la position des Noirs est assez solide, comme cela a été montré dans la partie Toluch – Souétine (demi-finale du 26e championnat d'URSS) : 10...g5 11.♗g3 ♘h5 12.♘d2 ♘xg3 13.hxg3 ♘d7 14.♗e2 ♘e5.

10...♗g4 11.♗e2 0-0 12.0-0

Si les Blancs avaient joué 12.♘d2, il aurait alors pu suivre 12...♗xe2 13.♕xe2 ♘h5 14.♗e3 f5 15.exf5 ♖xf5 et 16.g4 échoue à cause de 16...♘f4.

12...♖e8 13.♕c2

Dans cette position aussi, après 13.♘d2 ♗xe2 14.♕xe2 ♘h5 15.♗e3 ♘d7 16.g4 ♘hf6 17.f3, les Noirs ont un contre-jeu suffisant. 13.h3 est une erreur à cause de 13...♘xe4.

13...♕c7

Sur 13...♕e7, 14.♖fe1 est désagréable.

14.♖fe1 ♘bd7

Si l'on veut évaluer cette position, on peut affirmer hardiment que les Noirs ont résolu avec succès leurs problèmes d'ouverture.

15.h3

Le maître Y. Vasilchuk a suggéré ici 15.♖ad1, de sorte qu'après 15...♗xf3 16.♗xf3 ♖ab8 on puisse entamer des opérations actives au centre par 17.e5 ♘xe5 18.♗xe5 dxe5 19.d6, mais il n'est pas difficile de montrer que les Noirs peuvent repousser cette attaque par 19...♕d7.

15...♗xf3 16.♗xf3 c4 17.♗e2

Afin d'anticiper 17...♘c5.

17...♖ac8 18.a5 ♘c5 19.♗xc4 ♘fxe4 20.♘xe4 ♖xe4 21.♗xe4 ♘xe4 22.♕xe4

Sur 22.♖c1, les Noirs avaient prévu 22...♕e7 23.♖e1 f5, car 24.f3 échoue sur 24...♕h4.

22...♕xc4 23.♕f3

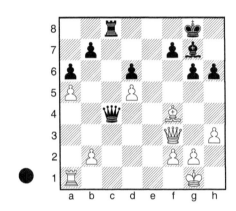

Ne pouvant se résoudre à entrer dans une finale inférieure, Geller conserve la Dame pour tenter une contre-attaque désespérée sur l'aile roi. Après le coup objectivement le plus fort 23.♖a4, il aurait pu suivre 23...♕c2 24.♕xc2 ♖xc2 25.♗xd6! ♖d2 26.♖b4 ♖xd5 27.♗c7 ♖b5, et l'avantage des Noirs n'est que théorique. À l'évidence, les Blancs ont sous-estimé la forte réplique adverse.

23...♕b4!

Des pertes matérielles sont inévitables après ce coup.

24.♕g3 ♕xb2 25.♖e1 ♕b5 26.♕f3 ♗f8! 27.h4 ♕xa5 28.♖b1 b5 29.h5 g5 30.♕g3 ♕a2 31.♖d1 ♕e2

32.♖d3 ♗g7 33.♕h3 ♖c2 34.♗xd6
♖c1+ 35.♔h2 ♕xf2 36.♖f3 ♕g1+
37.♔g3 ♕e1+ 38.♔h2 ♗e5+
39.♗xe5 ♕xe5+ 40.♕g3 ♕xd5
41.♖d3 ♕c5 42.♕g4 ♕e5+ 0-1

PARTIE N° 25
Tal – Bronstein
Championnat d'URSS, Tbilissi 1959
Ruy Lopez

1.e4 e5 2.♘f3 ♘c6 3.♗b5 a6
4.♗a4 ♘f6 5.0-0 ♗e7 6.♖e1 b5
7.♗b3 d6 8.c3 0-0 9.h3 ♘a5
10.♗c2 c5 11.d4 ♘c6 12.♘bd2
♕b6

Un coup devenu récemment populaire. Les Noirs forcent leur adversaire à clarifier la situation au centre. De plus, la Dame noire louche sur f2 dans bon nombre de variantes. Cependant, cette suite a aussi ses inconvénients, au premier rang desquels l'éloignement de la Dame de l'aile roi. On a le sentiment que, tout comme dans la variante Rauzer, les Blancs obtiennent une partie confortable.

13.dxc5

Comme la pratique l'a montré, il est moins prometteur de bloquer le centre. Dans ce cas, les menaces blanches associées à la domination de la case f5, sont souvent problématiques.

13...dxc5 14.♘f1 ♗e6 15.♘e3

♖ad8 16.♕e2 g6 17.♘g5 c4

L'échange en e6 est maintenant défavorable pour les Blancs, car ils seraient alors confinés à la défense de f2. Si les Blancs cherchent à attaquer par 18.♕f3, alors les Noirs répondent 18...h6 19.♘xe6 fxe6, et les Blancs sont dans l'incapacité d'exploiter les faiblesses de la position du Roi noir. Même le fort 20.♘g4, qui cherche un peu plus qu'un échec perpétuel après 20...♘xg4 21.♕xg4 ♕xf2+ 22.♔h2 ♕xc2, ne mène à rien après le simple 20...h5. C'est pourquoi les Blancs conduisent leur jeu pour l'instant à l'aile dame. Ici aussi, le coup direct 18.b3 ne leur est pas favorable après 18...cxb3 19.axb3 a5, suivi de ...b4. La pression doit être augmentée graduellement.

18.a4 ♔g7! 19.axb5 axb5

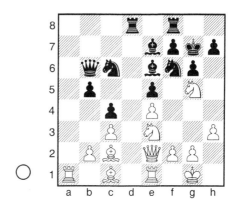

20.♖b1

Là encore 20.b3 n'est pas recommandable à cause de 20...cxb3 21.♘xe6+ fxe6 22.♗xb3 ♘xe4 23.♘g4 ♘xc3! (c'était l'idée du 18ᵉ coup noir : qu'il n'y ait pas d'échec lorsque le pion e6 est capturé) 24.♗h6+ ♔h8 25.♕b2 b4 26.♗xf8, et, malgré la perte de la qualité, la position des Noirs ne manquerait pas d'atouts.

Après le coup joué dans la partie, 21.b3 devient une vraie menace. Il est vrai que les Blancs devaient prendre en compte 20...♘d4? 21.cxd4 exd4, et leurs pièces deviennent des cibles pour les pions noirs. J'avais prévu contre cela la variante suivante : 22.♘d5 ♗xd5 23.exd5 d3 24.♕xe7 dxc2 25.♗e3! (25.♘e6+ ♔g8) 25...cxb1♕ 26.♗xb6 ♕f5 27.♘e6+.

La réplique des Noirs est la plus forte.

20...♘a5 21.♘f3 ♕c7 22.♘d5 ♗xd5

En cas de 22...♘xd5 23.exd5 ♗xd5 24.♘xe5, les menaces ♘g4 et ♕e3 donnent aux Blancs une forte attaque.

23.exd5 ♖fe8! 24.♕xe5 ♕xe5 25.♘xe5 ♘xd5

Pour parfaire le tableau, il convient de mentionner que Bronstein avait consommé presque tout son temps à ce stade de la partie, et il lui fallait jouer très vite. Les Noirs auraient pu créer ici des complications intéressantes par 25...♗d6 26.♗h6+ ♔xh6 27.♘xf7+ ♔g7 28.♖xe8 ♖xe8 29.♘xd6 ♖e2 30.♖a1 ♖xc2 31.♖xa5 ♖xb2, avec de bonnes chances de nulle. Les problèmes noirs ne vont dorénavant que s'accroître.

26.♖a1 ♘b3

Il semble qu'il n'y ait pas d'autre coup pour les Noirs. Je fus assez fasciné par la proposition post mortem de mon adversaire 26...♘b4!? Cependant, les échecs seraient un jeu trop beau si de tels coups pouvaient marcher. Les Blancs auraient pu répondre 27.cxb4 ♗xb4 28.♖e3 ♗c5 29.♖xa5 ♗xe3 30.♗xe3, qui maintient une supériorité substantielle.

27.♗xb3 cxb3 28.♗h6+ ♔g8

Les Noirs perdent à présent. Ils auraient dû jouer 28...♔xh6 29.♘xf7+ ♔g7 30.♘xd8 ♖xd8 31.♖a7 ♔f8 32.♖b7 ♗f6 33.♖xb5 ♘xc3 34.bxc3 ♗xc3 où le fort pion passé leur donne des chances d'annuler. Les Noirs avaient à l'évidence sous-estimé la force du 30ᵉ coup blanc.

29.♘c6 ♖c8 30.♖ad1! ♖xc6 31.♖xd5

À cause de la menace de mat, les Noirs perdent leurs pions de l'aile dame. Le reste est clair dès que les Blancs font revenir leur Fou en jeu.

31...f6 32.♖xb5 g5 33.♖xb3 ♔f7 34.♖b7 ♖e6 35.♖xe6 ♔xe6 36.h4 ♖g8 37.f4 ♗c5+ 38.♔f1 gxh4 39.♖b5 ♖c8 40.f5+ ♔d6 41.b4 h3 42.♖xc5 h2 43.♗f4+ 1-0

PARTIE N°26
Tal – Stoltz
Partie par télégraphe 1959
Défense sicilienne

Lorsqu'on évoque les échecs, on pense généralement aux tournois et aux matchs dans lesquels les joueurs sont face à face pour livrer jusqu'à la victoire un combat de cinq heures. Ce n'est cependant qu'une forme de l'art des échecs. Analyser des variantes d'ouverture, composer des études, jouer par correspondance, et bien d'autres formes doivent être aussi prises en compte lorsque l'on parle des échecs en général.

Je me suis permis cette introduction pour contextualiser les pensées qui m'ont habité au début de l'année passée. Le journal renommé *Dagens Nyheter* de Stockholm m'avait invité à disputer une partie par télégraphe contre le grand maître suédois Stoltz.

Si j'avais décliné cette invitation, j'aurais perdu une occasion de prendre part à une partie contre un joueur au style intéressant, aigu, et combinatoire (rappelons au lecteur que le grand maître suédois a gagné de nombreux prix de beauté dans les tournois). J'aurais aussi laissé passer l'occasion d'un test de ma force dans cet exercice particulier. Les échecs par correspondance sont différents des autres formes d'échecs en certains aspects. Le joueur n'y subit pas la pression du temps (même si le cachet de la poste fait parfois office de pendule) et il peut calmement analyser les développements pris par la position sans cette épée de Damoclès du temps au-dessus de sa tête.

Afin de restituer au mieux le contexte de la partie suivante, j'ai utilisé les télégrammes reçus de Stockholm et mon agenda rédigé le jour spécifié.

22 mars
Un télégramme reçu de Stockholm m'invitant à jouer cette partie. En même temps, un journal propose que les adversaires choisissent leur variante d'ouverture afin de rendre la partie aussi intéressante que possible. Que dois-je choisir ? Après un petit moment de réflexion, je me décide pour l'une des variantes les plus aiguës de la défense sicilienne. C'est ainsi que le duel de cette partie par correspondance a commencé.

1.e4 c5 2.♘f3 ♘c6 3.d4 cxd4 4.♘xd4 ♘f6 5.♘c3 d6 6.♗g5 e6 7.♕d2 ♗e7 8.0-0-0 0-0 9.♘b3 ♕b6

10.f3 a6

Plus précis que 10...♖d8, après quoi les Blancs ont la manœuvre intéressante 11.♗e3 ♛c7 12.♛f2 qui stoppe la contre-attaque sur l'aile dame.

11.g4 ♖d8 12.♗e3 ♛c7 13.h4 b5

Dans cette position rien n'est caché. Les buts des deux camps sont complètement évidents : atteindre le Roi adverse le plus vite possible. Ces parties sont comparables à des sprints où les éléments décisifs sont la vitesse et l'énergie.

14.g5 ♘d7 15.g6

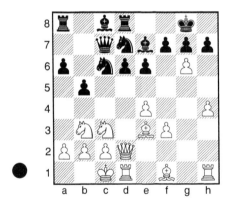

Voici la position que j'ai proposée à mon adversaire suédois. Si je ne fais pas erreur, la presse n'avait à ce jour publié qu'une seule partie avec cette variante : Spassky – Boleslavsky, 25ᵉ championnat d'URSS, Riga 1958. Boleslavsky prit l'intrus avec

le pion f et il fut contraint à un combat long et difficile après : 15...fxg6 16.h5 gxh5 17.♖xh5 ♘f6 18.♖g5 ♘e5 19.♛g2, etc.

À part cela, cette variante fut aussi employée dans une partie d'entraînement Tal – Koblentz, qui est selon moi assez intéressante. Je profite de cette opportunité pour la montrer au lecteur.

Tal – Koblentz
Partie d'entraînement, Riga 1957

15...g6 hxg6

Cela semble très risqué, mais c'est sans doute le plus fort.

16.h5 gxh5 17.♖xh5 ♘f6 18.♖h1 d5!

Un bon coup qui libère les Noirs au centre et prolonge l'action de la Dame jusqu'en h2. Les Blancs optent pour un autre sacrifice de pion pour ne pas laisser filer l'initiative.

19.e5! ♘xe5

Il est bien entendu évident que 19...♛xe5 20.♗f4 ♛f5 21.♗d3 serait mauvais pour les Noirs.

20.♗f4 ♗d6 21.♛h2 ♚f8 22.♛h8+ ♘g8

22...♚e7 eut été peut-être meilleur, mais d'un autre côté, le coup de la partie conduit à une position assez originale après quelques coups forcés.

23.♖h7 f5 24.♗h6 ♖d7 25.♗xb5! ♖f7 26.♖g1 ♖a7

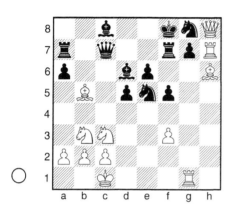

Les pièces blanches occupent des cases plutôt inconfortables. La case clé g7 est pilonnée, mais elle tient toujours. Si les Noirs arrivaient à renforcer leur position et à lancer une contre-attaque, les Blancs n'auraient rien d'autre à faire que d'envoyer un télégramme compatissant à leur Roi. Les Blancs doivent en conséquence jouer de manière très énergique.

27.♘d4

Une nouvelle pièce vient se joindre à l'attaque et mettre une pression supplémentaire sur la case sensible e6. Si les Noirs poursuivent par 27...♕b6, alors les Blancs gagnent sur-le-champ grâce au coup d'étude 28.♗d7!!

Au lieu de cela, les Noirs trouvent une idée brillante : un sacrifice de pièce visant à renforcer la case g7.

27...♘g4!! 28.fxg4 ♗e5

Plus faible serait 28...♗f4+ 29.♗xf4 ♕xf4+ 30.♔b1 ♕xd4 31.♖gh1 avec la menace 32.♕xg8+. Maintenant, en cas de 31...♖fb7, les Blancs ont le très fort coup 32.♗e8, alors que sur 31...♖fe7, le calme 32.g5 est décisif.

Il semble que les Noirs aient atteint leur but. Ils ont une pièce de moins, mais trois pièces blanches sont menacées. On a le sentiment que les Noirs ont repris l'initiative. Néanmoins, les Blancs ont une combinaison qui leur donne la victoire. Il me semble que c'est la première fois qu'on voit une telle combinaison.

29.♘c6!

Il serait bien triste que ce beau Cavalier se retire, mais l'ennemi public n°1 est le Fou en e5. Les Blancs n'ont que faire de la Tour en a7.

29...♗xc3

Entrevoyant la contre-attaque après 30.bxc3 axb5 31.♘xa7 ♕xa7. Après 30.bxc3, 30...♖b7 serait aussi possible.

30.♗e3!

Attaquant encore, et négligeant une fois encore la Tour au profit de la case c5. La menace est ♗c5+ suivi d'un mat en quelques coups. Le Fou noir est mis hors-jeu et cela crée les conditions idéales pour une attaque décisive.

Les Blancs gagnent un temps important avec leur coup suivant.

30...d4 31.♖gh1

Menaçant 32.♕xg8+ et le mat suit.

31...♖d7 32.♗g5! axb5 33.♖1h6!

Le but de la combinaison est devenu évident. Les Blancs ont forcé avec une jubilation diabolique le chemin vers g7. Il n'y a pas de défense contre la menace décisive 34.♖f6+ gxf6 35.♗h6+.

Il suivit encore :

33...d3 34.bxc3 d2+ 35.♔d1 ♕xc6 36.♖f6+ ♖f7 37.♕xg7+ 1-0

Retournons à présent à notre journal.

6 avril
Une réponse arriva finalement. Le grand maître suédois choisit une troisième variante qui a l'air très intéressante. Ignorant l'avance des pions blancs, les Noirs préparent calmement une contre-attaque.

15...♘c5

Il semblerait que les Noirs envisagent de manœuvrer leur Cavalier jusqu'en a4 et son voisin de c6 en c4 via e5, ou directement en b4. C'est pourquoi les Blancs doivent accélérer le mouvement.

16.gxf7+ ♔xf7 17.♗h3

La pression sur la case e6 augmente. La colonne g semi-ouverte favorise aussi l'attaque blanche. Il serait intéressant de savoir comment le grand maître Stoltz veut contre-attaquer sur le flanc dame. Il semble au premier abord que 17...♘e5 soit nécessaire, mais après 18.♗d4 ♘c4 19.♕g2, l'initiative passerait aux Blancs. À présent, la position blanche n'a pas l'air mauvaise. J'envoie un télégramme et j'attends la réponse.

17 avril
Le grand maître Stoltz répond

17...♘a4

Rien n'est menacé pour l'heure et les Blancs peuvent ignorer ce coup. Les Noirs auraient pu jouer aussi 17...♘b4 avec la menace ...♘xa2+, mais en jouant simplement 18.♔b1, les Blancs seraient bien, car ...♘a4 serait suivi de ♘xa4 et ils gagnent un pion.

La tâche des Blancs est maintenant de trouver le talon d'Achille dans la position noire. Il ne semble pas que ce soit la case g7, car avec

...♗f6 les Noirs couvrent facilement les menaces. C'est pourquoi j'ai décidé de commencer une attaque avec mon pion f.

18.f4

3 mai

Il apparaît que les Noirs sont d'une humeur très agressive.

18...♘b4

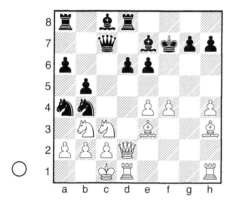

Cet intrus est assez désagréable, mais que menacent réellement les Noirs ? Sur 19...♘xc3 20.bxc3 ♘xa2+ 21.♔b2, le résultat est la perte d'une pièce. Je ne vois pas d'autre menace. En conséquence...

19.f5

Le meilleur pour les Noirs serait maintenant la suite 19...♗f6 20.fxe6+ ♔g8, mais après 21.♗d4, je préfère la position blanche. L'impression est que les Blancs ont pris l'avantage dans l'ouverture. Cela dit, voyons voir ce que nous réserve le prochain télégramme.

7 mai

19...e5

Pour parler franchement, je ne m'attendais pas du tout à ce coup. La première réaction de tout joueur d'échecs lambda serait 20.♘d5, mais on voit ici les avantages du jeu par correspondance : sans se presser, on peut analyser les variantes qui découlent de ce coup.

Donc après 20.♘d5 ♘xd5 21.♕xd5+ ♔f8, comment poursuivre l'attaque ? Les Noirs préparent l'ouverture du centre par ...♗b7 et ...d5. Les Blancs peuvent prendre la Tour par 22.♕xa8 et après 22...♗b7 23.♕a7 ♖a8, les Blancs ont l'idée tactique intéressante 24.♘d4, et grâce à la menace 25.♘e6+, ils sauvent leur Dame.

La seule question qui se pose est : « est-ce assez bon ? », parce qu'après 24...exd4 25.♕xd4 ♗f6 26.♕xd6+ ♕xd6 27.♖xd6 ♗xb2+ 28.♔b1 ♗xe4, la position est très tendue et l'initiative noire a l'air dangereuse. Les Blancs peuvent aussi gagner la qualité d'une manière différente en jouant 22.f6 et après 26...♗xf6 23.♕xa8 ♗b7 24.♕a7 ♖a8 25.♘c5 ♘xc5 (ou 25...dxc5 26.♖d7) 26.♗xc5 dxc5 27.♖d7 ♕xd7 28.♕xa8+ ♗xa8 29.♗xd7 ♗xe4, les Noirs ont deux pions qui compensent la perte de la qualité et ils peuvent escompter une bonne finale.

20.♘d5 ne résout donc pas les problèmes de la position. Il est intéressant de remarquer que les menaces noires sont encore assez discrètes : ils ne peuvent pas prendre le pion a2, car ils prendraient alors le risque de perdre le Cavalier. Ne pourrait-on pas exploiter cela ? Me vint du coup l'idée de jouer 20.♘xa4. Les complications qui s'ensuivent semblent très prometteuses pour les Blancs.

La réponse des Noirs est forcée, car 20...bxa4 21.♛xb4 perd le pion sans compensation. C'est pourquoi les Noirs doivent jouer 20...♘xa2+ 21.♔b1 bxa4. En analysant cette position, j'ai constaté que les Blancs disposent de deux cases pour leur Cavalier : a1 ou a5. Sur a5, le Cavalier n'est pas en sécurité, mais sur a1, il est très inconfortable. L'analyse montre que les Blancs doivent opter pour la première suite qui est aussi la plus active.

À la suite de cette analyse, j'ai envoyé le télégramme pour Stockholm.

9 mai
J'ai proposé la variante suivante :

20.♘xa4 ♘xa2+ 21.♔b1 bxa4 22.♘a5

11 mai
Cette fois, j'ai reçu une réponse inattendue, 22...d5 ne marche pas à cause de 23.♔xa2 dxe4 24.♛c3. Les Noirs essaient maintenant de capturer le Cavalier a5 en jouant...

22...♖b8

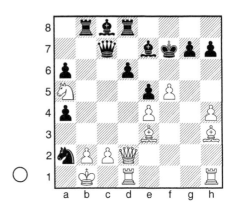

On voit maintenant que les Blancs peuvent garder leur pièce de plus en jouant 23.♔xa2 ♖b5 24.b4, mais ils doivent alors compter avec la possibilité 24...d5. Je souhaitais gagner la partie plus confortablement, et c'est pourquoi j'ai recherché d'autres possibilités.

Une variante pourrait être 23.♔xa2 ♖b5 24.c4 ♖xa5 25.♛b4 qui menace 26.♗b6. C'est le même coup qui décide après 25...d5, mais les Noirs peuvent trouver du contre-jeu en sacrifiant la qualité au moyen de 25...c5! 26.♗xc5 dxc5 27.♛xa4 ♖d4 28.♖xd4 cxd4! (28...exd4 serait pire en raison de 29.e5).

Je suis sûr que les Blancs choisiraient cette suite dans une partie de tournoi, mais le proverbe qui dit : « Attention à ne pas lâcher la proie pour l'ombre » ne s'applique pas aux échecs par correspondance. Il devrait toujours être possible de trouver mieux lorsqu'une position comme celle-là se produit.

Les analyses montrent que les Blancs disposent d'une continuation puissante :

23.♕d5+ 23...♔f8 24.♔xa2

Les Noirs ont deux possibilités, il sera intéressant de voir pour laquelle ils vont se décider.

16 mai

24...♕xc2

Les Noirs ne peuvent pas résister à la tentation de la menace d'un mat en un coup. Pour être honnête, 24...♖b5 n'était pas meilleur à cause de 25.♕c6 ♕xa5 26.f6 et les Blancs gagnent une nouvelle pièce.

La suite de la partie est plus aiguë, mais les Blancs doivent simplement se montrer un peu prudents. Ils disposent toutefois d'un coup très simple.

25.♖d2

Je dois mentionner ici que la fin de cette partie coïncide avec le début du tournoi international de Zurich. Et c'est un soir que j'analysai une partie ajournée complètement perdante contre le maître suisse Bhend, que je reçus le télégramme.

18 mai

25...♖xb2+ 26.♔a1 ♕c3

Afin de créer quelques complications après 27.♖xb2 a3 28.♗c1 axb2+ 29.♗xb2 ♕f3. Cependant, les Blancs disposent d'un coup bien plus simple et qui met immédiatement un terme à la partie.

20 mai

27.♕d3!

Et les Noirs abandonnent (**1-0**), ne pouvant se soustraire à l'échange des Dames.

Je dois dire que j'ai pris un grand plaisir à jouer cette partie, qui a totalement faire changer le point de vue sceptique que j'avais jusque-là du jeu par correspondance.

PARTIE N° 27
Kupper – Tal
Zurich 1959
Défense sicilienne

1.e4 c5 2.♘f3 d6 3.d4 cxd4 4.♘xd4 ♘f6 5.♘c3 a6 6.♗g5 e6 7.f4 b5!

Ce coup incisif n'est pas souvent joué en tournoi. Son origine remonte au maître Shaposhnikov. Les théoriciens le jugent comme étant favorable aux Blancs, mais j'ai décidé d'ignorer la théorie, ayant perdu lors de la première ronde, et de forcer l'entrée dans une partie tendue et compliquée.

8.♕f3

Après ce coup, les Noirs surmontent les problèmes de l'ouverture. Bien meilleur était 8.e5. Il est intéressant de remarquer qu'au 26ᵉ championnat d'URSS, Nikitin contre Polougaïevsky ne joua également pas 8.e5 et les Noirs prirent rapidement l'initiative.

Après 8.e5 dxe5 9.fxe5 ♕c7 10.exf6 ♕e5+ 11.♗e2 ♕xg5 12.0-0 ♖a7! 13.♕d3 (Gligorić – Bhend, 14ᵉ ronde), les Blancs obtinrent l'avantage.

8...♗b7 9.♗d3 ♗e7 10.0-0-0 ♕b6 11.♖he1 ♘bd7

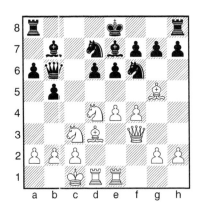

12.♘ce2

J'ai considéré le coup thématique et assez dangereux 12.♘d5 qui m'est venu en premier à l'esprit au moment où j'ai joué mon dixième coup. Il est impossible de poursuivre par 12...exd5 à cause de 13.♘f5 ou par 12...♘xd5 à cause de 13.exd5. J'aurais continué par 12...♕xd4 et après 13.♘c7+ ♔d8 14.♘xa8 par 14...♕c5! Après le prochain coup passif des Blancs, les Noirs s'emparent rapidement de l'initiative.

12...♘c5 13.♗xf6

Une autre petite concession positionnelle. Plus actif était 13.♘g3 et si 13...h6, alors 14.♗h4 avec une position peu claire.

13...♗xf6 14.g4 ♘a4

Ici, les Noirs se préparent déjà pour une attaque à sacrifices. Le prochain coup des Blancs est en réalité forcé. 15.g5 serait faible à cause de 15...♗xd4 16.♘xd4 ♘xb2!

15.c3 b4 16.♗c2 ♘xb2

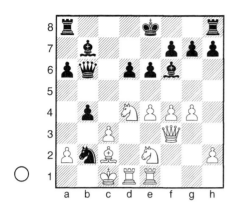

Il n'y a pas besoin de calculer quoi que ce soit en faisant ce sacrifice de Cavalier, car il serait bien surprenant que les Blancs puissent trouver la moindre défense contre l'attaque écrasante des Noirs.

17.♔xb2 bxc3+ 18.♔xc3 0-0 19.♖b1 ♕a5+

La suite la plus forte. Les Noirs forcent l'errance du Roi blanc vers la case « active » d3. Plus faible est 20.♔b2 ♕b4+, et les Noirs gagnent.

20.♔d3 ♖ac8 21.♕f2

21.♖ec1 était une suite intéressante après laquelle les Noirs auraient eu le choix entre 21...♗xd4 22.♖xb7 ♗b6 ou même le plus tranchant 21...e5 avec une partie très compliquée.

21...♗a8!

Il est clair que les sacrifices supplémentaires 21...♖xc2 ou 21...♗xd4, quoique tentants ne marchent pas. Après le modeste coup de retrait de la partie, toutes les menaces noires demeurent présentes et menaçantes.

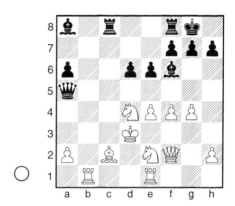

22.♖b3?

L'erreur décisive : les Blancs perdent maintenant de manière forcée. Selon moi, une meilleure chance était offerte par 22.g5 ♗d8 23.♖ec1, mais même alors, après ...d5 ou ...e5, la mort du Roi blanc semble inévitable.

22...e5 23.g5 exd4 24.♘xd4

Les Blancs semblent seulement maintenant prendre conscience du fait que 24.gxf6 ♖xc2 25.♔xc2 serait vain à cause de 25...♕xa2+ 26.♖b2 ♖c8+! ou 26...♗xe4+!

24...♗xd4 0-1

> PARTIE N° 28
> **Tal – Fischer**
> *Tournoi des Candidats, Bled 1959*
> Défense est-indienne

1.d4 ♘f6

Malgré son jeune âge, le champion américain est très conservateur quant à son choix d'ouvertures. Avec les Blancs, il ne joue que le coup reconnu par O. Bender[19] 1.e4, et avec les Noirs, il ne joue que les systèmes siciliens ou est-indiens. Se préparer contre lui dans l'ouverture n'est donc pas trop difficile. Il est cependant intéressant de noter que Fischer maîtrise parfaitement ce répertoire limité. De nombreux joueurs furent étonnés de l'entendre dire calmement après la partie : « J'avais déjà analysé cette variante » dans une position qu'il me semblait impossible d'anticiper à partir de l'ouverture. J'ai opté pour le système Petrossian dans cette partie : il est d'apparence calme,

---

[19] Tal fait allusion à une fameuse histoire russe. Ostap Bender, un joueur d'échecs très faible, se rendit dans la petite ville de Vasyuki où il annonça qu'il donnerait une conférence suivie d'une simultanée au club des cartonniers. Se présentant comme un grand maître, il parvint à convaincre de nombreux habitants de payer pour regarder ou pour y participer. Sur chacun des trente échiquiers, il ouvrit par 1.e4 et il perdit toutes les parties. À la fin de la simultanée, il s'enfuit en courant dans la rue et s'échappa grâce à un bateau à quai (note du traducteur anglais).

mais en fait très venimeux. L'ouverture fut jouée rapidement.

2.c4 g6 3.♘c3 ♗g7 4.e4 d6 5.♗e2

Un coup anodin, qui change l'ordre habituel des coups, et donne davantage de flexibilité aux Blancs pour la suite des coups.

5...0-0 6.♘f3 e5 7.d5 ♘bd7

Il apparaît clairement que 7...♘h5 serait comme un coup d'épée dans l'eau après 8.g3. 7...♘a6 serait meilleur, car il est plus facile pour les Noirs de se regrouper.

8.♗g5 h6 9.♗h4 a6

Nécessaire si les Noirs veulent se libérer du clouage du ♗h4 sans avoir recours à ...g5.

9...♕e8 dans l'immédiat est mauvais à cause de 10.♘b5.

10.♘d2 ♕e8 11.0-0 ♘h7 12.b4 ♘g5

Les Noirs ne peuvent jouer 12...f5 sur-le-champ à cause de 13.exf5 gxf5 14.♗h5. L'idée d'échanger le Fou de cases noires est un choix positionnel correct, mais cela coûterait trop de temps aux Noirs. Le coup de la partie semble plus actif.

13.f3

13.♗xg5 hxg5 14.g4 permettrait aussi de contrer le plan des Noirs. Dans ce cas, les Noirs n'auraient naturellement plus d'attaque, mais le jeu des Blancs serait également devenu assez limité. Après le coup de la partie, le Fou blanc est transféré en f2 d'où il défend son monarque tout en attaquant l'aile-dame.

13...f5 14.♗f2 ♕e7 15.♖c1 ♘f6

Les Noirs refusent à juste titre les recettes habituelles. Après 15...f4, on peut aisément constater que l'attaque blanche serait plus forte que la noire. Les Noirs menacent à présent ...fxe4 et gardent en réserve la possibilité de changer de plan d'attaque à tout moment.

16.c5 ♗d7 17.♕c2 ♘h5

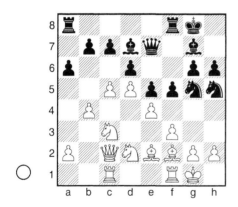

18.b5?!

Je dois admettre que la décision de jouer ce coup fut difficile à pren-

dre, et seulement après avoir longuement calculé d'autres continuations plus normales. Bien entendu, l'immédiat 18.cxd6 cxd6 19.♘c4 permettrait de gagner le contrôle de la case b6 et … se faire mater par les Noirs ! 19...fxe4 20.fxe4 ♘f4 21.♘b6 ♘fh3+ 22.gxh3 ♘xh3+ 23.♔g2 ♖xf2+ 24.♖xf2 ♕g5+!

Une autre forte tentation est 18.c6, mais suivrait alors 18...bxc6 19.dxc6 ♗xc6 20.♗c4+ ♔h8 21.♗d5 ♕d7 22.♗xc6 ♕xc6 23.♘d5 ♕xc2 24.♖xc2 ♘e6 25.♘xc7 ♖ac8 26.♖fc1 ♘hf4 27.♘xe6 ♘e2+ 28.♔f1 ♘xc1.

Le coup joué constitue le premier moment critique dans la partie du fait des menaces b6 et c6. Les Noirs sont maintenant contraints de jouer de manière énergique.

18...fxe4

18...dxc5 19.bxa6 b6 serait pire, car les Blancs auraient toujours la possibilité de jouer a4-a5 en cas de problèmes, sans parler de la rupture au centre par d6.

19.♘dxe4 ♘xe4 20.fxe4 ♘f4 21.c6 ♕g5 22.♗f3 bxc6

Si maintenant 22...♗g4, je serais entré dans la variante intéressante 23.bxa6 ♗xf3 24.♗g3!, qui regagnant la pièce.

23.dxc6!?

Nous pensions chacun avant la partie que notre principal souci était de veiller à ne pas donner à l'autre des chances de contre-jeu. Le coup de la partie indique cependant l'oubli de ce vœu pieux. J'aurais pu jouer 23...bxc6, mais après 23...♗c8!, il devient assez clair que la Tour en a8 et le Fou en c8, quoique statiques, défendent parfaitement bien l'aile dame, alors que sur l'aile roi, les forces noires limitées sont prêtes à infliger des dommages ennuyeux aux Blancs. Je pense que la position noire est préférable après 23.bxc6 Fc8. Après le coup de la partie, c'est un combat très aigu qui commence.

23...♗g4 24.♗xg4 ♕xg4 25.♗e3 axb5 26.♗xf4

Positionnellement forcé.

26...exf4 27.♘xb5

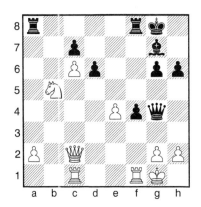

La physionomie de la partie a complètement changé en quelques coups. Les Blancs font pression sur c7 et leur pion a est prêt à se joindre à la bataille à la première occasion. Cependant, le Fou noir jusqu'ici inactif devient soudain libre et puissant. Ce changement rapide de la position sembla déprimer Fischer, qui avait bien joué jusqu'alors, et il fait une erreur avec son coup suivant.

27...♖f7

27...f3 ne semble pas dangereux à cause de 28.♘xc7 (mais pas 28.♕b3+ ♔h8 29.♖xf3 ♖xf3 30.♕xf3 ♕g5!) 28...♗d4+ 29.♔h1 fxg2+ 30.♕xg2 ♕xg2+ 31.♔xg2 ♖xa2+ 32.♔h1 ♖xf1+ 33.♖xf1 et après 33...♖c2, il suivra 34.♘d5. Les Noirs auraient pu cependant jouer immédiatement 27...♖ac8 gagnant des temps par rapport à la partie. Je m'étais dans ce cas préparé à avancer le pion a.

28.♕c4!

Menaçant ♘xc7.

28...♖c8

Après 28...♔f8 29.♖f3 suivi de ♖fc1 et ♖g3, la position noire serait aussi en très grave danger.

29.♖f3 ♗e5 30.♖cf1

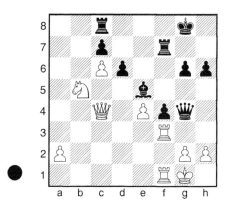

À présent l'avantage blanc s'évanouit et il devient très difficile de tirer quelque chose de la position.

30...♔g7 31.a4

Le coup « énergique » 31.♖g3 ne serait qu'un coup d'épée dans l'eau après 31...♕h5.

31...♖a8 32.♔h1

Préparant l'ouverture du jeu par g3. Les Noirs devaient répondre ici 32...g5, mais Fischer se sembla pas prendre la menace au sérieux et décida de ne pas affaiblir son aile roi. Après 32...g5, les Blancs doivent choisir entre 33.g3 et 33.♘d4.

32...♕g5? 33.g3! ♖af8 34.gxf4 ♗xf4

Après 34...♖xf4, le Cavalier blanc reprend vie et les Blancs gagnent : 35.♘xc7 ♖xf3 36.♘e6+ ♔h8 37.♖xf3. Plus résistant était 34...♕h5 35.♘d4 ♗xd4 36.♕xd4+ ♔h7.

35.♘d4

Tous les chemins mènent à la case e6.

35...♕h4 36.♖xf4 ♖xf4 37.♘e6+ ♔h8 38.♕d4+ ♖8f6 39.♘xf4 ♔h7 40.e5 dxe5 41.♕d7+ 1-0

À cause du mat imminent.

Fantastique ! En jouant mon coup précédent, je pensais que le meilleur sur 29...♗e5 était 30.h3 ♕g5 31.♕e6 gagnant le pion. Mes calculs ultérieurs me conduisirent dans la variante 31...♖b8 32.♘xc7 ♖b2 33.♕e8+ et il semblerait que la partie soit finie, car sur 33...♖f8, les Blancs peuvent tout simplement prendre la Tour. Mais je réalisai dans l'intervalle que les Noirs disposaient de la ressource 33...♔h7 (au lieu de ...♖f8) 36.♕d7+ ♔h8.

Au beau milieu du calcul de cette variante, on m'apporta une tasse de café. Fischer répondit instantanément son coup 29...♗e5 et, oubliant l'espace d'un instant mes cogitations précédentes, je répondis a tempo. Quel dommage ! J'avais juste besoin d'analyser deux coups supplémentaires : 35.♕e8+ ♔h7 36.♕d7+ ♔h8 et 37.♕g4 !

Conclusion : ne buvez votre café que quand c'est à votre adversaire de jouer !

PARTIE N° 29
Tal – Smyslov
Tournoi des candidats, Bled 1959
Défense Caro-Kann

1.e4 c6 2.d3

J'ai choisi ce coup pour éviter les variantes habituelles, et sans souci de prétendre à un quelconque avantage avec les Blancs.

2...d5 3.♘d2 e5

Une légère imprécision ; sans doute meilleur est le plus flexible 3...g6.

4.♘gf3 ♘d7 5.d4!

L'ouverture du centre garantit aux Blancs un avantage de développement.

5...dxe4 6.♘xe4 exd4

Bien entendu, 6...f5 serait pire parce qu'après 7.♘g3, e4 8.♘g5, la position du roi noir serait affaiblie.

7.♕xd4

Ce coup donne aux Blancs un petit mais significatif avantage positionnel. J'ai aussi envisagé 7.♕e2 mais après 7...♗b4+ .c3 dxc3 9.bxc3 ♗e7 10.♘d6+ ♔f8, il n'est pas clair que les Blancs aient assez de compensation pour le pion, parce que la Dame bloque la sortie au Fou f1 et

freine donc le développement de leur aile roi. Au lieu de 7...♗b4+, une suite intéressante serait 7...♗e7 8.♗g5 ♗xg5 9.♘d6+ ♔f8 10.♘xg5 ♘h6 11.♘dxf7, mais il suivrait alors 11...♕a5+ et les Noirs gagnent du matériel.

7.♗c4 ♘b6 8.♗xf7+ ♔xf7 9.♘e5+ ♔e8 10.♕h5+ g6 11.♘xg6 hxg6 12.♕xg6+ ♔d7 13.♕f5+ ne mène qu'à la nulle.

7...♘gf6 8.♗g5 ♗e7 9.0-0-0 0-0 10.♘d6 ♕a5

Le début très séduisant de la contre-attaque noire. Après 10...♘d5, les Blancs auraient le choix entre la poursuite de l'attaque par 11.h4 ou se satisfaire d'une position légèrement meilleure après 11.♗xe7 ♕xe7 12.♘xc8 ♖fxc8 13.♗c4 suivi de ♖he1.

11.♗c4!

Les Blancs n'obtiennent rien après le normal 11.♔b1 ♗xd6 12.♕xd6 à cause de 12...♘e4.

11...b5!?

Acceptant l'invitation des Blancs à la « danse de la mort ». 11...♘b6 était meilleur, bien qu'après 12.♗xf7+ ♖xf7 13.♘xf7 ♔xf7 14.♖he1 ♘bd5 15.♕e5!, l'attaque blanche soit très dangereuse.

12.♗d2!

Un coup intermédiaire très important, qui vise en premier lieu à dégager la case g5 pour le Cavalier, ou bien à activer la Dame, comme nous le verrons plus tard.

12...♕a6

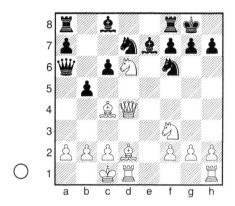

Les Noirs décident de garder la contre-attaque contre la case a2, la plus faible du camp blanc. Les Blancs ne garderaient qu'un léger avantage après 12...♕a4 13.♘xc8 ♖axc8 14.♗b3 ♕xd4 15.♘xd4.

Des problèmes complexes surviendraient après 12...♕c7 : il suivrait alors 13.♗xf7+ ♖xf7 14.♘xf7 ♔xf7 15.♘g5+ ♔g8 16.♖he1 ♘f8 17.♗f4 ♕b7 18.♗d6!, et la pression des Blancs au centre est beaucoup trop forte.

13.♘f5 ♗d8

Le seul coup qui garde l'équilibre. Après 13...♗c5, il aurait pu suivre la jolie variante suivante :

14.♕h4 bxc4 15.♗c3! ♕xa2 16.♖xd7 ♗xd7 17.♘h6+ ♔h8 18.♕xf6!

14.♕h4 bxc4

Une défaite rapide suivrait après 14...♘e5 15.♘h6+ gxh6 16.♗xh6 ♘g6 17.♖xd8!

15.♕g5 ♘h5

Aussi, après 15...g6 16.♘h6+ ♔g7 17.♗c3 ♕xa2 18.♖he1, les Noirs se retrouveraient pris comme dans un étau. Après 15...♘e8, le plus simple serait 16.♕xd8 ♘ef6 17.♕a5, ou bien si dans cette variante 16...♕xa2, alors 17.♗c3 ♘ef6 18.♖xd7 ♗xd7[20] 19.♘h6+ ♔h8 20.♕xf6!

16.♘h6+ ♔h8 17.♕xh5 ♕xa2

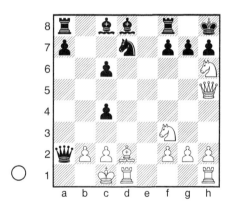

---

[20] Le texte original donne 19.♕xf6, mais sans doute un coup a-t-il été oublié (note de J. Nunn).

Les Noirs n'avaient à l'évidence pas conscience du sacrifice de Dame à venir. Plus résistant eut été 17...♗f6 18.♗c3 ♗xc3 19.♘g5 g6[21] 20.♘hxf7+ ♖xf7 21.♘xf7+ ♔g7 22.♕f3 ♗f6 23.♘d6 et les Noirs ne sont toujours pas capables de finir leur développement !

Idem après 17...♘f6 18.♕c5 ♘d7 19.♕d6, le soleil ne brille toujours pas pour les Noirs.

18.♗c3 ♘f6 19.♕xf7!

Après cela, le sort du combat est immédiatement décidé.

19...♕a1+	20.♔d2	♖xf7
21.♘xf7+	♔g8	22.♖xa1	♔xf7
23.♘e5+	♔e6	24.♘xc6	♘e4+
25.♔e3	♗b6+	26.♗d4 1-0

```
PARTIE N° 30
Tal – Gligorić
Tournoi des candidats, Zagreb 1959
Défense ouest-indienne
```

1.d4 ♘f6 2.c4 e6

La défense est-indienne a connu lors de ce tournoi quelques crises, et même l'un de ses experts de la trempe de Gligorić a été poussé à revoir ses analyses. Il l'utilisa encore en fin de tournoi, mais sans succès.

---

[21] 19...♗xb2+ semble bien meilleur, et si 20.♔xb2, alors 20...gxh6 21.♕xh6 ♕b5+ et 22...♕f5. Si 20.♔b1, alors 20...g6 et les Noirs ont l'avantage (note de J. Nunn).

3.♘f3 b6 4.♘c3 ♗b7 5.♗g5 ♗b4

Une transposition de coups nous a conduits dans une variante de la défense Nimzo-indienne, où la position est légèrement favorable aux Blancs à la lumière des parties récentes. J'aurais dû me méfier, car Gligorić avait été témoin de ma partie contre Dückstein au tournoi international de Zurich, dans laquelle les Blancs avaient pris l'avantage. M'étant brûlé les ailes par mon choix d'ouverture, j'étais contraint d'utiliser la même suite que dans la partie contre Dückstein.

6.e3 h6 7.♗h4 g5

Le maître international Konstantinopolsky, qui annota cette partie dans le bulletin du tournoi, préférait 7...♗xc3+ 8.bxc3 ♕e7 suivi de ...d6, ...♘bd7 et ...0-0-0. Je pense que le coup du texte est plus fort, car après 8...♕e7, les Blancs peuvent poursuivre par 9.♘d2 et le Cavalier contrôlerait la très importante case e4.

8.♗g3 ♘e4 9.♕c2 ♗xc3+ 10.bxc3 d6 11.♗d3 ♘xg3!

Dans la partie Kérès – Taïmanov, 22e championnat d'URSS, les Noirs ont joué 11...f5 avec pour idée une attaque à l'aile roi, mais après 12.d5, non seulement l'attaque échoue, mais la position noire devient intenable à cause de la mauvaise structure de pions. Avec le coup de la partie, les Noirs maintiennent leur structure de pions.

12.hxg3 ♞d7 13.a4

13.♗e4 serait plus naturel, mais après 13...♗xe4 14.♕xe4 ♞f6 15.♕c6+ ♚e7, la position « dangereuse » du Roi noir n'est qu'une illusion. Le prochain coup des Noirs est positionnellement forcé.

13...a5 14.♖b1 g4!

Il est intéressant de remarquer que les Noirs n'ont pas de meilleur coup. S'ils bougent leur Dame pour permettre le grand roque, la Tour b1, après ♗e4 et l'échange des Fous, serait idéalement placée, et les Blancs poursuivraient alors par c5. Il est impossible pour le moment de jouer ...♞f6 à cause de ♞xg5.

15.♞h4 ♞f6

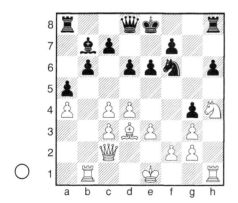

16.d5

Ce coup est nécessaire pour dissuader les Noirs de préparer le grand roque, car après le grand roque, je ne vois pas de plan actif pour les Blancs.

16...♕e7

La prise en d5 activerait dangereusement toutes les pièces blanches.

17.0-0

Plus faible serait 17.dxe6 ♕xe6 18.♗f5 ♗e4.

17...♞d7

Après ce coup logique, les Blancs s'emparent de l'initiative. Très tentant est de sacrifier la qualité par 17...0-0-0 18.dxe6 fxe6 19.♞g6 ♕g7 20.♞xh8 ♖xh8. Et dans cette position, les Blancs pourraient jouer 21.c5 et activer leurs pièces. Le jeu deviendrait bien entendu très intéressant, mais les chances des Noirs ne seraient pas mauvaises. Pour dire la vérité, je dois dire que je n'aurais pas donné mon Cavalier actif en h4 contre la Tour passive, et j'aurais joué plutôt le simple 18.e4.

18.dxe6 ♕xe6 19.♗f5!

Nécessaire sans délai, car après 19.♖fd1 ♞c5 20.♗f5 ♗e4!, les Noirs égaliseraient.

19...♕xc4 20.♖fd1 ♞f6

Les Noirs ne peuvent toujours pas roquer. Dans la position après 20...0-0-0, les Blancs éviteraient la suite 21.♖b5 ♗c6 22.♖d4 ♗xb5 23.♖xc4 ♗xc4 24.♕e4 ♗e6 dans laquelle les Blancs n'ont pas de continuation probante. Beaucoup plus fort est 21.♖d4 ♕c5 22.♖b5 ♕a3 23.♗xg4, et les Blancs ont une excellente position.

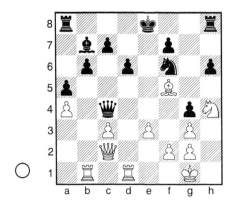

21.♖d4 ♕c6 22.♗e6!

Le but de ce coup est de forcer la Tour à se placer en g8, où elle deviendra l'objectif d'attaque des Blancs. Les Noirs ne peuvent pas prendre le Fou à cause de 22.♕g6+ ♔d7 22.♕g7+! Il y a aussi la menace de gagner la Dame par 23.♖c4. Après 22...d5, j'aurais été fortement tenté par 23.♗xf7+ ♔xf7 24.♕g6+, et il est assez facile de constater que l'attaque blanche est très dangereuse. Comment parer toutes les menaces blanches ? Gligorić trouve la meilleure réponse.

22...♖g8

Maintenant, après 23.♖c4 fxe6 24.♖xc6 ♗xc6, les Noirs obtiendraient Tour, Fou et pion en échange de la Dame.

23.♗c4 ♔f8

Si 23...0-0-0, alors 24.♗b5 ♕c5 25.♘f5 ♔b8 26.♘e7 ♖g5 27.♖c4 ♕e5 28.♘c6+ et les Noirs doivent se séparer de leur meilleure pièce défensive[22].

Nous voyons maintenant à quel point la position noire est exposée du fait que les Noirs ont été forcés de jouer 22...♖g8. Après le coup de la partie, les Blancs regagnent le pion et conservent leur avantage positionnel.

24.♗b5 ♕c5 25.♖c4 ♕e5 26.♖xc7 ♗e4 27.♗d3 d5 28.♖c6 ♖b8

Si les Blancs prennent le pion en b6, alors, après l'échange des Tours, leur initiative s'évanouirait lentement. Pour l'heure, le Cavalier des Blancs a l'air plutôt inactif, mais il a un grand potentiel. Avec leur coup suivant, les Blancs décident d'ouvrir encore davantage la position.

---

[22] Cela semble en réalité être bon pour les Noirs. Par exemple 28...♗xc6 29.♗xc6 ♕e6 (menace 30...♖c5) 30.♕d3 ♘d7 31.♖e4 ♘c5!, avec un avantage pour les Noirs (note de J. Nunn).

29.c4 ♖g5

Après 29...dxc4 30.♖xc4 ♗xd3 31.♕xd3, les Noirs auraient eu du mal à empêcher ♘f5.

30.c5

Les Blancs ne peuvent toujours pas remettre le Cavalier en jeu, mais ils créent une nouvelle menace ainsi qu'un dangereux pion passé. La recommandation de Konstantinopolsky 30...bxc5 est une gaffe, car les Blancs ne joueraient pas 31.♕xc5+, mais échangeraient les Tours en b8 et s'empareraient ensuite du Cavalier.

30...d4 31.exd4 ♕xd4 32.♗xe4 ♕xe4 33.cxb6 ♕xc2 34.♖xc2 ♘d7 35.b7 ♘c5 36.♖b5

Il est possible que 36.f4 soit même encore plus fort, mais après un combat éreintant et me retrouvant en zeitnot, je ne voulais pas entrer dans les complications qui seraient survenues après 36.f4 ♖d5 37.♖b5 ♖d1+. Maintenant, 38.♔h2 ♘xb7 39.♖c7 ♖e8 40.♖bxb7 est dangereux à cause de 40...♖ee1, par exemple 41.♖c8+ ♔g7 42.♘f5+ ♔h7 43.♖xf7+ ♔g6 44.♖g7+ ♔h5. Tout ça n'est pas assez convaincant, et je n'aimais pas 38.♔f2. C'est pourquoi j'ai décidé que deux pions suffisaient pour gagner cette partie.

36...♘xb7 37.♖cb2 ♖xb5

38.♖xb5 ♔e7 39.♘f5+

Le Cavalier devient enfin actif !

39...♔d7 40.♘xh6 ♔c7 41.♘xf7 ♖f8 42.♘h6 ♖d8 43.♖g5 ♖d1+ 44.♔h2 ♖a1 45.♖xg4

Le coup sous enveloppe.

45...♘c5 46.♖c4 ♔c6 47.♘f5 ♖xa4 48.♘d4+ ♔b6 49.♖xa4 ♘xa4 50.g4 ♘c3 51.♔g3 a4 52.♔f4??

Inconscience : les Blancs oublient que le pion noir avance. Après le simple 52.♘c2, les Noirs pouvaient abandonner.

52...a3 53.♘c2 a2 54.g5 ♔c5

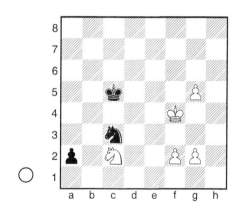

55.g6

Le seul coup gagnant pour les Blancs.

55...♔c4 56.g7 ♘d5+ 57.♔g5 ♘e7 58.f4 ♔c3 59.♘a1 ♔b2 60.f5

♔xa1 61.f6 ♔b1 62.fxe7 a1♕
63.e8♕

On comprend maintenant l'idée du 57ᵉ coup blanc : la Dame noire ne peut pas prendre le pion à cause de 64.♕g6+.

63...♕a5+ 64.♔h6 1-0

PARTIE N° 31
Tal – Fischer
Tournoi des candidats, Zagreb 1959
Défense est-indienne

1.d4 ♘f6 2.c4 g6 3.♘c3 ♗g7 4.e4 d6 5.♗e2 0-0 6.♘f3 e5 7.d5 ♘bd7 8.♗g5

Connaissant le champion des États-Unis pour être un joueur à forts principes échiquéens (pour ne pas dire « dogmes »), je n'avais aucun doute sur le fait qu'une variante de la défense est-indienne serait jouée dans notre partie du troisième tour. Il n'est pas déplacé de rappeler que la plupart des défaites de Fischer au tournoi des candidats ont été le prix à payer pour son obstination à vouloir répéter les mêmes systèmes d'ouverture inférieurs. À l'évidence, une ouverture telle que la défense est-indienne ne peut être considérée comme telle, mais compte tenu des résultats enregistrés lors de ce tournoi, on peut conclure que le grand maître Petrossian, sans doute sans même en être conscient, a placé les joueurs de la défense est-indienne dans une situation problématique. Si ma mémoire est bonne, la première fois qu'il adopta ce système[23] fut dans sa partie contre Souétine durant le 25ᵉ championnat d'URSS. Petrossian demeurait modeste concernant la valeur de ce système, disant que son avantage principal résidait dans le fait que les Noirs étaient ainsi sevrés de contre-jeu actif. De nombreuses parties ont été disputées depuis avec ce système et s'il est vrai que les Noirs n'obtiennent pas de jeu actif, les Blancs eux, si, et quel jeu !

Il me semble que le dernier coup des Noirs est imprécis : après 7...♘a6 8.♗g5 h6 9.♗h4 ♕e8 10.♘d2 ♘h7, les Blancs devront ou bien permettre aux Noirs de jouer la poussée ...f5 sans grandes pertes de temps, ou bien jouer g4, comme cela est arrivé dans la partie Tal – Vasiukov (Spartakiades d'URSS), qui donne au moins aux Noirs quelques compensations.

8...h6 9.♗h4 a6

La suite 9...g5 10.♗g3 ♘h5 qui, pour l'anecdote, est survenue dans la partie Smyslov – Benko lors du troisième tour, est apparue comme étant un peu trop « active », vu que tôt ou tard, l'un des Cavaliers blancs ira s'établir sur le magnifique avant-

---

[23] Le système avec d5 suivi de ♗g5 dans la défense est-indienne porte de nos jours le nom de « système Petrossian » (note du traducteur).

poste f5 qui cette suite a créé. En outre, ce n'est pas dans le style du jeune mais prudent grand maître américain de se décider pour une telle suite sans une absolue nécessité.

10.0-0 ♕e8 11.♘d2 ♘h7 12.b4 ♗f6

12...f5 serait à l'évidence une erreur à cause de 13.exf5 et les Noirs doivent reprendre de la Tour (13...gxf5 14.♗h5). Dans notre partie du premier tour, 12...♘g5 a été joué, et les Noirs avaient ensuite poussé ...f5, mais sans obtenir une attaque, car leur Cavalier s'était retrouvé menacé par la marée de pions.

Pour être juste, il convient de mentionner que le jeu blanc a été encore amélioré par l'auteur de ce système, Petrossian, dans sa partie de la dernière ronde contre Gligorić.

Dans la partie qui nous occupe, Fischer a choisi le plan le plus dogmatique, mais aussi une suite très lente impliquant l'échange des Fous de cases noires. Cette variante, je m'en souviens, a été recommandée par le grand maître Averbakh dans un article consacré au tournoi de Portorož, et pour cette raison, on pouvait supposer qu'elle m'était familière. On a appris après la partie que le jeune américain avait consacré dix heures à son analyse. Hélas, cela n'a en rien amélioré le jeu noir,

mais seulement rendu Fischer fatigué.

13.♗xf6 ♘hxf6 14.♘b3 ♕e7 15.♕d2 ♔h7 16.♕e3

16.♖ac1 était sans doute plus précis, différant pour le moment le développement de la Dame. Sans concessions positionnelles conséquentes, les Noirs sont incapables d'empêcher la rupture par c5.

16...♘g8!

Par la défense de leur Dame, les Noirs préparent un futur contre-jeu basé sur le contrôle de la case e5.

17.c5 f5 18.exf5 gxf5 19.f4 exf4 20.♕xf4

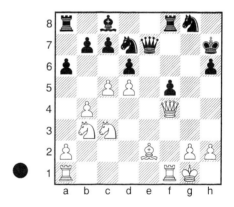

20...dxc5

Il est intéressant de constater combien la même position peut comporter différentes approches selon les joueurs. Je n'ai pour ma part pas du tout envisagé la prise 20...dxc5, car je pensais qu'avec l'aile dame congestionnée, il serait suicidaire pour les Noirs d'affaiblir leur dernière case forte en e5. Il me semblait que les Noirs devaient jouer 20...♞e5, après quoi il aurait probablement suivi 21.♖ae1 suivi de ♞d4, préparant graduellement une attaque sur l'aile roi. Mais Fischer, au trait, a capturé c5 sans hésitation, pensant à l'évidence que cela avait échappé aux Blancs, et qu'avec un pion de plus, il n'aurait pas trop de mal à se défendre. J'ai réfléchi longtemps à mon coup suivant, ce qui a sans doute renforcé la conviction de Fischer quant à la correction de son évaluation de la position.

21.♗d3!

Les Blancs ont pris du temps afin de se décider entre la continuation de la partie et la variante 21.bxc5 ♞xc5 22.♖ac1 ♗d7! 23.♕xc7 ♖ac8 24.♕f4 ♞xb3 25.axb3 ♖xc3 26.♖xc3 ♕xe2 27.♖c7 ♕e7 28.d6 ♕e6 dans laquelle, malgré la position active des pièces blanches, on ne voit apparemment rien de décisif pour eux. Les menaces blanches prennent cependant à présent davantage de consistance.

21...cxb4

Après leur coup précédent, on pouvait s'attendre à cette prise. Vu la tournure prise par la partie, il a

été suggéré que les Noirs auraient pu repousser l'attaque par 21...♕g7. Mais il n'en est rien à la lumière de la variante suivante : 21.♕g7 22.♗xf5+ ♚h8 23.♞e4 ♞e5 24.♞g3 ♞e7 25.♖ae1 et si 25...♗xf5, alors 26.♕xe5, tandis que sur 25...♞d3, 26.♖xe7 est possible.

22.♖ae1 ♕f6

C'est l'erreur décisive. 22...♕d6 était meilleur, et le jeu aurait pu alors continuer ainsi : 23.♗xf5+ ♚h8 24.♕d4+ ♕f6 25.♕xb4 ♕b6+ 26.♕d4+ ♕xd4+ 27.♞xd4, avec un avantage positionnel considérable pour les Blancs. La partie suit maintenant un cours forcé.

23.♖e6 ♕xc3 24.♗xf5+ ♖xf5 25.♕xf5+ ♚h8 26.♖f3 ♕b2

Les Noirs n'ont rien pour contenir la tempête que font souffler les pièces lourdes. En tenant davantage compte du nombre de coups joués, sans doute préférable était 26...♞df6 27.♖xc3 bxc3, avec de bonnes chances de pousser jusqu'à l'ajournement. Le résultat n'aurait cependant pas changé pour autant. Sur 26...♕g7 27.♖g3 ♕h7 (ou 27...♕f8 28.♖xf8 ♞xf8 29.♖e8) le coup immédiat 28.♖e8! est décisif.

27.♖e8 ♞df6 28.♕xf6+ ♕xf6 29.♖xf6 ♚g7 30.♖ff8

Le simple 30.♖f3 était possible aussi, mais les Blancs n'ont pas pu résister à la tentation de mettre leur adversaire dans une forme de Zugzwang inhabituel.

30...♘e7 31.♘a5

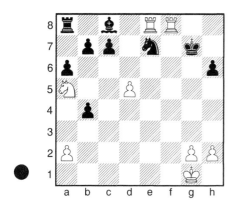

Une position amusante : le Roi, le Cavalier et le Fou noirs n'ont pas de coup, et le pion c ne peut pas bouger non plus au risque de voir les Blancs se créer un pion passé, ni le pion b à cause de ♘c6. Sur 31...♖a7, les Blancs ne sont pas dans l'obligation de capturer le Fou en c8, mais gagnent une pièce en retirant simplement leur Tour de la case f8.

31...h5 32.h4

Ce coup démontre non seulement à quel point la position noire est désespérée, mais crée aussi un réseau de mat.

32...♖b8 33.♘c4 b5 34.♘e5 1-0

PARTIE N° 32
Tal – Johannessen
Riga 1959
Défense slave

1.d4 ♘f6 2.c4 c6 3.♘c3 d5 4.♘f3 g6

La défense Schlechter utilisée par les Noirs dans cette partie conduit à une position solide, mais peu ambitieuse et dans laquelle les Noirs n'ont que peu de chances de se créer un contre-jeu actif. Johannessen est un maître qui adore avoir l'initiative, et pour cette raison, il est difficile d'être d'accord avec son choix d'ouverture.

5.♗f4

L'échange des pions par 5.cxd5 cxd5 et jouer seulement alors ♗f4 est sans doute plus précis, mais je n'aimais pas l'idée d'autoriser ...♘c6.

5...♗g7

En cas de 5...dxc4, ma réponse aurait été 6.e3 ♘d5 7.♗e5 f6 8.♗xb8 ♖xb8 et 9.♗xc4, avec l'avantage aux Blancs, comme dans la partie Geller – Barcza, Budapest 1952.

6.e3 0-0 7.♗e2

Imprécis. Il fallait jouer tout d'abord 7.♖c1 afin de stopper la percée noire.

7...c5!

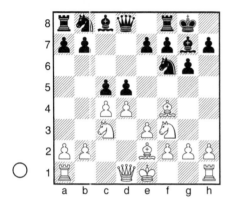

Normalement le coup ...c5 demeure dans cette variante comme un rêve irréalisable. Mais ici, par contraste, les Noirs peuvent se libérer avec gain de temps à cause du coup pas nécessaire 7.♗e2.

8.dxc5 ♕a5 9.0-0

L'un de ces coups tranquilles qui parfois fait des merveilles. Pour être tout à fait franc, il n'y a rien de mieux. Après 9.cxd5 il aurait pu suivre 9...♘xd5 10.♕xd5 ♗xc3+ 11.♔f1 ♗xb2 avec un excellent jeu noir. Pas plus prometteur était 9.♕a4 ♕xc5 10.♕b5 ♕xb5 11.♘xb5 ♘a6.

9...dxc4 10.♗xc4 ♕xc5 11.♘e5

Cela semble un peu bizarre. Les Blancs ne sont pas encore prêts à sacrifier en f7. Et d'ailleurs si le trait était aux Blancs dans cette position, le sacrifice ne marcherait pas. Cependant, c'est aux Noirs de jouer et ils dégradent malencontreusement leur position par leur coup suivant. Pour être tout à fait juste, je dois dire qu'après n'importe quel coup normal, par exemple 11.♗b3 ♘c6, le jeu des Noirs serait très facile.

Après le coup de la partie, la réponse défensive 11...♘c6 aurait donné l'égalité aux Noirs. Après la partie, mon adversaire a expliqué qu'il n'aimait pas 11...♘c6 à cause de 12.♘a4 ♕a5 13.♘xc6, et les Noirs auraient eu un pion isolé. Mais je suis sûr que les colonnes semi-ouvertes et le support de la case d5 auraient donné d'amples compensations aux Noirs contre cette petite faiblesse positionnelle.

11...♘bd7 12.♗xf7+

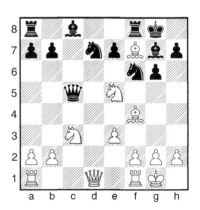

Je pense que de tels sacrifices ne requièrent pas de calculs approfondis : il suffit de regarder la position pour être sûr qu'il est correct. Cependant, de quel type de sacrifice s'agit-il ? Les Noirs obtiennent deux pièces pour Tour et pion. D'après les tables d'équivalence matérielle des livres, les Noirs ont gagné un demi-pion, mais regardez plutôt ce qu'il va advenir en échange de cela...

12...♖xf7   13.♘xf7   ♔xf7 14.♕b3+ ♔f8 15.♖ac1

Les pièces blanches occupent des positions idéales, alors que les pièces noires sont toujours endormies sur l'aile dame. La Tour en a8 et le Fou en c8 vont rester longtemps passifs, et il faut déjà tenir compte de la menace 16.♘b5 ♕b6 17.♘c7 suivie de ♘e6. Il est également facile de voir qu'au 14ᵉ coup les Noirs ne pouvaient pas jouer 14...e6 à cause de 15.♘b5 qui aurait été encore plus fort.

15...a6

Pour prévenir la menace mentionnée plus haut, mais le Cavalier blanc a des vues sur les deux ailes. Une meilleure défense aurait été 15...♕b6 et si 16.♘b5, alors 16...♘e8 (une idée de Kérès). Toutefois, les Blancs étaient alors prêts à jouer le simple 16.♕c4, conservant une meilleure position.

16.♖fd1

La menace est désormais 17.♘d5 avec les mêmes idées. L'essai d'échanger des Dames par 16...♕b6 échouerait sur 17.♕a3, mais pas 17.♕xb6 ♘xb6 18.♖d8+ ♔f7, et les Noirs peuvent survivre.

16...♕a5

Les Noirs n'ont plus à présent besoin que d'un seul coup, ...♘c5, et tout serait en ordre. C'est pourquoi...

17.♕c4! ♕f5

Les Noirs ne trouvent aucun moyen de mobiliser leurs pièces. 17...♘c5 serait mauvais sur 18.b4. Si 17...♘b6, alors 18.♖d8+ est décisif. Idem après l'échange 17...♘e5. Finalement, les Noirs ne peuvent jouer 17...b5 à cause de 18.♕c6. Le coup joué ne promet pas grand-chose non plus, mais, dans une telle position, donner un bon conseil ne peut être plus que de la poudre aux yeux.

18.h3

Il est possible que ce coup simple soit la meilleure manière de renforcer l'avantage blanc déjà conséquent. Il prépare la menace g4, et 18...h5 affaiblirait trop l'aile roi noire. Les Noirs tentent une fois de plus de regrouper leurs forces.

18...♘e8 19.♘d5 ♛e6

Si 19...e5, alors 20.♛b4+.

20.♛b4 b5

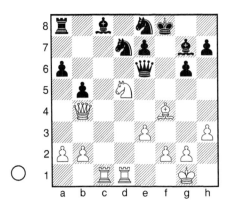

Le grand maître Kérès a proposé le coup 20...♗e5, mais après 21.♖c4, la position des Noirs est sans espoir, à cause de la désintégration de la case e7. En jouant leur dernier coup, les Noirs semblaient retrouver un peu d'espoir avec l'intention de jouer 21...♗b7. Après 21.♘c7 ♘xc7 22.♖xc7 ♚f7, il n'y a pas de réelles menaces. Je dois reconnaître que mon adversaire n'avait pas envisagé la combinaison qui suit, pourtant pas très compliquée.

21.♖c6!

Gagnant un temps décisif. Il est intéressant de remarquer que la combinaison finale arrive juste au moment où il semblerait que les Noirs aient surmonté la plupart de leurs problèmes. La fin de la partie est une suite de coups plus ou moins forcés.

21...♛f7

Bien entendu, on ne peut prendre la Tour.

22.♘c7 ♘xc7 23.♖xc7 ♛e6 24.♖dc1 ♘b6

Est aussi sans espoir 24...♘e5 25.♛e4.

25.♖xe7 ♘d5 26.♖xe6+ ♘xb4 27.♗d6+ 1-0

Au mieux, les Noirs ne perdent qu'une pièce. Il est intéressant de remarquer que le Fou en c8 et la Tour en a8 n'ont pas joué un seul coup.

4. Champion du monde

Peu de temps après mon retour de Yougoslavie, j'ai rencontré Botvinnik dans la salle des grands maîtres du *Club d'échecs central*, et nous avons commencé à « discuter » des conditions du match. J'ai mis à dessein le verbe entre guillemets, car à cette époque, et bien qu'ayant déjà eu une expérience en match (contre Saïgin en 1954), je ne m'attendais néanmoins pas à ce que tout cela prenne un tour si sérieux. Il n'y a pas eu en réalité de discussion entre nous, et il n'y aurait vraiment pas pu en avoir une ; je m'en suis remis totalement à l'expérience de Botvinnik, et la plupart des détails de notre entrevue me sont sortis de la mémoire. Je ne me souviens que d'un seul point : le champion du monde a insisté à plusieurs reprises sur la nécessité de prévoir deux enveloppes quand une partie serait ajournée, de sorte que la perte de l'une d'elles (et ce genre d'incident peut même se produire lors d'un championnat du monde) ne soit pas trop grave.

Deux enveloppes, cela implique deux feuilles de partie où il faut écrire sur chacune d'entre elles un coup secret (de préférence le même sur chaque feuille), et vu qu'à cette époque, et encore aujourd'hui, je ne pouvais pas faire une copie à l'aide de papier carbone, toute cette procédure de la mise du coup dans l'enveloppe lors de l'ajournement m'apparaissait comme étant doublement cruciale à réaliser (et c'est peut-être pour cette raison que lors de notre premier match, je n'ai fait que remplir les enveloppes ; ce fut toujours Botvinnik qui les a fermées).

C'est à la fois plaisant et compliqué de me remémorer le match de 1960. Le lecteur comprendra bien entendu aisément pourquoi c'est « plaisant ». La difficulté est liée au fait que tout ce que je peux dire à son sujet a bien évidemment été écrit dans mon livre sur le match. De nos jours, il m'arrive de le feuilleter et de me demander dans quelle mesure il a été écrit par une plume juvénile (pour dire la chose délicatement). Dans tous les cas, mon prochain livre sur un match pour le titre mondial sera plus « adulte ».

Je dois confesser qu'à l'orée de la première partie du match, mon état d'esprit n'avait rien d'optimiste ; il y avait une bonne raison à cela. Durant les années précédentes, j'avais contracté cette « sympathique » manie de commencer un tournoi par une défaite. Au 25e championnat d'URSS, au tournoi international de Zurich, aux Spartakiades de Moscou, et pour finir au tournoi des candidats : je pense que la liste est suffisamment éloquente. Qui plus est, c'était devenu un tel rituel, que le résultat de la première partie n'était plus une surprise, ni pour moi ni pour mon adversaire, qui se présentait devant l'échiquier afin d'y recevoir son dû, ou pour mes amis qui ne commençaient à écouter les comptes rendus et à acheter les bulletins des tournois seulement après la deuxième ronde.

L'un de mes amis (je ne saurais dire s'il était vraiment sérieux) m'avait même suggéré de ne simplement pas me présenter pour disputer la première partie du match, mais de commencer à jouer seulement à partir de la deuxième. Qui sait ? J'aurais peut-être suivi son conseil s'il n'y avait eu une vieille histoire qui avait marqué par hasard mon esprit. Il est bien connu que lors des accidents de train, les voitures de queue sont les plus exposées. Pendant une conférence où avait été débattue la manière de prévenir de tels accidents, un vieil et sage aiguilleur avait eu une suggestion intéressante : « détachons la dernière voiture et laissons le train rouler sans elle. » Comme vous pouvez le constater, ces deux solutions sont d'une égale profondeur...

Il ne fait pas de doute que c'est à cause de tout cela que je suis arrivé à l'heure à Moscou. S'il y a eu une discussion au sujet du fait de jouer ou non la première partie, je savais, en revanche, d'avance comment l'entamer. À l'issue du tournoi des candidats à Belgrade, un journaliste de la radio yougoslave m'avait demandé. « Qu'allez-vous jouer au premier coup de la première partie contre Botvinnik ? » J'avais promis à cette occasion d'entamer par le pion du Roi, et, évidemment, je ne voulais pas me dédire sans raison particulière. Qui plus est, le coup 1.e4 n'est pas un mauvais coup en soi.

Le match a très bien débuté pour moi. Concernant quelle variante d'ouverture allait être choisie par Botvinnik, nous avons deviné juste avec Koblentz, et bien que mon adversaire ait préparé une nouveauté théorique, la position m'était très familière. Je l'ai emporté après de courtes et tranchantes escarmouches. Après la septième partie, mon avance était passée à trois points, même si le contenu échiquéen de nos parties avait peu de rapport avec les résultats. Botvinnik a obtenu à plusieurs reprises un avantage positionnel à la suite de manœuvres profondes et bien pensées qui ne souffrent d'aucune contestation, mais des erreurs dues à la crise de temps et, dans une plus grande mesure, une prudence excessive durant la phase de zeitnot, ont souvent été l'explication du résultat. Conscient de ce fait, j'ai joué la huitième partie d'une manière que je qualifierais de « trop téméraire » : ou bien j'en serais puni et cela me servirait de leçon, ou bien si l'injustice échiquéenne devait de nouveau triompher, j'en obtiendrais un point supplémentaire.

Cette partie a commencé en suivant les variantes habituelles. Au 15e coup, Botvinnik possédait un avantage positionnel, au vingtième un pion de plus, et au 25e une combinaison des deux. Cependant, au 30e coup, la position était devenue très tranchante et, suite à quelques coups imprécis des Blancs, la position suivante fut atteinte :

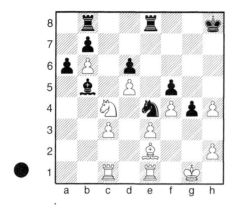

Botvinnik – Tal
Championnat du monde
(8), Moscou 1960

Encouragés par leur bonne fortune, les Noirs ont joué en confiance ce qui leur a semblé être un coup gagnant **34...♖bc8**. Mais l'étonnement a été de courte durée, car il ne me restait que treize minutes à ma pendule, et seulement trois pour Botvinnik. Les coups suivants ont été joués rapidement **35.♘a5 ♗xe2 36.♖xe2 ♘xc3 37.♖xc3**.Cela m'a déjà surpris, mais il n'était pas encore temps de me décourager. **37...♖xc3 38.♘xb7 ♖exe3**. Après avoir calculé avec précision (comme je le pensais à cet instant) une variante forcée de huit coups, après **39.♖xe3 ♖xe3 40.♘xd6 ♖d3**, je suis parti m'en griller une derrière la scène (je n'étais comme on dit qu'un fumeur amateur pendant le premier match, et je pouvais avec bonheur rester sans fumer pendant les cinq heures pleines que durait une partie), certain que les carottes étaient cuites pour les Blancs, vu que sur 41.b7, les Noirs gagnent par 41...♖b3 42.♘f7+ ♚h7 43.♘d8 a5 44.d6 a4 45.d7 a3 46.♘c6 a2. Cependant, tout m'est apparu clairement des volutes de ma cigarette à moitié consumée. Par la simple transposition de coup **41.♘f7+!**, ce sont les Blancs qui gagnent, car sur 41...♚h7, 42.d6 est décisif, alors que sur 41...♚g7, dans la variante donnée plus haut au 46e coup, les Blancs ont un coup de Cavalier en e6 avec échec.

De retour chez nous, nous a passé quelques minutes Koblentz et moi à se convaincre que l'analyse de cette partie ajournée n'était pas nécessaire, et donc la reprise non plus. Mon humeur n'était pas si mauvaise à ce stade, et un proverbe tel que « on récolte ce que l'on sème » adapté à l'incident aurait pu la caractériser. Nous avons alors replacé la position présentée sur le diagramme et quelques mots qui ne peuvent être retranscrits ici ont été immé-

diatement éructés. Nous avions tous les deux remarqué que les Noirs auraient obtenu un gain immédiat par 34...♖ec8 au lieu de 34...♖bc8. Inutile
de dire que je n'ai pas fermé l'œil la nuit suivante. Oubliant tous les « cadeaux » offerts précédemment par mon adversaire, mon âme n'était plus
torturée que par la pensée de cette scandaleuse injustice. Très tôt le matin
suivant, on a frappé à ma porte et mon secondant est entré. Il semblait assez évident qu'il n'avait pas bien dormi non plus. Avec un sourire, il a sorti
de son sac quelques tomates fraîches et un concombre. Nous avons déjeuné,
téléphoné à quelques amis, et sommes allés nous promener dans Moscou.
Je suis ensuite retourné au club central, afin de m'assurer que Botvinnik
avait mis sous enveloppe 41.♘f7+, puis nous sommes allés au théâtre dans
la soirée. (J'ai longtemps été réticent à raconter cet incident, bien qu'il démontre, j'en suis sûr, les qualités maîtresses de Koblentz en tant
qu'entraineur).

La partie suivante, la neuvième, a été la meilleure réalisation de Botvinnik dans ce match. Il est parvenu par son travail de préparation à annihi-
ler un sacrifice de pièce apparemment très dangereux, et à exploiter sur
l'échiquier mes erreurs positionnelles avec beaucoup de précision. Le troisième tiers du match a été une terrible bataille, ainsi qu'en atteste son résultat (+1 -1 =6). La fatigue a commencé à faire sentir ses effets (les 13ᵉ et 14ᵉ
parties ont été nulles), tandis qu'un changement d'ouverture (1.♘f3 plutôt
que 1.e4) m'a apporté une victoire lors de la 11ᵉ partie. C'est à ce moment
qu'ont été jouées peut-être les deux nulles les plus intéressantes (la 10ᵉ et
12ᵉ partie).

Malgré un écart de deux points à l'issue de la 16ᵉ partie, il n'était pas évident du tout de prédire l'issue du match. C'est incontestablement la 17ᵉ partie qui s'est avérée être décisive. Une fois de plus, j'aurais pu y récolter ce
que j'y avais semé en eaux troubles, mais une erreur fatale de Botvinnik en
crise de temps l'a conduit à la défaite. En gagnant la 19ᵉ partie, qui est ma
préférée dans ce match, je suis parvenu à accroître mon avance à quatre
points.

Tal – Botvinnik
Championnat du monde (19), Moscou 1960
Défense hollandaise

1.c4 f5 2.♘f3 ♘f6 3.g3 g6 4.♗g2 ♗g7 5.d4 d6 6.♘c3 e6 7.0-0 0-0
8.♕c2 ♘c6 9.♖d1 ♕e7 10.♖b1 a5 11.a3 ♘d8 12.e4 fxe4 13.♘xe4 ♘xe4
14.♕xe4 ♘f7 15.♗h3 ♕f6 16.♗d2 d5 17.♕e2 dxc4 18.♗f4 ♘d6 19.♘g5
♖e8 20.♗g2 ♖a6 21.♘e4 ♘xe4 22.♗xe4 b5 23.b3 cxb3 24.♕xb5 ♖f8

25.♕xb3 ♖b6 26.♕e3 ♖xb1 27.♗xb1 ♗b7 28.♗a2 ♗d5 29.♗xd5 exd5
30.♗xc7 a4 31.♖d3 ♕f5 32.♗e5 ♗h6 33.♕e2 ♖c8 34.♖f3 ♕h3

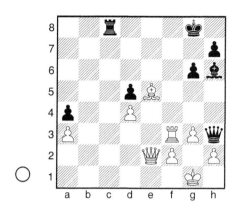

35.♗c7 ♗f8 36.♕b5 ♕e6 37.♗e5 ♕c6 38.♕a5 ♖a8 39.♕d2 ♖c8 40.♔g2
♕d7 41.h4 ♕g4. Ce fut le coup sous enveloppe. Les Noirs ont abandonné
(**1-0**) sans reprendre.

JOURNALISTE : *C'est votre partie préférée, mais quel a été le meilleur
coup dans le match le plus important de votre vie ?*
JOUEUR D'ÉCHECS : Je pense que c'est le 12ᵉ coup de la 17ᵉ partie, que
j'ai déjà mentionnée.

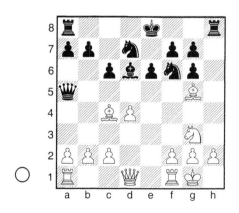

Tal – Botvinnik
Championnat du monde
(17), Moscou 1960

12.f4?!

« Horrible », « antipositionnel », « Incroyable », etc. C'est ainsi que tous les commentateurs sans exception ont qualifié le dernier coup des Blancs. On pourrait penser que le conducteur des Blancs est complètement ignare de la littérature échiquéenne où, dans tous les livres, il est écrit noir sur blanc que les Blancs ne peuvent pas jouer un coup comme 12.f4, car il affaiblit trop les cases noires, met le Fg5 hors-jeu et met en péril la position déjà compromise du Roi blanc. Je ne pense pas que le lecteur me considérera comme pour un prétentieux, si je dis que j'ai été traversé par toutes ces considérations pendant la partie. Néanmoins, le fait demeure : j'ai joué l'horrible 12.f4.

Pourquoi alors ? Je vais essayer à présent d'expliquer brièvement quel a été le cours de mes pensées durant les huit minutes que j'ai passées sur mon 12e coup. J'ai d'abord fait le constat que les Blancs n'avaient pas l'ombre d'un avantage d'ouverture dans la position. Toutefois, par 12.♕d2, les Blancs auraient sans doute pu conduire le navire dans des eaux calmes, avec la nulle qui aurait mis peu de temps à se profiler. Même si cela peut sembler stupide, j'ai soudain commencé à être taraudé pendant cette partie importante par la question : « Irons-nous plutôt au théâtre ou au cinéma avec mon épouse ? »

Les Blancs ont en fait peu de choix dans cette position : leur Fou est attaqué et tout retrait est insipide : l'échange en f6 est dénué de tout sens positionnel, défendre le Fou par ♕c1 est très passif, et le coup 12.f4 est juste mauvais. Ainsi, ce qui est le plus visible pour tous les coups possibles, ce sont leurs défauts. Mon regard vagabond se fixa finalement sur 12.f4. Je fus tout d'abord fort embarrassé, étant donné tous les inconvénients de ce coup, même si aucun coup dans cette position n'en comporte pas. Les avantages de ce coup sont beaucoup moins apparents, mais ils existent pourtant, cependant pas dans un sens purement échiquéen. Tout d'abord, un tel coup appelle une « réfutation », ce qui peut du coup orienter la partie vers des eaux plus tactiques et à double tranchant, ce qui, à en juger au style de Botvinnik dans ce match, ne lui siérait pas. Ensuite, un affaiblissement de la position blanche ne saurait advenir que par une rupture au centre, et, après un coup comme ...c5 ou ...e5, la force de la paire de Fous blancs s'en trouverait accrue. Pour finir, les Noirs ne peuvent attaquer l'aile roi blanche qu'en roquant du grand côté, mais les Blancs pourraient alors mobiliser leur masse de pions sur cette aile. Les Noirs auraient peut-être dû simplement répondre 12...0–0, mais cela est un coup qui n'a pas l'apparence d'une réfutation.

JOURNALISTE : *Et le meilleur coup de Botvinnik dans ce match ?*

JOUEUR D'ÉCHECS : Sans doute le 23ᵉ coup dans sa meilleure partie, la neuvième.

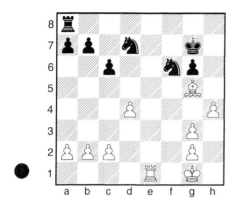

Tal – Botvinnik
Championnat du monde
(9), Moscou 1960

Le coup apparemment modeste **23...♖f8!!** a permis aux Noirs la manœuvre ...♘g4 et ...♘df6, après quoi il s'est clairement avéré que les pièces noires étaient plus fortes que les trois pions blancs. Cependant, j'ai déjà mentionné cela plus tôt. J'ajouterais que Botvinnik l'a emporté au 58ᵉ coup. Peu de temps après le match, il y a eu un match amical à Hambourg entre l'URSS et l'Allemagne de l'Ouest. J'étais à cette époque un objet de grand intérêt pour la presse, mais pour être honnête, ça ne m'a jamais particulièrement emballé, et je m'y suis juste assez vite habitué. Ce match est également significatif pour autre chose : mon début officiel en tant que fumeur invétéré.

Mon premier contact avec les cigarettes remonte au tournoi des candidats. Comme vous vous souvenez, j'y ai fait un début pitoyable qui m'a déprimé un petit moment du fait aussi de douleurs postopératoires. C'est là qu'un des journalistes m'a offert une cigarette après s'être enquis de mon état de santé. J'ai ainsi essayé, cela m'a convenu et m'a même plu. J'ai commencé à fumer dans ma chambre, et, étant donné que j'ai fini premier au tournoi des candidats, je n'ai pas songé aux effets nocifs du tabac. Chez moi, j'ai commencé à « chiper » systématiquement des cigarettes à mon oncle. Pendant le match contre Botvinnik, je fumais déjà ouvertement, mais, pour plusieurs raisons, pas pendant la partie ; je n'en ressentais pas encore le besoin. Sur la route de Hambourg, j'ai averti mes camarades fumeurs Geller et Toluch que si mon jeu faiblissait et que je leur demandais une cigarette, ils devaient refuser de m'en donner une.

La première partie est alors arrivée, contre Lehmann. Aux environs du 5e coup, il a mis sa main dans sa poche, en a sorti un cigare, et a commencé à tirer dessus. J'ai tenu bon pendant dix coups, mais ensuite l'échiquier a commencé à légèrement s'animer devant moi. En recherche de contre-jeu, je me suis retourné vers Geller et Toluch, mais ils ont juste refusé d'un geste de la main : « Misha, tu as toi-même demandé qu'on ne t'en donne pas ».

Je me suis rué dans un bar-tabac et j'ai acheté un paquet de Camel sans filtre. Si l'on croit le dicton qui dit qu'on n'est pas un vrai fumeur tant qu'on ne fume pas ses propres cigarettes, et bien c'est à Hambourg que je le suis devenu.

J'ai été dans l'ensemble satisfait de la manière dont le match s'est déroulé. Les spectateurs me soutenaient et, encouragé par l'intérêt qu'ils me manifestaient, je n'ai fait qu'une seule nulle en huit parties.

JOURNALISTE : *Au fait, quelle influence l'entourage a-t-il en général sur les joueurs d'échecs célèbres ?*
JOUEUR D'ÉCHECS : C'est très variable selon les individus. Fischer, par exemple, est anormalement sensible au moindre bruit venant de la salle, mais il est très difficile de rester assis dans la salle à regarder des parties en restant impassible ou sans échanger quelques commentaires avec votre voisin. Étant moi-même parfois spectateur, je sais qu'il en est ainsi. Toutefois, je peux tout à fait comprendre combien il peut être difficile pour un Fischer, un Botvinnik et bien d'autres, de se concentrer pleinement à cent pour cent dans de telles conditions.

Ensuite, il y a d'autres joueurs, parmi lesquels Spassky, Kortchnoï ou moi-même. Pour nous, c'est juste ennuyeux de jouer dans une salle vide. Quand nous sommes sur scène, nous sommes des artistes. La seule différence est que les échecs sont une forme d'art spécifique. Vous êtes le compositeur de la « chanson », vous êtes l'interprète, et vous êtes le critique d'art – et un critique impitoyable –, car vous voulez sans cesse réfuter les idées et les plans de votre « compositeur partenaire ».

Lorsque nous jouons et qu'il y a un bruit de fond dans la salle, certains d'entre nous en sont vraiment gênés, car c'est effectivement une source de distraction. En ce qui me concerne, c'est juste le contraire, à condition que je sois en bonne forme. Quand les choses ne se passent pas comme je le souhaite, j'en suis aussi contrarié. Je suis certainement aussi un peu jaloux si la réaction bruyante du public concerne un coup joué sur un échiquier voisin ou par mon adversaire, et pas par moi. Je remarque alors que la salle est bruyante. Quand je suis en forme, ce n'est pas du bruit, mais une réaction émanant du public, et c'est quelque chose de très différent !

Le reste de l'année, depuis septembre bien entamé, je l'ai consacré à me reposer et à travailler à mon livre sur le match contre Botvinnik.

Pendant l'Olympiade de Leipzig, il a eu aussi un heureux événement : la naissance de mon fils.

À l'Olympiade, mon jeu a été dans l'ensemble couronné de succès. La partie contre Fischer est donnée ici, et j'ai le sentiment que c'est seulement après cette rencontre qu'il a commencé à me « respecter ».

JOURNALISTE : *Comment se fait-il qu'à cette Olympiade vous n'ayez obtenu que la deuxième performance sur votre échiquier et pas réussi à remporter le premier prix ?*

JOUEUR D'ÉCHECS : En effet, c'est Robatsch qui a gagné, en jouant dans le deuxième groupe final. Je me suis privé de la première place lors de la dernière ronde. Voilà comment cela est arrivé. L'Olympiade se terminait un jour avant mon anniversaire et je voulais ne pas avoir besoin de jouer lors de la dernière ronde. Par conséquent, je m'étais arrangé avec les membres de mon équipe pour jouer sans interruption lors des rondes de « milieu de jeu » de l'Olympiade. Cependant, le jour avant la dernière ronde, et pour des raisons d'ordre strictement privées, le capitaine de mon équipe m'a demandé de jouer. Je l'ai « menacé » d'une éventuelle défaite de ma part, et j'ai mis ma menace à exécution, même si, Dieu en témoigne, je ne le voulais pas. C'est juste que le maître anglais Penrose a très bien joué durant toute la partie.

Il s'est avéré que cette Olympiade n'a pas été le dernier fait de mon année échiquéenne. De retour à Riga, il m'a été soudainement proposé de jouer un match pour la radio contre les plus forts jeunes joueurs de Tchécoslovaquie. J'ai tout d'abord accepté volontiers cette proposition, pour ensuite quelque peu la regretter, car après tout, jouer sur 20 échiquiers contre des grands maîtres contemporains tels que Hort, Jansa et leurs collègues, demandait du temps, et je devais déjà me préparer pour mon match retour contre Botvinnik. Toutefois, une fois à Prague pour y honorer mon engagement à la radio, j'ai cessé de regretter pour une bonne raison : le voyage avait été très divertissant et agréable. En plus, l'incompétence manifeste du correspondant de la radio tchèque à Moscou en matière d'échecs ajouta un peu de piquant à l'affaire. Par exemple, dans l'une des parties, après 1.e4 e5, j'ai envoyé le coup 2.♞f3 et j'ai reçu la suggestion de reprendre mon coup. Si je devais le faire, mon jeune adversaire me mettait courtoisement en garde sur le fait qu'il jouerait 2...♝c5 sur 2.f3(???).

Quoi qu'il en soit, je crois que les deux camps ont été satisfaits du résultat final : +11 =9.

Ensuite, je me suis rendu à un petit tournoi du Nouvel An à Stockholm, l'une de mes étapes dans ma préparation pour le match retour.

JOURNALISTE : *Botvinnik a dit que votre inscription à ce tournoi était superflue et vous a affaibli sur le plan de la santé.*

JOUEUR D'ÉCHECS : Avec ce genre d'argument, on aurait pu dire alors la même chose au sujet de ma participation au tournoi de Riga avant notre premier match. Le fait est plus probablement que le vainqueur n'est jamais sujet à la critique, tandis que le perdant l'est toujours. Il est vrai que Koblentz et moi-même n'avons jamais été considérés comme des spécialistes dans l'art de la préparation.

Le tournoi de Stockholm n'a pas a été l'un de mes plus difficiles, même si avec son format court, le plus important était de ne pas perdre. La partie contre Unzicker est donnée plus loin, et l'analyse de ma partie ajournée contre Böök fut intéressante.

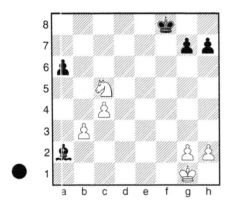

Tal – Böök
Stockholm, 1961

Il ne faisait aucun doute pour moi que les Noirs avaient mis **41...♚e7** sous enveloppe. La reprise s'avéra être plus facile que je ne l'avais escomptée, car sur **42.♚f2**, les Noirs ont joué **42...a5?**, et après **43.♚e3 a4 44.bxa4 ♝xc4 45.♚d4 ♝f1 46.g3 ♚d6 47.♘e4+ ♚c6 48.♘g5**, ils ont abandonné **(1-0)**.

Ma tâche aurait été autrement plus difficile s'ils avaient joué **42...♚d6!** **43.♘e4+ ♚e5 44.♘d2 ♚d4 45.♚e2 ♝xb3! 46.♘xb3+ ♚xc4**.

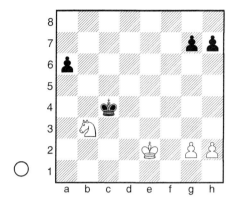

Après cela, j'avais prévu de jouer 47.♘d2+! (Rien n'est à gagner de 47.♘a5+ ♚b5 48.♘b7 ♚c6 49.♘d8+ ♚d5, car le Cavalier est très mal placé) 47...♚c3 48.♘e4+ ♚c2 49.g4! h6 50.h3! Le seul coup, aussi étrange que cela puisse paraître.

Le plausible 50.h4 conduit étonnamment à la nulle, et je crois que la méthode pour annuler devrait intéresser les compositeurs d'études : 50...a5 51.♘c5 ♚c3 52.♚d1.

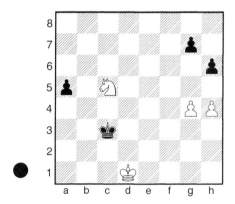

Maintenant, le naturel 52...♚d4 perd après 53.♘e6+ ♚e4 54.♘xg7 ♚f4 55.g5 hxg5 56.h5 ♚e5 (ou 56...g4 57.h6 g3 58.♚e2) 57.♘e8! ♚f5 (sans quoi le pion blanc est promu) 58.♘d6+ ♚f6 59.♘e4+ suivi de 60.♘g3.

La position est cependant nulle : les Noirs doivent poursuivre par 52...a4!! 53.♚c1 (53.♘xa4+ ♚d4) 53...a3 54.♚b1, et seulement maintenant

54...♔d4 55.♘e6+ ♔e4 56.♘xg7 ♔f4 57.g5 hxg5 58.h5 g4 59.h6 g3 60.♘e6+ ♔f5! 61.h7 g2, avec la nulle.

Après 50.h3, aucune de ces variantes ne se produit.

Un événement désagréable est survenu, il est vrai après la fin du tournoi : le retour des coliques néphrétiques, à Moscou, à la veille de mon vol pour Prague. Elles étaient au début supportables, mais j'ai dû être par la suite suivi médicalement de retour de Prague, après avoir dû rester alité plusieurs jours à l'hôpital. Les diagnostics médicaux ont même été envoyés depuis Prague à Moscou, après quoi la fédération soviétique a commencé à envisager le report du match. On m'a demandé d'écrire une lettre au président de la FIDE avec avis médical d'un médecin dépêché par mon adversaire. Tout cela me semblait très compliqué et assez insultant pour mon adversaire et j'ai décidé de jouer. Qui plus est, ma participation au premier match m'ayant procuré une grande satisfaction, j'avais même hâte de remettre ça.

Lorsque je rencontre mes supporters, ils me posent souvent la question épineuse suivante : « Que pensez-vous des matchs retour ? » Étant donné les circonstances, l'honneur d'en terminer avec ce rituel de la FIDE m'en revient. Qu'en aurait-il coûté à la fédération internationale des échecs de prendre la décision d'abolir les matchs retour un an auparavant ?!

Il ne faisait aucun doute pour moi que Botvinnik userait de son droit au match retour. Il n'y avait également aucune raison de douter qu'il serait excellemment préparé, tout particulièrement après sa splendide performance à l'Olympiade de Leipzig. Peu de temps après le début de cette dernière, nous nous sommes de nouveau rencontrés à Moscou afin de discuter des conditions pour le match. Il y a eu cette fois-ci une réelle discussion. Après un an de règne, j'étais devenu plus pointilleux. La question du choix du lieu où devait se dérouler le match retour, en particulier, a été chaudement débattue. Nous voulions vraiment voir se dérouler, sinon tout le match, du moins une moitié à Riga. L'un des points du règlement annoncé par la FIDE (en 1960 ; par la suite je ne l'ai plus jamais revu) stipulait que le match devait se jouer dans le pays d'origine du champion du monde.

Pour sa part, Botvinnik avait exprimé l'opinion suivante : le match retour devait, autant que faire se pouvait, être une copie exacte du premier, sans parler bien entendu de l'obligation de finir avec le même résultat.

Vu qu'il nous a été impossible d'arriver à un accord, nous avons décidé de consulter sur le sujet le président de La FIDE F. Rogard. Je suis malheureusement arrivé à Leipzig avec quelques jours de retard (car peu de temps auparavant, la voiture dans laquelle je voyageais en Crimée avait dérapé dans un fossé, endommageant une roue et mes deux côtes) et pendant ce temps, M. Rogard avait eu tout le loisir d'écouter les suggestions de mon adversaire, de trouver un accord avec lui, et de quitter les lieux.

Ainsi, une fois encore, ce serait à Moscou au printemps. Les arbitres désignés étaient mes vieux amis Stahlberg et Golombek, ainsi qu'Euwe qui fut présent pour le début du match. Le tirage au sort eut lieu à l'hôtel National, et le lendemain, la première partie fut jouée, Botvinnik ayant les Blancs.

La physionomie de cette première partie montra à quel point mon adversaire était en tous points remarquablement bien préparé pour le match. Les Noirs obtinrent une très bonne position à la sortie de l'ouverture. En dépit de l'échange précoce des Dames, la position atteinte demeurait de toute évidence une position de milieu de jeu, cependant Botvinnik décida de jouer solidement. La position devint peu à peu égale, mais Botvinnik y prit ensuite un léger avantage. Incapables d'anticiper la tournure des événements, les Noirs jouèrent la finale de manière imprécise, et bien que la partie fût ajournée, il était inutile de la reprendre.

Grâce à ma victoire lors de la deuxième partie, j'ai réussi à revenir au score pour la dernière fois dans le match. Botvinnik introduisit dans la défense Caro-Kann une nouveauté théorique très importante réduisant à néant tout notre travail de préparation concernant mon arme principale contre cette défense. Les Noirs eurent une bonne position pendant longtemps, mais lors du zeitnot, j'ai réussi à me montrer plus malin que mon adversaire, et après une nuit blanche avec Koblentz, je suis parvenu à gagner le lendemain à la reprise de l'ajournement. Pour l'anecdote, j'ai pour la première fois mis un coup sous enveloppe lors de cette partie (car le système de la double enveloppe avait été aboli pour le match retour).

Botvinnik a pris l'ascendant à partir de la troisième partie. J'ai réussi à m'en sortir dans les quatrième et cinquième. La sixième fut une nulle tranquille (la seule à l'évidence de tout le match). Dans la septième est survenu un nouveau coup dur.

Botvinnik – Tal
Championnat du monde (7), Moscou 1961
Défense Nimzo-indienne

1.c4 ♘f6 2.♘c3 e6 3.d4 ♗b4 4.a3 ♗xc3+ 5.bxc3 b6 6.f3 ♗a6 7.e4 d5 8.cxd5 ♗xf1 9.♔xf1 exd5 10.♗g5 h6 11.♕a4+ c6 12.♗h4 dxe4 13.♖e1 g5 14.♗f2 ♕e7 15.♘e2 b5 16.♕c2 ♕xa3 17.h4 gxh4 18.♗xh4 ♘bd7 19.♘g3 0-0-0 20.♘xe4 ♖he8 21.♔f2 ♘xe4+ 22.fxe4 f6 23.♖a1 ♕e7 24.♖xa7 ♕xe4

25.♕xe4 ♖xe4 26.♖a8+ ♘b8 27.♗g3 ♔b7 28.♖ha1 ♖c8 29.♖8a7+ ♔b6 30.♗xb8 b4 31.♗d6 bxc3 32.♗c5+ ♔b5 33.♖1a4 1-0

Botvinnik joua toute cette partie avec l'énergie de la jeunesse. À noter ce qui suit, caractéristique de son état d'esprit dans ce match : je n'avais encore jamais adopté ce système avec les Noirs avant ce match retour, on aurait ainsi pu s'attendre à un effet de surprise, attendu que la possibilité de la variante Sämisch avait été prise en compte lors de nos préparations. Cependant, les dixième et onzième coups blancs (anticipés sans aucun doute par Botvinnik) montrèrent que mon adversaire avait non seulement étudié tout ce qui était en train de se passer, mais aussi tout ce qui aurait pu se produire.

Après la huitième partie, mon humeur s'est nettement améliorée.

Tal – Botvinnik
Championnat du monde (8), Moscou 1961
Défense Caro-Kann

1.e4 c6 2.d4 d5 3.e5 c5 4.dxc5 e6 5.♕g4 ♘c6 6.♘f3 ♕c7 7.♗b5 ♗d7 8.♗xc6 ♕xc6 9.♗e3 ♘h6 10.♗xh6 gxh6 11.♘bd2 ♕xc5 12.c4 0-0-0 13.0-0 ♔b8 14.♖fd1 ♕b6 15.♕h4 a5 16.♖ac1 ♖g8 17.♘b3 a4 18.c5 ♕c7 19.♘bd4 ♖c8 20.b4 axb3 21.axb3 ♕d8 22.♕xd8 ♖xd8 23.b4 ♖g4 24.b5 ♖c8 25.c6 ♗e8 26.♖c2 ♗g7 27.♖a1 ♗xe5 28.♘xe5 ♖xd4 29.♘d7+ 1-0

Il semblait que la forme me revenait, et lors d'un « conseil de guerre », il fut décidé de changer le cours des choses dans les prochaines parties en optant pour des complications. Cet espoir, hélas, ne se réalisa pas. Cela commença lorsque ayant attrapé froid, je fus forcé de prendre deux jours de repos consécutifs. J'ai eu la tentation forte d'utiliser tous les jours de repos auxquels j'avais droit, mais j'ai finalement décidé d'en conserver un en cas de besoin. Cela a sans doute été une erreur. À peine sorti de l'hôpital, je me suis rué à l'attaque, mais je n'étais pas prêt pour cela. Botvinnik para facilement l'attaque noire et se retrouva rapidement avec un avantage positionnel et matériel. Le seul point positif dans cette partie pour les Noirs fut sa longueur : 73 coups.

Les choses se passèrent à l'identique dans la partie suivante. Ma variante de réserve tout à fait décente contre la Caro-Kann (3.e5 ♗f5 4.h4) fut complètement ruinée par mes faibles 9e et 10e coups. Botvinnik obtint rapidement la meilleure finale et tous mes trucs tactiques s'avérèrent infructueux.

Dans la onzième partie, ce fut l'extrême opposé qui s'est produit. Il est difficile d'expliquer autrement que par le fait que j'étais complètement démoralisé, mon choix de jouer la défense slave, presque pour la première fois de ma vie, en implorant quasiment mon adversaire d'échanger en d5, et avec trois points d'avance de jouer pour la nulle. La première partie de ce programme a été suivie par Botvinnik, mais pour une quelconque raison, il a considéré que son avance était insuffisante et il a opté pour une variante qu'il avait préparée environ quinze ans avant notre partie. Les Noirs étant incapables de trouver la bonne continuation, la partie a rapidement basculé après l'ouverture dans une finale très favorable aux Blancs.

Aujourd'hui, je peux mesurer à quel point une avance de quatre points signifie qu'un match est plié. Mais à l'époque, je n'en étais pas conscient, et je continuais à me battre avec beaucoup d'optimisme, ce que reflètent dans une certaine mesure les statistiques du match. Tout a semblé fonctionner du point de vue de mes « attaques », je suis parvenu à gagner cinq parties (six en 1960), mais si l'on considère ma défense... les dix défaites expliquent toute l'histoire. J'ai permis à Botvinnik de s'en sortir dans certaines parties, dans d'autres j'ai pu en réchapper moi-même, mais mon adversaire s'approchait de plus en plus des fatidiques 12,5 points.

En perdant la dix-huitième partie, après quoi le score passa à 11,5-5,5, j'ai commencé déjà à me préparer à féliciter Botvinnik pour sa victoire dans ce match retour. C'est à ce moment-là du match que mon vieil ami le maître international Padevsky (aujourd'hui grand maître) arriva à Moscou depuis la Bulgarie, ayant déjà préparé un article sur le match retour (dont le titre était précisément : « Le Roi est mort, vive le Roi ! »). Nous nous sommes rendus ensemble à la 19e partie. À l'extérieur du théâtre Estrada, nous sommes tombés sur un grand nombre de véhicules : les médias et la télévision Central avaient dépêché leurs correspondants pour couvrir le couronnement anticipé de l'ex-nouveau champion. Ce sont à l'évidence ces circonstances qui m'ont piqué au vif, et j'ai joué la 19e partie comme pour frustrer la presse.

Botvinnik – Tal
Championnat du monde (19), Moscou 1961
Défense est-indienne

1.d4 ♞f6 2.c4 d6 3.♞c3 g6 4.e4 ♝g7 5.f3 0-0 6.♝e3 a6 7.♛d2 c6 8.♝d3 e5 9.dxe5 dxe5 10.♞a4 b5 11.♞b6 ♜a7 12.♝c2 ♝e6 13.♛xd8 ♜xd8 14.♞e2 ♜b7 15.c5 a5 16.♚f2 ♝f8 17.♜hd1 ♜xd1 18.♜xd1 ♞fd7 19.♞xd7 ♞xd7 20.♝b1 ♝xc5 21.♝xc5 ♞xc5 22.♜c1 ♞a6 23.f4 exf4 24.♞xf4 c5

25.♔e3 ♚f8 26.e5 ♚e7 27.♗e4 ♖c7 28.a4 bxa4 29.♖a1 ♗b3 30.♘d5+ ♗xd5 31.♗xd5 ♖d7 32.♗c4 ♘b4 33.♖xa4 ♖d4 34.♗b5 ♚e6 35.♖xa5 ♘d5+ 36.♔f2 ♚xe5 37.♗e2 ♚d6 38.♖a6+ ♚d7 39.♖a7+ ♘c7 40.b3 ♖d2

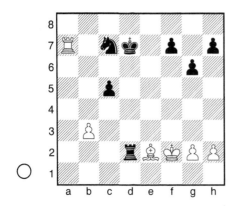

41.♔f3 f5 42.h4 ♚c6 43.♗c4 h6 44.g3 ♖d4 45.♔f2 g5 46.hxg5 hxg5 47.♖a2 g4 48.♖a1 ♚b6 49.♖e1 ♘b5 50.♖e6+ ♘d6 51.♔e3 ♚c7 52.♗d3 ♚c6 53.♗c2 ♖b4 54.♖f6 ♚d5 55.♖f8 ♚e5 56.♖a8 ♘e4 57.♖e8+ ♚d5 58.♖d8+ ♚e6

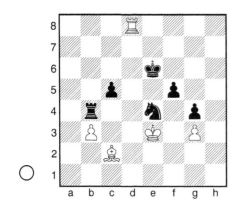

59.♔f4 ♘d2+ 60.♔e3 ♘xb3 61.♖e8+ ♚d7 62.♖e5 ♚d6 63.♖xf5 ♘d4 64.♖f2 ♘xc2+ 65.♖xc2 ♚d5 66.♖h2 ♖e4+ 67.♔d2 c4 68.♖h8 ♖d4+ 69.♔e3 ♖d3+ 70.♔f4 c3 71.♖d8+ ♚c4 72.♖c8+ ♚b3 73.♖b8+ ♚a2 74.♖c8 ♚b2 75.♖b8+ ♚c1 0-1

Dans cette partie, ce qui a été particulièrement agréable a été le fait que notre analyse de la position à l'ajournement s'est avérée être plus précise que celle du célèbre laboratoire d'analyses de Botvinnik.

Quelques espoirs illusoires sont une fois de plus apparus. Dans son article *Analyse ou improvisation* rédigé peu après le match, Botvinnik a confessé qu'il se sentait très fatigué, et que si la vingtième partie avait mal tourné pour lui, rien n'aurait alors été clair quant au résultat final du match. C'est bien entendu exagéré, mais quoi qu'il en soit, la vingtième partie a été celle des records, aussi bien par le nombre de coups (120 !) que par sa durée. Elle a été ajournée deux fois et reprise deux fois. La première fois, la partie fut ajournée dans une position où je savais qu'il y avait un gain, mais nous n'avons pas été capables de trouver le plan précis pour y parvenir. À la reprise, et après seulement quatre coups, Botvinnik joua une variante que nous n'avions pas envisagée. La partie a commencé à tirer vers la nulle, mais les Noirs ont à ce moment commis une erreur. Après 88 coups, la partie fut de nouveau ajournée. Les parties précédentes, toutes disputées dans une atmosphère tendue, avaient à l'évidence épuisé les deux joueurs. Ainsi, après mon retour à l'hôtel après le premier ajournement, je n'ai juste pas eu la force de poursuivre l'analyse. La partie semblait gagnante, mais durant les deux jours suivants, nous avons été incapables de découvrir un plan de gain clair. C'est la raison peut-être pourquoi, de retour devant l'échiquier sur l'estrade, je n'ai ni remarqué les visages compassés des organisateurs qui savaient par Botvinnik que sa position était sans espoir, ni l'absence significative du traditionnel thermos de mon adversaire, ni le dodelinement désemparé de sa tête. En trouvant une idée ingénieuse fondée sur une possibilité de pat, Botvinnik parvint à sauver la partie. Et ce fut cela qui a finalement scellé le sort du match.

Beaucoup a été écrit sur le résultat de ce match retour. Je ne crois pas, bien entendu, avoir joué dans ce match les meilleurs échecs de ma vie, mais je peux garantir au lecteur que mes préparations pour ce match n'étaient ni moindres ni inférieures à celles pour le match précédent. Entre-temps, tant de raisons ont été invoquées pour expliquer ma chute après mon ascension, que j'aimerais à mon tour exposer mon point de vue au milieu de tout ce brouhaha journalistique.

J'ai pour ma part trouvé deux raisons : le lecteur jugera par lui-même de leur pertinence :

1. Pendant le match de 1960, nous avions, Botvinnik et moi, des chambres adjacentes au sein de l'hôtel Moscou. Avant les parties, mon secondant faisait le bonheur de son protégé en chantant des chansons napolitaines. J'y puisais mon inspiration, et selon toute vraisemblance, cela avait

au contraire un effet démoralisateur sur Botvinnik. Ce dernier n'a pas séjourné dans l'hôtel Moscou durant le match retour.

2. Après la 8e partie du match retour, j'ai enfin trouvé un stylo « chanceux ». Mais je l'ai hélas oublié sur la table de jeu après ma victoire. Lorsque je suis revenu une semaine plus tard, le stylo avait disparu (peut-être récupéré par un supporter inconnu de Mikhaïl Moïsseïevitch). Je n'ai pas réussi à lui trouver un remplaçant adéquat.

Tout cela, comme on dit, est du « journalisme ». Mais sérieusement parlant, j'étais peu préparé au changement qui s'était opéré en Botvinnik. Il est arrivé pour le match retour de 1961 très affûté et discipliné, ne rejetant pas les positions explosives dès lors qu'elles lui semblaient favorables, ce qu'il n'avait pas fait en 1960. Il semble que l'explication principale au résultat du match tient dans la forme du vainqueur.

En conclusion, je dois mentionner que cette défaite n'a en rien affecté mon appétit pour le jeu, même si j'ai pu lire le contraire à de nombreuses reprises. Trois mois plus tard, j'ai pris la première place dans un fort tournoi.

C'était le tournoi de Bled, mais auparavant, j'avais fait mes débuts en tant qu'ex-champion du monde au championnat d'Europe par équipes d'Oberhausen. Concernant les événements échiquéens notables, je dois mentionner la partie contre Toran donnée plus bas, ainsi que ma dernière défense française (pour l'heure !) jouée contre Portisch, qui m'a permis d'égaliser au score contre lui : 1-1.

Mais revenons à Bled, le « tournoi du siècle », ainsi qu'il fut qualifié à l'époque. Une ville pour moi une fois de plus familière, le même hôtel, mais une salle de jeu différente qui venait juste d'être reconstruite. La majorité des participants était grands maîtres.

J'étais à l'évidence encore très conservateur, vu que mon premier résultat y a été comme d'habitude une bulle. Après l'ajournement de ma première partie contre Ivkov, je me suis retrouvé au plus mal sans combattre contre Fischer. Depuis environ un an, j'avais pris la manie d'écrire un coup et d'en jouer un autre, et je me suis retrouvé en cette occasion, du fait de cette transposition, dans une position délicate dès le 6e coup (!!), et dans une position perdante au 10e ou 12e coup.

J'ai pris conscience pendant ce tournoi que mes deux matchs contre Botvinnik n'avaient pas été tout à fait inutiles, puisque hormis quelques gains remportés dans un style aigu, je suis parvenu à en gagner d'autres par des moyens purement stratégiques, « à la Botvinnik ». Parmi ces derniers, le plus important a été celui de la dernière ronde contre Najdorf. À ce moment-là, j'avais pris la tête du tournoi, devançant Fischer d'un demi-point seulement.

JOURNALISTE : *Une question au passage. Quand tout va bien pour vous et que soudain la situation dans le tournoi devient critique, comment cela vous affecte-t-il ?*

JOUEUR D'ÉCHECS : Cela devient plus intéressant, et je deviens même nerveux, ce qui est bon signe. Un joueur ne peut pas se changer en momie pendant un tournoi, mais la nervosité doit être le fruit de l'inspiration et non pas d'un tremblement des genoux. L'occasion de cette rencontre contre Najdorf fut particulièrement intéressante, étant donné que Fischer, qui était mon rival, s'est manifestement improvisé secondant de Najdorf afin de le préparer à notre partie. C'est tout à fait évident : Najdorf fut initié aux secrets d'une variante intéressante de la défense sicilienne, qui a été par la suite systématiquement adoptée et jouée avec succès par Fischer. La soirée précédant la partie, les grands maîtres soviétiques se trouvaient au bar de l'hôtel en compagnie de Gligorić. C'est alors que Fischer est venu à notre table et m'a averti en secret : « Vous allez perdre demain contre Najdorf, mais vu que vous avez plutôt bien joué tout au long de ce tournoi, je ne vois pas d'objection à partager la première place avec vous et du coup je ne gagnerai pas contre Ivkov. »

J'ai essayé de dissuader Robert de cette nulle programmée, mais il ne changea pas d'avis. Le jour suivant, j'ai joué une variante complètement différente de mon habitude contre Najdorf. Fischer est venu voir ce qui se passait, et il a froncé les sourcils...

Tal – Najdorf
Bled 1961
Défense sicilienne

1.e4 c5 2.♘f3 d6 3.d4 cxd4 4.♘xd4 ♘f6 5.♘c3 a6 6.♗e2 le duo Najdorf-Fischer avait préparé la réplique 7...♛b6!? sur mon habituel 6.♗g5 e6 7.f4. **6...e5 7.♘b3 ♗e7 8.♗g5 ♗e6 9.0-0 0-0 10.♗xf6 ♗xf6 11.♛d3 ♘c6 12.♘d5 ♗g5 13.♖fd1 ♚h8 14.c3 f5 15.♗f3 ♗xd5 16.♛xd5 fxe4 17.♛xe4 ♛e7 18.♛d5 ♖f6 19.♘d2 ♗xd2 20.♖xd2 ♛c7 21.♖e1 ♖af8 22.♖e3 g6 23.♗e4 ♚g7 24.♖f3 ♖xf3 25.♗xf3 ♖f6 26.♗e4 ♛f7 27.♛b3 ♛xb3 28.axb3 ♘d8 29.b4 ♚f7 30.♖d5 ♗e8 31.b5 axb5 32.♖xb5 ♖f7 33.♖b6 ♚d7 34.♗d5 ♖f4 35.g3 ♖a4 36.♗xb7 ♖a1+ 37.♚g2 ♚c7 38.♖a6 ♖b1 39.♗d5 ♖xb2 40.♖a7+ ♘b7 41.♚f3 ♚b8 42.♖a6 ♚c7 43.♖a8 ♘c5 44.♖a7+ ♘b7 45.h4 ♚b8 46.♖a6 ♚c7 47.♖a8 ♖b5 48.c4 ♖b3+ 49.♚g4 1-0**

Cela dit, Fischer n'est pas parvenu à faire démentir sa part du contrat : il joua vingt coups supplémentaires contre Ivkov, jusqu'à ce qu'il ne reste plus que les Rois sur l'échiquier, mais sans parvenir à l'emporter.

Sur le trajet du retour, nous avons dû, Kérès et moi, faire une escale forcée à Kiev sur la ligne Belgrade – Moscou. Nous avons ensuite couru pour attraper le vol Kiev – Riga, et le jour suivant, nous nous retrouvions déjà devant l'échiquier pour disputer la demi-finale du championnat d'URSS par équipes. Bien qu'il ne restait que trois rondes, c'était pourtant pour moi le commencement, et, ne dérogeant pas à mon mystérieux rituel des débuts, j'ai perdu sans coup férir ma première partie contre le candidat maître Barstatis...

Il suivit une nulle rapide face à mon compagnon de vol Kérès, puis je parvins à célébrer le premier anniversaire de mon fils par une victoire contre Averbakh.

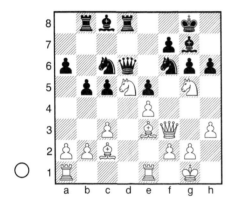

Tal – Averbakh
Championnat d'URSS par
équipes, 1961

21.♘xf6+! ♗xf6 22.♖ad1 ♕e7 23.♗xc5! ♖xd1 24.♖xd1 ♕xc5 25.♕xf6 hxg5 26.♗b3 ♖b7 Si 26...♗e6, alors 27.♗xe6 fxe6 28.♖d7. **27.♕xg6+ ♔f8 28.♕h6+ ♔e8 29.♖d5 ♕b6 30.♕h8+ ♔e7 31.♕xc8 1-0**

L'équipe « Daugava » s'est qualifiée pour la finale, ce qui nous a tous réjouis. Mais avant qu'elle n'ait lieu, c'était le sort de la médaille d'or du championnat d'URSS individuel qui devait se décider.

Ce championnat s'est si mal déroulé pour moi qu'il m'a même rappelé mon score au quart de final à Vilnius. Peut-être était-ce à cause de ma partie du début contre Baguirov, où j'ai pris conscience d'un changement psychologique. Mon adversaire était dans une sévère crise de temps. J'avais une position gagnante et j'ai vu une suite aiguë mais suffisamment convaincante pour gagner. C'est à ce moment précis qu'une pensée est venue troubler mon esprit : dans notre second match, Botvinnik avait ignoré mon zeitnot à plusieurs reprises et joué presque plus calmement qu'à l'accoutumée. J'ai envoyé mon Roi dans un périple non motivé, sur quoi mon adversaire étonné a pu administrer toute une série d'échecs réduisant ainsi sa crise de temps à chaque coup. Mon Roi a traversé la moitié de l'échiquier avant que je réalise qu'il se ferait bientôt mater si son périple se poursuivait dans cette direction obstinée. Mais il n'y avait plus de retour possible et Baguirov a pu forcer un échec perpétuel. Bien qu'ayant seulement lâché un demi-point, ce qui est presque insignifiant sur un parcours de 21 rondes, il sembla que les vents favorables aient cessé de souffler. Le résultat fut que, dans les rondes suivantes, les nulles se sont enchaînées, dont certaines passablement ennuyeuses.

Dans la position du diagramme suivant, il me fallait attirer le Fou en h3 pour que la combinaison que j'avais prévue fonctionne. Il semblait d'ailleurs que le Fou blanc y occuperait une position plus active. J'ai consommé énormément de temps, essayant de me décider entre les coups 16...♖d7 et 16...♖d6. Finalement, J'ai décidé que le premier de ces coups forcerait trop les Blancs à jouer ♗h3, et j'ai de ce fait plutôt opté pour le second.

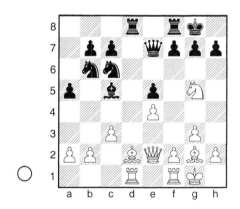

Vasiukov –Tal
Championnat d'URSS, Bakou 1961

J'ai pensé plus tard que tant de circonspection de ma part a pu conduire mon adversaire à surestimer sa position : il en avait conclu que les Noirs connaîtraient quelques difficultés.

Et donc : **16...♖d6 17.♗h3 ♖xd2! 18.♕xd2 ♖d8 19.♕c1 ♖xd1 20.♖xd1 ♕f6 21.♗f5 g6 22.b4 axb4 23.cxb4 ♗e7 24.♗d7 ♘d4 25.♕xc7 ♗d8**

26.♕xb7 ♕xg5 27.♗e8 ♕f6 28.a4 ♔f8 29.♗b5 ♕d6 30.♖c1 ♘xa4 31.♔g2 ♘b6 32.♖c5

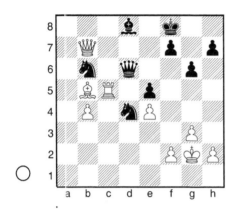

Les Blancs ont ici offert la nulle de manière inattendue. J'ai oublié le coup attendu 32...♔g7 qui aurait donné aux Noirs un gain facile, et j'ai instantanément répliqué **32...♕f6?**, après quoi les Blancs obtiennent assez de contre-jeu pour annuler : **33.♕b8 ♕f3+ 34.♔g1 ♕d1+ 35.♔g2 ♕f3+ 36.♔g1 ♘e6 37.♖c6 ♕d1+ 38.♔g2 ♕d4 39.♖d6 ♕xe4+ 40.♔g1 ♕b1+ 41.♔g2** et la reprise ne fut pas nécessaire (½-½).

Le jour suivant, il est arrivé la même chose contre Kots, hormis le fait qu'il n'a pas offert la nulle.

Après dix rondes, j'avais deux gains et huit nulles (!!) à mon compteur, et, si l'on considère la furieuse course en tête de Spassky, je n'avais déjà plus aucune chance de concourir pour la première place. En être conscient n'a rien fait évidemment pour améliorer mon état d'esprit et, vers le milieu du tournoi, en perdant contre Bronstein et en étant écrabouillé par Nezhmetdinov, mon +2 s'est évaporé. Cette seconde débâcle a eu pour effet de me secouer. Retournant à l'hôtel en compagnie de Polougaïevsky, j'ai même parié avec lui que je ne ferais plus une seule nulle dans les parties restantes.

Il restait six rondes à disputer et Lev fut surpris.

« Que veux-tu dire par là, que tu ne veux plus faire une seule nulle ? »

« Eh bien, c'est juste que je ne le veux plus !! »

« Vraiment ? Ton intention est de les perdre toutes ? »

« Non ! »

J'ai gagné mon pari, vu que mon score durant les rondes restantes fut +5 -1 =0 ! Le résultat global n'était pas folichon : partage de la 4ᵉ-5ᵉ place avec

Vasiukov. J'ai trouvé agaçant le compte rendu rédigé par les journaux, lisant que « Tal avait mal joué, tandis que Vasiukov avait obtenu un grand succès. »

PARTIE N° 33
Tal – Botvinnik
Championnat du monde (1), Moscou 1960
Défense française

1.e4 e6

Était-ce une surprise ? Pas à mon sens, car en nous préparant pour ce match, mon entraîneur Alexandre Koblentz et moi-même avions anticipé le choix de la défense française comme étant une véritable possibilité. Même si le choix de cette ouverture n'avait rien eu d'un succès lors du match retour contre Smyslov en 1957, le fait que Botvinnik soit resté un adepte inconditionnel de ses principes créatifs nous laissait supposer qu'il ne renoncerait pas à un test supplémentaire de la défense française qui lui avait donné tant de victoires célèbres.

La dernière partie française d'importance théorique avait été jouée entre Gligorić et Petrossian au tournoi des candidats de 1959 et avait apporté le succès dans cette ouverture aux Blancs. Il va de soi que nous avions étudié cette partie et n'étions pas hostiles à une répétition de cette variante dans l'ouverture. Comme il semblait également évident que Botvinnik avait examiné cette partie, le début de notre première rencontre commença par un duel psychologique inhabituel. J'ai réfléchi environ une minute avant mon second coup, me remémorant les ramifications de cette ouverture, et essayant de deviner pour laquelle allait se décider mon adversaire.

2.d4 d5 3.♘c3 ♝b4

La défense française est l'une des ouvertures les plus complexes. Longtemps, on a pensé qu'elle menait à un long jeu de manœuvres sans affrontements immédiats, mais grâce aux efforts des théoriciens soviétiques, Rauzer en particulier (côté blanc) et Botvinnik (côté noir), des moyens ont été découverts pour aiguiser considérablement la position.

Dans la variante adoptée par Botvinnik dans cette partie, les Noirs se séparent rapidement de leur Fou de cases noires, ce qui affaiblit leur aile roi de manière significative. En compensation, ils obtiennent un contre-jeu intéressant sur l'aile dame quelque peu compromise des Blancs.

De nombreuses parties commencées avec cette ouverture ont montré que si les Blancs n'arrivent pas à prendre rapidement l'initiative, les faiblesses dans leur position parleront tôt ou tard. Pour cette raison, le but des joueurs qui conduisent à présent les Blancs est de forcer les événements, afin de contrarier la consolidation des forces noires.

4.e5 c5 5.a3 ♝xc3+

Botvinnik opte pour sa suite éprouvée.

Il est intéressant de noter que dans plusieurs parties de son match de 1954 contre Smyslov, il avait retiré son Fou en a5. Le grand maître Smyslov n'aime pas les longues variantes forcées dans l'ouverture, et après 5...♝a5 6.b4 cxd4 dans la première et la troisième partie, il a continué par 7.♞b5, escomptant un jeu calme afin d'exploiter le placement actif de ses pièces.

Cela laisse supposer que Botvinnik pensait que cette variante était tout à fait jouable pour les Noirs, jusqu'à la neuvième partie du match où il joua à nouveau 5...♝a5, mais cette fois Smyslov (après une préparation maison) choisit le plus tranchant 7.♛g4!?, et après 7...♞e7 8.bxa5 dxc3 9.♛xg7 ♜g8 10.♛xh7 ♞d7 (10...♞bc6 est plus actif) 11.♞f3 ♞f8 12.♛d3 ♛xa5 13.h4!, il prit un sérieux avantage et gagna brillamment.

Botvinnik a de nouveau choisi cette variante dans une partie contre Unzicker à l'Olympiade d'Amsterdam en 1954. Cependant, sans donner cette fois ses pions de

l'aile roi, préférant le plus prudent 7...♚f8, mais n'obtenant, là encore, rien de spécial dans l'ouverture.

C'est à l'évidence à cause de 7.♛g4 que Botvinnik a abandonné 5...♝a5, même si dans cette position, le dernier mot n'a sans doute pas encore été dit. De ce point de vue, la partie Matanović – Mititelu (tournoi zonal de Budapest 1960) est d'un grand intérêt. Au passage, signalons que ces derniers temps le coup ♛g4 est devenu comme une « carte de visite » côté blanc dans la défense française, pour ceux qui cherchent à tirer le maximum de l'ouverture.

6.bxc3 ♛c7

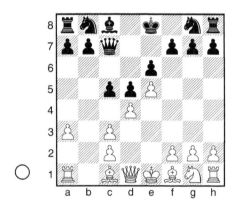

Ce coup a aussi une histoire intéressante. 6...♞e7 a l'air plus souple, puisque le Cavalier du Roi doit être développé sur cette case, tandis qu'en plusieurs occasions la Dame noire peut occuper a5 et plus tard a4. Avec le thématique 7.♛g4, les

Blancs provoquent de nouveau des complications sur lesquelles la théorie des échecs n'a pas encore donné une évaluation finale. Si ma mémoire ne me trahit pas, la dernière fois que Botvinnik a joué 6...♘e7 remonte à sa partie contre Alexander (match radiophonique URSS – Grande-Bretagne, 1947). Le maître anglais avait continué par 7.♕g4 cxd4 8.♕xg7 ♖g8 9.♕xh7 ♕a5 10.♖b1 et l'avait emporté après un combat complexe. Plus tard, le grand maître Geller suggéra l'amélioration blanche 8.♗d3 qu'il avait employée avec succès pour gagner une partie brillante contre Sokolsky (18ᵉ championnat d'URSS). Récemment, les aficionados de cette variante ont tenté d'améliorer la défense noire au moyen de 7...0-0 ou de 7...♘f5. Botvinnik décide de jouer immédiatement au centre.

7.♕g4

« Rien de nouveau sous le soleil. » Cette variante s'est déjà présentée dans quelques-unes de mes parties contre le dernier coup noir. Après 7.♘f3, le jeu aurait eu un caractère tout aussi complexe, mais pas assez tranchant à mon goût. Les Blancs menacent pour le moment de détruire l'aile roi noire.

7...f5

7...♘e7 8.♕xg7 ♖g8 9.♕xh7 cxd4 aurait simplement conduit à une transposition de coups. Maintenant l'idée du 6ᵉ coup noir devient claire : le pion g7 est défendu. Puisque la prise en passant 8.exf6 ♘xf6 aurait simplement donné raison à la règle bien connue et enseignée à tous les novices qui stipule qu'il ne faut pas sortir la Dame au début de la partie, les Blancs ont naturellement continué par...

8.♕g3 ♘e7

Par leur dernier coup, les Noirs insistent sur le fait qu'ils ne craignent aucunement la prise en g7. Ils auraient pu éviter cela en procédant tout d'abord à l'échange au centre 8...cxd4 9.cxd4, et seulement alors jouer 9...♘e7, après quoi 10.♕xg7?? perd sur 10...♖g8 11.♕xh7 ♕c3+.

C'est notamment ce que Botvinnik a joué lui-même dans une partie contre Reshevsky (tournoi-match pour le championnat du monde, 1948). Les Blancs avaient continué par 10.♗d2 0-0 11.♗d3 b6 12.♘e2 ♗a6 13.♘f4 et obtenu une bonne position d'attaque. Plus tard, il est vrai, Botvinnik parvint à repousser l'attaque au moyen d'une défense précise et même à remporter la partie, mais malgré cela, cette suite n'a fait que peu d'adeptes, car l'avantage positionnel des Blancs est indéniable : leur Fou de cases noires, qui n'opère pour le moment que sur une seule diagonale, va pouvoir se replacer en b4, d'où il sera beaucoup plus actif qu'en d2.

Le « dernier des Mohicans » qui a essayé à faire vivre cette variante avec les Noirs est de nos jours le jeune talent d'Allemagne de l'Est Reinhardt Fuchs. Il a utilisé cette variante à deux reprises contre les joueurs soviétiques : contre Spassky au championnat du monde des étudiants à Varna en 1958, et contre Vasiukov (Gotha 1957), mais dans les deux cas, il a été balayé en environ 25 coups.

9.♕xg7

Dans la 14ᵉ partie de son match contre Botvinnik (1957), Smyslov évita les complications en jouant 9.♗d2. Dans ce cas, les Noirs se développent comme dans la partie contre Reshevsky mentionnée plus haut, et obtiennent une bonne position du fait de la position passive du Fou blanc de cases noires. Je suis convaincu que si les Blancs veulent prétendre à un quelconque avantage dans l'ouverture, ils ne doivent d'aucune manière refuser les variantes à double tranchant, qui sont toujours les plus critiques et souvent les plus fortes.

9...♖g8 10.♕xh7 cxd4 11.♔d1!?

Un tel coup aurait horrifié un commentateur d'échecs il y a vingt ans. Au tout début de la partie, le Roi blanc s'embarque sciemment dans un périple. De nos jours, cependant, peu sont surpris par cette suite excentrique. Les Blancs préfèrent pour l'heure masquer leurs intentions concernant le développement de leur Cavalier roi, se réservant l'option entre e2 et f3, et ils laissent aussi la diagonale f1–a6 libre. Perdre le droit de roquer n'est pas très important pour le moment puisque tout d'abord les pièces adverses sont très peu développées et, secondement, le Roi noir en e8 n'est pas non plus dans une situation très confortable.

Aussi loin que je me souvienne, la seule partie dans laquelle 11.♔d1 (recommandé par Euwe pour l'anecdote) avait été testé était la partie mentionnée plus haut entre Gligorić et Petrossian. Le grand maître soviétique avait continué par le direct 11...♘bc6 12.♘f3 ♘xe5, et après le très fort coup 13.♗g5!, il s'était retrouvé dans une position difficile (13...♘xf3 échoue sur 14.♗b5+!). La possibilité d'améliorer de manière significative le jeu noir n'avait pas échappé aux recherches minutieuses de Botvinnik.

11...♗d7

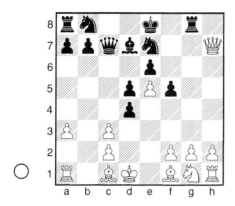

Un coup très rusé et par lequel les Noirs espèrent exploiter le potentiel agressif de La Dame noire en c7, afin de mettre le doigt sur la position vulnérable du Roi blanc. Dans tous les cas, les pièces doivent être développées, mais il est bon de sortir tout d'abord le Fou. Si les Blancs jouent maintenant 12. 12.♘f3, alors après 12...♗a4 13.♗d3 ♕xc3, leur position devient immédiatement critique. Dans l'éventualité de 12.♘e2, les Noirs peuvent toujours poursuivre par 12...♗a4, avec la menace déplaisante 13...d3. Qui plus est, il apparaît que le coup 11...♗d7 poursuit simultanément deux buts : l'un stratégique qui est de compléter le développement et préparer le grand roque, et l'autre tactique qui est de créer une menace contre c2. Si les Blancs ne veulent pas se retrouver à subir une forte attaque, ils doivent jouer de manière très active. Cela est crucial pour eux. En jouant 7...f5, les Noirs

ont eux-mêmes ôté leur pion f7, dont la défense par le Roi lui-même constitue souvent un rôle désagréable, cependant cela a aussi affaibli la diagonale h5-e8, ce qui expose le Roi et prive les pièces noires de support matériel sur cette diagonale. En outre, La Dame blanche peut désormais revenir à la maison avec gain du temps.

12.♕h5+ ♘g6

Si 12...♔d8 pour éviter le clouage, j'avais prévu 13.♗g5, avec le but d'attaquer. Le coup joué lance un ballon d'essai pour voir si les Blancs vont se contenter de la nulle par 13.♕h7 ♘e7 14.♕h5+.

13.♘e2

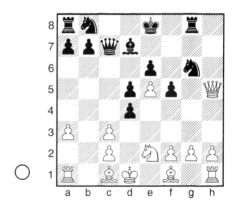

Évidemment, accepter la nulle aurait été une défaite humiliante pour la créativité. Cela aurait signifié reconnaître que j'étais déstabilisé par la toute première nouveauté de mon adversaire.

Les Blancs tentent par leur 13ᵉ coup d'exploiter le clouage du Cavalier en g6. La menace immédiate est 14.♘f4, et si 14...♔f7, alors soit le calme 13.♗d3 ou le coup plus tranchant 15.g4. Les Noirs ont à leur tour des soucis avec leur Roi. Botvinnik a passé plus d'une demi-heure à réfléchir à son prochain coup, ce qui laisse supposer que toutes les subtilités de cette variante n'avaient pas été passées au crible dans son laboratoire d'analyses.

13...♕xe5 14.cxd4 ou 13...dxc3 14.♘f4 ♔f7 15.♗d3 (beaucoup plus fort que 15.♕h7+ recommandé par Vuković) et il y a de nombreuses menaces désagréables (par exemple la variante suivante possible : 15...♘c6 16.♗xf5 exf5 17.e6+ ♗xe6 18.♕h7+ ♖g7 19.♕xg7+!) qui ne peuvent en aucune manière satisfaire les Noirs. Le coup direct 13...♗a4 est réfuté de la façon suivant : 14.♘f4 ♕xc3 15.♗d3 ♕xa1 16.♘xg6 ♘c6 17.♘f4+! (plus fort que la suite que j'ai envisagée pendant la partie : 17.♘e7+ ♔d7! 18.♘xg8 ♖xg8, avec un jeu à double tranchant). 13...♘c6 14.cxd4 ♖c8 15.♖a2 n'aurait pas résolu non plus les problèmes des Noirs.

Botvinnik choisit la meilleure suite, donnant un autre pion pour briser les défenses du Roi blanc, conférant au jeu un style de gambit.

13...d3!

La réplique blanche est forcée.

14.cxd3 ♗a4+

De manière assez étrange, ce coup naturel se révèle être mauvais. Les Noirs saisissent l'occasion de connecter de nouveau leur Dame avec leur aile roi avec gain de temps, mais ce faisant, ils permettent au Roi blanc de trouver un refuge beaucoup plus sûr en e1.

Après le simple 14...♘c6 suivi de grand roque, les choses auraient été beaucoup plus difficiles pour les Blancs. Le Roi blanc dont les défenses sur l'aile dame sont très précaires, aurait dû perdre un temps pour trouver refuge sur l'autre aile via e1. Après 14...♘c6, je pense que les Noirs auraient obtenu une réelle compensation pour les deux pions sacrifiés.

15.♔e1

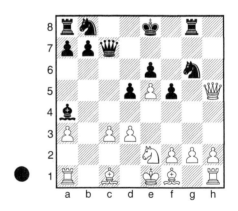

15...♕xe5

Vouloir récupérer une partie du matériel sacrifié est bien compréhensible, mais ce coup fait perdre beaucoup de temps aux Noirs. 15...♘c6 aurait davantage été dans l'esprit du plan choisi. Il est vrai que ce coup est moins fort qu'un coup auparavant, car les Blancs peuvent poursuivre par 16.f4 0-0-0 17.♗d2, et ils parviendront à libérer progressivement les pièces de leur aile roi. Tôt ou tard, les Noirs devront sacrifier un Cavalier en e5. Il est difficile d'anticiper les événements suivants, mais les Noirs auraient pu prendre l'initiative dans certaines variantes. 15...♗b5, suggéré par le maître tchèque Podgorny, paraît tentant, mais après 16.♗g5! ♗xd3 17.♔d2, les Blancs prennent l'initiative.

16.♗g5!

Les Blancs ont désormais pour tâche principale de garder le Roi noir au centre. Dans cette perspective, la perte du pion e5 tournera en leur faveur, car ils seront dès lors capables de produire des menaces dangereuses sur la colonne e ouverte. C'est d'ailleurs cette idée qui va inspirer le plan inhabituel des Blancs impliquant le développement latéral des Tours.

16...♘c6

Tenter de forcer les choses par 16...f4 ne suffit pas à cause de 17.d4 ♕f5 18.♘xf4 ♕c2 19.♘e2.

17.d4 ♕c7

Après 17...♕e4 18.♖c1!, la Dame noire se trouverait restreinte au centre de l'échiquier. Et jouer pour une finale par 17...♕h8 18.♘f4 ne peut également pas satisfaire les Noirs.

18.h4!

Pas seulement pour essayer de promouvoir le pion supplémentaire (même si cela compte aussi), mais surtout pour faire entrer la Tour en jeu aussi vite que possible en anticipant les événements à venir au centre de l'échiquier. Une approche plus lente permettrait aux Noirs d'obtenir une position dynamique avec 18...♘ce7 suivi du grand roque. En revanche maintenant, les Noirs n'ont plus le temps de jouer 18...♘ce7, car les Blancs échangeraient simplement en e7 (19.♗xe7 ♕xe7), puis par 20.♕g5 orienteraient le jeu dans des eaux très claires pour eux. Les Noirs, par conséquent, sont forcés d'ouvrir les lignes pour prévenir le danger.

18...e5

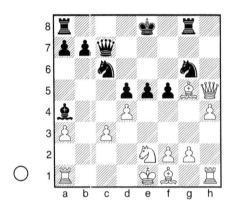

19.♖h3

Amenant les réserves dans le jeu et en même temps parant la menace 19...exd4 20.cxd4 ♘xd4.

19...♕f7

Ici 19...e4 était aussi possible. Dans ce cas, la position noire aurait été plutôt solide, mais comme les Blancs ne seraient en rien menacés, ils pourraient sans difficulté travailler à la réalisation de leur pion supplémentaire. 19...f4 20.♕g4 était mauvais aussi. Les Noirs concentrent tous leurs efforts pour chasser la Dame de h5 au moyen de ...♖h8, mais sans succès.

20.dxe5 ♘cxe5

20...♖h8 n'est pas possible pour le moment à cause de 21.e6 ♕xe6 22.♖e3 ♖xh5 23.♖xe6+ ♔f7 24.♖xg6!

21.♖e3 ♔d7

Là encore, 21...♖h8 ne marche pas : 22.♖xe5+ ♔d7 23.♖e7+ ♕xe7 24.♕xg6.

22.♖b1

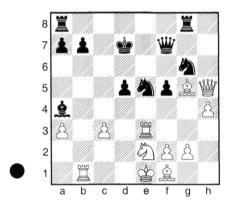

La Tour blanche de l'aile dame entre aussi en jeu par une voie inhabituelle ; pour l'heure, c'est le pion b7 qui est attaqué.

22...b6

Difficile d'imaginer qu'avec la Dame blanche en h5, l'affaiblissement de la case a6 puisse jouer un rôle, mais c'est pourtant le cas.

La tâche des Blancs aurait été bien plus difficile après 22...♗c6. J'avais l'intention de sacrifier la qualité, afin de transposer dans une finale favorable : 23.♘d4 f4 24.♖xe5! ♘xe5 25.♕xf7+ ♘xf7 26.♗xf4 ♖ae8+ 27.♔d2, mais cela aurait été un moindre mal pour les Noirs. Le coup 22...b6 a un autre inconvénient : les Blancs peuvent gagner un temps important pour le développement de leur Tour en exploitant la position du Fou en a4.

23.♘f4

Les pièces blanches se détendent comme un ressort comprimé. Si les Noirs jouent maintenant 23...♖h8, alors après 24.♘xg6 ♘xg6 25.♕e2, la menace ♕a6 doit décider du sort de la partie (cf. la note précédente).

23...♖ae8 24.♖b4 !

Préparant le coup suivant.

24...♗c6 25.♕d1 !

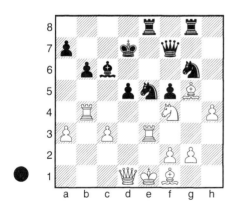

Ayant accompli son devoir, la Dame peut s'en aller. En fait, les Noirs n'ont pas joué ...♖h8. Une position assez pittoresque est apparue sur l'échiquier : après de longs vagabondages, la Dame et le Roi blancs sont revenus sur leurs cases de départ, le Fou de cases blanches n'a toujours pas bougé, et pourtant la position noire est très difficile : les Blancs n'ont pas seulement l'avantage d'un bon pion, mais leurs pièces sont aussi très actives, en particulier leurs Tours, qui contrôlent le centre de manière très efficace. La plupart des pièces noires dans ce secteur du jeu sont en réalité impuissantes.

25...♘xf4

De même après 25...♘g4 26.♖e2 ou 26.♖xe8 ♖xe8+ 27.♗e2, les Noirs seraient virtuellement perdus.

26.♖xf4 ♘g6 27.♖d4 ♖xe3+

Si 27...f4, alors la réplique 28.♕g4+ serait décisive.

28.fxe3

Il n'y a aucune raison pour que le Fou quitte son poste actif en g5. Si nécessaire, le pion e3 servira de rempart au Roi blanc.

28...♔c7 29.c4

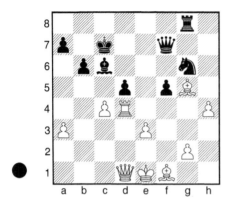

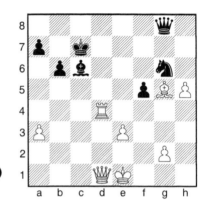

Cela mène à un gain forcé de matériel. Si 29...♘e7, les Blancs poursuivent par 30.cxd5 ♗xd5 (ou 30...♘xd5 31.♗c4) 31.♗xe7 ♕xe7 32.♕c1+, ne laissant aux Noirs aucune chance.

29...dxc4 30.♗xc4 ♕g7 31.♗xg8

Pas mal comme destinée pour le Fou de cases blanches qui vient juste d'entrer en jeu.

31...♕xg8 32.h5

Le pion passé a enfin son mot à dire. Les noirs abandonnent (**1-0**).

PARTIE N° 34
Botvinnik – Tal
Championnat du monde (6), Moscou 1960
Défense est-indienne

Bien que j'y aie pris un avantage d'un point, je n'étais pas entièrement satisfait par le début du match. Dans les quatre dernières parties, mon adversaire avait pu orienter le jeu à sa guise, prenant systématiquement l'initiative. La perspective d'enchaîner les nulles après une défense pénible ne me convenant pas, nous avions décidé coûte que coûte de changer le cours des choses.

Encore une fois, la sempiternelle question fut à l'ordre du jour : quelle ouverture jouer ? Ni la défense Nimzo-indienne ni la Benoni moderne n'avaient en général produit l'effet escompté. Il nous restait à tenter un des ouvertures qui est le plus à double tranchant : la défense est-indienne classique, et c'est ce que nous avons choisi. Notre décision a été encouragée par le fait qu'en général Botvinnik opte pour une vieille variante peu agressive contre l'est-indienne avec un fianchetto roi qui, selon moi, n'offre aucun avantage d'ouverture aux Blancs, et écarte les variantes à la mode (variantes Sämisch et Petrossian) considérées comme les armes les plus dangereuses pour les Blancs. Les premiers coups ont confirmé notre pronostic.

1.c4

Ce coup est avec 1.d4 le coup préféré de Botvinnik. Le but de ce coup, en particulier, est d'éviter des ouvertures indésirables comme la défense Nimzo-indienne, par exemple. Ainsi après 1.c4 ♘f6 2.♘c3 e6, les Blancs peuvent continuer par 3.♘f3, différant d2-d4. Si 1...e5, il apparaît une défense sicilienne avec couleurs inversées, dans laquelle le temps supplémentaire pour les Blancs joue un rôle important. En maintenant la symétrie par 1...c5, les Noirs peuvent jouer l'ouverture anglaise, mais c'est un fait connu que Botvinnik traite magistralement ce type de positions aussi bien avec les Blancs qu'avec les Noirs.

Après une petite réflexion, les Noirs décident de jouer un coup qui laisse la question ouverte.

1...♘f6 2.♘f3

Une manière pour les Blancs de déclarer leurs intentions. Ils indiquent qu'ils n'ont l'intention de jouer ni une défense Nimzo-indienne ni la variante tranchante Sämisch dans la défense est-indienne, qui comme on le sait, est fondée sur le coup f2-f3 pour soutenir le centre. En même temps, Botvinnik évite une variante de l'ouverture anglaise populaire à l'époque et encore possible après : 2.♘c3 g6 3.g3 ♗g7 4.♗g2 0-0 5.e4 d6 6.♘ge2. Les Blancs poursuivent par d2-d3 et, en fonction dont les Noirs disposent leurs pions pour la bataille du centre, ...c5 ou ...e5, ils commencent l'attaque soit par a2-a3 et b2-b4, soit par f2-f4 dans le second cas. L'expérience a cependant montré que le contrôle de d4 par les Noirs leur procure une position tout à fait confortable, et en particulier Smyslov gagna de manière très logique dans cette variante avec les Noirs dans sa première partie du match contre Botvinnik en 1957. Lors des deuxième Spartakiades d'URSS (1959), Botvinnik essaya de nouveau cette variante contre Gurgenidze, mais dans cette partie aussi les Noirs obtinrent un jeu satisfaisant à la sortie de l'ouverture.

Maintenant, cependant, cette variante n'est plus possible, vu que les Blancs ont développé leur le Cavalier roi en f3.

2...g6

La défense est-indienne a une histoire intéressante. Elle a acquis ses lettres de noblesse il y a une vingtaine d'années. Elle avait été employée auparavant seulement de manière sporadique, et, comme on dit, de manière spontanée. En particulier, une configuration semblable fut, il y a longtemps, le choix de Tchigorine, mais la supériorité des Blancs au centre, le Fou en g7 butant contre son propre pion e5 et la position noire resserrée n'inspiraient guère confiance. À la fin des années trente, un groupe de joueurs ukrainiens à la tête desquels se trouvait Konstantinopolsky, Boleslavsky et Bronstein, s'est mis à étudier en détail cette ouverture délaissée et lui a donné un second souffle. Quel amateur d'échecs n'est-il pas familier avec les combinaisons du virtuose David Bronstein dans ses parties contre Pachman et Zita (match Moscou – Prague, 1946), dans lesquelles le Fou « inactif » en g7 fit des ravages ? Pour cela, il est vrai, les Noirs n'ont sacrifié « seulement » qu'une Tour. Quel amateur d'échecs ne s'est-il pas enthousiasmé pour les brillantes idées d'un autre dévot de la défense est-indienne, le grand maître d'Odessa Efim Geller, dans les mains duquel cette défense est devenue une formidable arme de combat ?

De nouveaux schémas de développement pour les Noirs sont apparus, et le coup ...e7-e5 a cessé d'être obligatoire. Dans de nombreuses parties, les Noirs minent le centre par ...c7-c5, ou parfois même évitent tout à fait de toucher aux pions c et e, préférant exercer une pression de pièces sur le centre avec ...♘c6 et ...♗g4. L'idée d'un contre-jeu immédiat sur l'aile dame avec ...a7–a6 et ...b7.b5 est également apparue. En règle générale, les Noirs ont déployé toutes ces idées avec le plus de succès contre le fianchetto blanc g2, forçant ainsi les Blancs de commencer à employer d'autres variantes. Ils firent revivre la variante Sämisch, qui conduit généralement à des batailles très aiguës avec des roques opposés, où les Blancs cherchent à démontrer que le coup ...g7-g6 affaiblit l'aile roi. Au début, cette variante a procuré aux Blancs quelques succès, mais les efforts de spécialistes de l'est-indienne (en particulier Geller et Gligorić) ont permis de trouver des antidotes suffisamment efficaces. Le grand maître Tigran Petrossian a trouvé à son tour une idée dangereuse, impliquant le développement du Fou en g5, où il entrave le contre-jeu noir à l'aile roi, suivi d'une poussée des pions blancs sur l'aile opposée, dans le but d'ouvrir les lignes. Pour l'heure, le dernier mot pour les Noirs dans cette variante revient au talentueux grand maître ukrainien Léonid Stein, qui a joué ...h7-h6 avant ♗g5, tuant dans l'oeuf le plan des Blancs, il est vrai au prix d'un temps. Pourtant, les événements récents ont montré que la mode pour la défense est-indienne a commencé à décliner, et même ses partisans comme Petrossian, Bronstein et Geller font fréquemment le choix d'autres débuts. Peut-être cela est-il dû au fait que son caractère novateur s'est estompé, peut-être est-ce parce que le jeu des Blancs est devenu plus réfléchi. Cependant, dans tous les cas il est trop tôt pour proclamer la mort de la défense est-indienne, car même si les Blancs y obtiennent un petit avantage, les Noirs y ont une position tout aussi jouable que dans n'importe quelle autre ouverture[24].

3.g3 ♗g7 4.♗g2 0-0 5.d4

Les Blancs déterminent progressivement leur structure de pions. Ici, ou même un peu plus tard, ils avaient la possibilité de jouer d2-d3, conférant à la partie un caractère plus fermé. Il faut supposer que

Botvinnik ne voulait pas donner au jeu une tournure trop tranchante, avec dans cette configuration les Blancs qui obtiennent l'initiative sur l'aile dame pendant que les Noirs développent leur contre-attaque sur l'aile roi. Mon adversaire ne désirait probablement pas permettre de telles possibilités dans l'ouverture, particulièrement depuis que plusieurs parties récentes, entre autres Pirc – Boleslavsky (URSS contre Yougoslavie 1957), en ont confirmé l'efficacité. Les Noirs doivent maintenant décider quelle variante choisir. Ils peuvent transposer dans une défense Grünfeld avec 5...d5, mais je ne l'avais jouée que très rarement et ne me sentais pas trop familier avec ses positions. La tentative de transposer dans un début symétrique avec 5...c6 suivi de ...d7–d5 ne conduit qu'à une partie morne avec un léger avantage blanc.

5...d6 6.♘c3 ♘bd7

Un autre coup responsable. Les Noirs affichent leur intention de jouer l'est-indienne dans sa forme originelle. C'est la variante qui fut utilisée quand l'est-indienne commença à être jouée dans les tournois importants. J'ai préféré dans de nombreuses parties le développement avec 6...c5 et 6 ...Cc6. La variante choisie dans cette partie se rencontre beaucoup plus rarement dans mes parties, et j'ai supposé en

---

[24] Tal avait une bonne intuition en écrivant ces lignes dans les années 60. La défense est-indienne fut une formidable arme pour Fischer à la fin des années 60, pour Kasparov dans les années 90, et continue de nos jours à l'être pour Nakamura ou Radjabov, entre autres grands maîtres de premier plan (note du traducteur francophone).

conséquence que Botvinnik serait moins préparé à l'affronter.

7.0-0 e5 8.e4 c6

Le plus souple. Les Noirs n'ont pas d'objection à la fermeture du centre, car dans ce cas leur Cavalier obtient une case confortable en c5, en outre, avec le centre fermé, ils ont les mains libres pour jouer sur l'aile roi, avec la manœuvre du Cavalier en e8 ou en h5 libérant le pion f. La prise immédiate en d4 donnerait aux Blancs un avantage définitif, qui sont plus libres au centre et sur l'aile roi.

9.h3

Dans de nombreuses parties, Botvinnik a essayé de démontrer que ce coup, qui prévient une attaque contre Fou en e3, constitue une perte de temps, et lui a préféré l'immédiat 9.♗e3, mais dans la 14e partie du match Botvinnik-Smyslov (1954), les Noirs ont trouvé une réplique convaincante avec cet ordre de coups : 9...♘g4 10.♗g5 ♕b6! 11.h3 exd4! 12.♘a4 ♕a6 13.hxg4 b5 14.♘xd4 bxa4 15.♘xc6 ♕xc6 16.e5 ♕xc4 17.♗xa8 ♘xe5, et Smyslov prit l'avantage dans un combat tranchant. Ainsi, le coup prophylactique 9.h3 s'avère nécessaire. Le plan des Blancs implique un développement harmonieux de leurs pièces au centre, et s'ils parviennent tôt ou tard à forcer leur

adversaire à échanger en d4, ils auront alors la possibilité d'exercer une pression sur le pion faible en d6. Les Noirs fondent habituellement leur contre-jeu sur la grande diagonale du Fou en g7, mais, avec un jeu précis, les Blancs peuvent le neutraliser. Ce scénario s'est produit dans de nombreuses parties où les Noirs ont échangé immédiatement en d4 ou continué par 9...a5 et ...♖e8. Les difficultés des Noirs dans cette variante les ont conduits à commencer à chercher des continuations plus actives, dont la suivante (accessoirement aussi d'origine ukrainienne). Récemment, le coup 9...♕a5, qui comporte des idées similaires au coup de la partie, est devenu aussi populaire, mais l'ayant déjà employé à plusieurs reprises dans des tournois, je ne voulais pas le répéter dans ce match.

9...♕b6

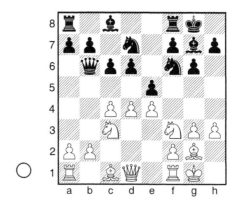

Les Noirs entament immédiatement une opération contre d4, menaçant un motif combinatoire familier : 10...exd4 11.♘d4 ♘xe4! Dans le même temps, ils ont des vues sur le pion c4 par 10...♕b4. Ainsi, si les Blancs souhaitent maintenir la tension centrale, ils doivent composer avec de nombreuses idées de contre-jeu noir. Il ne faut pas oublier non plus que dans certains cas (après un éventuel ...♘g4), la Dame en b6 peut créer des menaces sur le pion f2. Mon choix d'ouverture s'est avéré être psychologiquement judicieux. À nouveau, Botvinnik cherche à éviter les variantes tactiques à double tranchant, leur préférant la fermeture immédiate du centre, escomptant gagner du temps en attaquant la Dame. L'autre manière de rompre la tension au centre, 10.dxe5, donne peu aux Blancs : les Noirs obtiennent un fort avant-poste en d4 et la Dame peut regagner son poste habituel en e7 via b4.

10.d5 cxd5 11.cxd5 ♘c5

L'une des vertus du plan noir est évidente : leur Cavalier obtient une position active et attaque déjà un pion.

12.♘e1

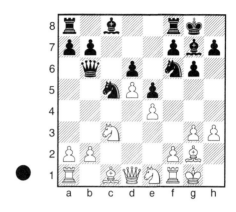

Pendant la partie, j'ai supposé qu'il s'agissait d'une nouveauté théorique. Plus courant est 12.♖e1 ou 12.♘d2, afin de transférer le Cavalier en c4 avec gain de temps sur la Dame. Dans ce cas cependant, les Noirs gardent une grande liberté d'action sur les deux ailes : côté aile dame en préparant ...b7-b5 et ...♗a6, et côté aile roi par l'avance ...f7-f5.

J'appris cependant plus tard que 12.♘e1 avait déjà été joué par Petrossian dans une partie contre Shiyanovsky lors d'une demi-finale du championnat d'URSS (Kiev 1957) qu'il remporta rapidement (mais pas à cause du coup 12. Ce1).

Les Blancs ne peuvent pas tolérer longtemps le très ennuyeux Cavalier en c5 et se préparent à l'échanger. Le rôle de la pièce qui gagnera un temps est assigné au Fou en c1. Néanmoins, l'inconvénient de 12.♘e1 est qu'il coûte du temps aux Blancs, permettant aux Noirs de compléter leur développement sans coup férir. C'est précisément ce que Shiyanovsky oublia de faire dans la partie précitée, cherchant à conclure trop vite en attaquant sur l'aile roi.

12...♗d7 13.♘d3

Botvinnik est d'avis que la fréquentation des tournois n'est pas si essentielle. Bien entendu, les méthodes de travail et de préparation pour une échéance importante sont une affaire de goût pour chaque joueur. Mais en même temps, les échecs modernes ont atteint de nos jours un si haut niveau que les connaissances ou le talent individuel ne suffisent plus. Chaque partie demande une quantité incroyable d'énergie nerveuse, et de ce fait je crois qu'une participation plus ou moins régulière dans les compétitions est nécessaire pour qu'un joueur se maintienne en forme. Le coup de la partie, ou plus précisément le temps passé pour le jouer démontre que Botvinnik n'avait pas joué d'échecs de compétition depuis longtemps. En effet, était-il nécessaire de passer dix minutes avant d'effectuer ce coup fort évident inauguré par son coup précédent, quand on sait que ces dix minutes peuvent être extrêmement précieuses sur le total des deux heures trente allouées aux quarante premiers coups ? Combien de fois ces dix minutes n'ont-elles pas fait défaut au joueur au moment décisif !

13...♘xd3 14.♕xd3 ♖fc8

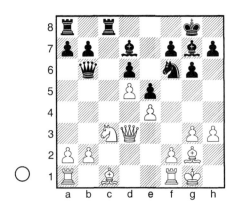

La position critique. Ici, les Noirs ont passé un long moment avant de décider quel plan adopter dans le milieu de jeu. Ils voudraient jouer ...f7–f5 qui est fort de par la présence des pions en h3 et en g3 qui rend l'aile roi blanche plus faible. Cependant le direct 14...♘h5 ne permet pas d'atteindre ce but après 15.♗e3 ♕d8 16.♕e2!, et maintenant après 16...f5 17.exf5, les Noirs doivent s'attendre à une partie positionnelle difficile après 17...♗xf5. Je ne voulais pas préparer ...f7–f5 par 14...♘e8, craignant que l'aile dame ne fut adéquatement défendue. Néanmoins, une analyse plus fouillée montre que cette suite méritait d'être prise en compte. Après 14...♘e8 15.♗e3 ♕d8, les Blancs ne peuvent pour le moment pas créer de réelles menaces sur l'aile dame, et ...f7–f5 peut être joué sans difficulté. Que cette suite donne quelque chose de tangible – mettons après

16.♖ac1 f5 17.exf5 gxf5 18.f4 – est une autre question. Le Fou en g7 entrerait aussi de la sorte en scène. Les Noirs décidèrent (en partie également pour des raisons psychologiques) de jouer pour le moment sur l'aile dame, et une fois la vigilance blanche endormie, de pousser ...f7-f5 au moment opportun. L'idée d'un sacrifice du Cavalier en f4, bien qu'assez brumeuse, commençait déjà à titiller mon esprit à ce moment-là de la partie. Les Noirs décident de mettre la Tour f en c8, tout d'abord pour garder le pion a7 défendu par l'autre Tour, et secondement pour suggérer aux Blancs qu'ils n'avaient aucune intention agressive sur l'aile roi.

15.♖b1

Un coup très révélateur. Les Blancs prennent les Noirs au sérieux sur l'aile dame et y concentrant eux aussi leurs forces. Ils ont l'intention de jouer ♗e3. 15.♕e2 était aussi possible, empêchant du même coup ...♘h5 suivi de ...f7-f5. La position de la Tour en b1 offrira plus tard aux Noirs un tempo très important.

15...♘h5

Maintenant, mon adversaire peut aussi être inquiété sur l'autre aile. Il s'avère que la poussée ...f7-f5 n'a pas besoin forcément du soutien d'une Tour en f8.

16.♗e3 ♕b4

Bien entendu, 16...♕d8 n'aurait pas été dans l'esprit de la position, car en contradiction avec ♖fc8. Les Blancs auraient pu jouer alors 17.♘b5, forçant un échange favorable. Pour l'heure les Noirs suivent le plan déjà mentionné : jeu évident sur l'aile dame et jeu latent sur l'aile roi.

17.♕e2

La menace ...f7-f5 est devenue préoccupante, car le pion blanc f2 est rivé à la défense du pion g3, et de plus, après l'ouverture de la diagonale pour son Fou, les pièces noires seraient très bien placées. Il devient clair que 15.♖b1 était imprécis, les Blancs ayant perdu un temps important.

17...♖c4

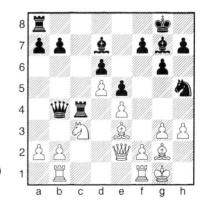

229

La variante 17...f5 18.exf5 ♗xf5 19.♖bc1, concédant la case e4 eut été positionnellement injustifiée. Les Noirs décident que pousser ...f7-f5 ne doit être fait qu'au moment le plus opportun, et maintenant le sacrifice du Cavalier en f4 se précise peu à peu. C'est avec le but de le préparer que les Noirs choisissent leur coup suivant, lequel semble très naturel : le doublement des Tours sur la colonne c suivi du jeu sur l'aile dame.

18.♖fc1

Faisant entièrement confiance à l'adversaire, les Blancs veulent enfumer les pièces noires par ♗f1 puis trouver le moment propice pour provoquer des échanges massifs. Une finale serait très favorable aux Blancs, du fait que le Cavalier en h5 et le Fou en g7 sont bloqués sur l'aile roi et peuvent difficilement se joindre à la défense.

18...♖ac8

Seize minutes furent dépensées pour jouer ce coup évident. Les Noirs devaient examiner l'idée qui va surgir un peu plus tard, pour voir si elle était effective dès maintenant. Et non, elle ne marche pas encore. La variante doit être renforcée.

19.♔h2

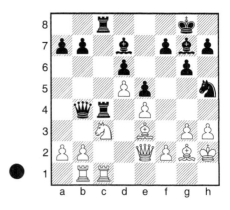

Un coup qui se serait avéré être fort utile (le Roi quitte la dernière rangée et défend le pion g3 en cas de besoin) s'il n'y avait pas un réel danger planant soudain sur la position blanche. Botvinnik, convaincu qu'il n'y a aucune menace, décide de jouer ce coup prophylactique avec l'intention de poursuivre par ♗f3 ou ♗f1. Il est vrai que même après un immédiat ♗f3 (ou ♗f1), il aurait suivi 19...f5. Après ce coup d'attente, les Noirs considèrent que la position est mûre pour la combinaison suivante, introduite par un premier coup antipositionnel.

19...f5! 20.exf5 ♗xf5 21.♖a1

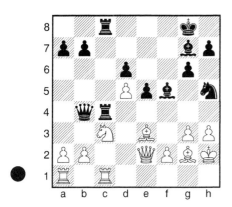

En cas de 21.a3 ♛b3 22.♘e4 ♖c2 23.♖xc2 ♖xc2 24.♛d1, les Noirs auraient pu essayer le sacrifice de pièce intéressant 24...♘f4!? avec des complications insondables. Botvinnik pensait sans doute qu'au vu de la menace 22.g4, les pièces noires seraient contraintes de reculer, auquel cas il pourrait occuper confortablement la case e4, mais une surprise l'attendait.

21...♘f4

La controverse suscitée par ce coup fut à mon avis dénuée de sens. Ce coup est bon, vu que tous les autres sont mauvais, et si le sacrifice de Cavalier est incorrect, un point d'interrogation devrait ponctuer non pas le 21e coup, mais plutôt disons, le 17e. Après ce sacrifice, toutes les pièces noires (dont en particulier le Fou en g7 jusqu'alors « inemployé ») deviennent très actives et les Blancs doivent calculer de nombreuses variantes tranchantes. L'acceptation de ce sacrifice est forcée.

22.gxf4 exf4 23.♗d2

« 23.a3 aurait gagné la partie » titrait un article de Goldberg comportant une analyse de cette position, paru dans un bulletin après le match. Les secondants de Botvinnik abondèrent dans ce sens en donnant plusieurs variantes intéressantes. La position critique se produit après 23...♛b3 24.♗xa7 (l'immédiat 23.♗xa7 est réfuté par 23...♛a5 qui récupère la pièce avec une position écrasante). Il ne vaut pas la peine d'essayer de convaincre le lecteur que les Noirs avaient calculé en détail toutes les variantes et en avaient conclu que le sacrifice de Cavalier en f4 était gagnant. Il convient de plutôt considérer 21...♘f4 comme un sacrifice purement positionnel. Jetons d'abord un coup d'œil à la position qui survient dans la variante recommandée par Goldberg après 24.♗xa7.

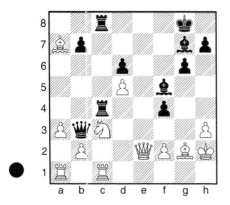

La pièce supplémentaire des Blancs ne joue pour le moment aucun rôle, d'autant plus que les Noirs peuvent l'isoler par ...b7–b6, alors que les deux Fous noirs sont particulièrement actifs et peuvent agir simultanément sur les deux ailes. L'aile dame blanche est aussi plutôt rigide et la position du Roi blanc affaiblie. Les compensations noires sont ainsi évidentes et la question est de savoir, par une analyse fouillée, si les Noirs peuvent les valoriser en quelque chose de plus tangible.

J'avais l'intention de continuer par 24...♗e5 qui menace 25...f3+. Les Blancs disposent de trois défenses : ils peuvent retirer leur Roi en g1 ou bien empêcher l'ouverture de la diagonale par 25.f3 ou 25.♗f3. Voyons ces trois possibilités.

1) 25.♔g1 b6. Les Noirs menacent de regagner le Fou par 26...♖4c7, et 26.♕d1 ♕xb2 27.♖a2 ♖xc3! n'est d'aucun secours. Il s'ensuit que les Blancs ne peuvent

libérer leur Fou, et s'il en est ainsi, alors la position est matériellement égale et en pratique favorable aux Noirs.

Les choses se compliquent pour les Noirs si le Roi se maintient en h2.

2) 25.f3. D'un côté permet le retour de l'exilé a7, mais de l'autre bloque complètement le Fou en g2. Les Noirs répliquent alors avec le routinier 25...b6, et 26.♕f2 est inefficace à cause de 26...♗d4 puis ...♗e3 qui gagne un temps. Il reste 26.♕d1 qui permet aux Noirs d'exploiter l'affaiblissement de la seconde rangée par un sacrifice de leur Dame : 26...♕xb2 27.♖a2 ♖xc3 28.♖xb2 ♖xc1 29.♕d2 ♗xb2 30.♕xb2 ♖1c2 31.♕d4 ♖e8. La Tour noire envahit la seconde rangée et les Blancs n'ont rien de mieux que de forcer la nulle, soit par échec perpétuel, soit en continuant avec la suite 32.♕xf4 ♖ee2 33.♕g3. Ces variantes ne causent aucune polémique.

3) La suite la plus intéressante résulte de 25.♗f3. Ce fut l'analyse de cette variante qui fit dire à Goldberg que la combinaison noire était complètement incorrecte. Le fait que la position n'est en aucun cas aussi simple que Goldberg le prétend est clairement démontré par Konstantinopolsky dans ses analyses dans le *Bulletin d'échecs de Moscou*. Pendant la partie, j'ai envisagé également de sacrifier ma Dame dans cette variante, mais j'ai renoncé à

calculer plus loin, convaincu par les compensations que j'y obtiendrais. Konstantinopolsky a trouvé une confirmation tactique très intéressante à cette intuition. Après les coups 25.♗f3 b6 26.♕d1 ♕xb2 27.♖a2 ♖xc3 (Il est à noter que les continuations des Noirs sont toujours les mêmes. Et cela est le signe selon moi de l'évidente correction de la combinaison. Les Noirs ont une partie très facile, alors que les Blancs doivent trouver des ressources défensives) 28.♖xb2 ♖xc1, il apparaît que 29.♕d2 conduit à une position difficile après la réplique inattendue : 29...♗e4!, où la paire de Fous, qui s'affairait jusque-là sur l'aile dame, s'en prend maintenant directement au Roi. Par exemple : 30.♔g2 ♗xf3+ 31.♔xf3 ♖8c3+ 32.♔e4 ♖c4+ 33.♔f3 ♖1c3+ 34.♔e2 f3+ 35.♔d1 ♗f4. Les Blancs doivent par conséquent jouer 29.♕e2, mais là aussi, après 29...♖8c3 (mentionné également par Konstantinopolsky), le déficit matériel n'est pas ressenti pour le moment.

Il est possible que l'on trouve des manières d'améliorer la défense des Blancs dans le futur. Le présent commentaire ne prétend pas être une analyse exhaustive de la position et des variantes qui auraient pu se produire ; son rôle est d'éclairer le fil du combat du point de vue de l'un de ses combattants, et de ce point de vue, je suis convaincu que ce sacrifice à double tranchant du

Cavalier en f4 était la décision correcte à prendre.

Revenons maintenant à la position après 23.♗d2.

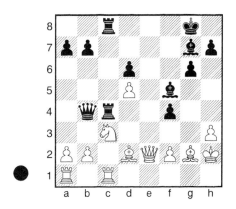

23...♕xb2

Il est intéressant de noter qu'après le sacrifice du Cavalier, les Noirs ont passé 15 minutes à réfléchir sur leur coup suivant. Avaient-ils oublié quelque chose ? Ou bien est-ce le désir de vérifier des variantes ? Ni l'un ni l'autre en réalité. C'était simplement une confirmation, pour ainsi dire, de la nature intuitive du sacrifice, une confirmation que les Noirs n'avaient pas calculé les variantes du début à la fin au moment du sacrifice. Ainsi, pas moins indicatif fut que des analyses montrèrent plus tard que ce choix était incorrect.

Alors que je réfléchissais, j'avais déjà inscrit sur ma feuille de partie le coup 23...♗e5, qui, comme le verra, était le plus fort. Après ce coup, les Blancs ne peuvent pas jouer 24.♔g1 ♕xb2, car 25.♘d1 ♖xc1 n'est pas possible. Après 25.♖ab1 ♗xb1 26.♖xb1 ♕c2 27.♖c1 (ou 27.♗e4 ♖xe4) 27...♕f5 28.♕f3 ♕h5 29.♘e2 ♖c2, la faiblesse de l'aile dame est là encore patente.

24.♗f3 n'est également d'aucune utilité. Cependant, après 24...♕xb2 25.♘d1, les Noirs ne sont pas obligés de sacrifier leur Dame, ainsi que Konstantinopolsky l'a montré dans ses analyses, mais peuvent continuer avantageusement par 25...♕a3! Après 26.♖xc4 ♖xc4 27.♕xc4 ♕xf3, l'attaque des Noirs est irrésistible : plus important que tout, la Tour en a1 est attaquée, et si les Blancs ne jouent pas 27.♕xc4, ils doivent entre autres prendre en considération la menace positionnelle 27...♖c2.

J'ai rejeté 23...♗e5 à cause de la variante 24.f3 ♕xb2 25.♘d1! ♕d4 26.♖xc4 ♖xc4 27.♖c1 ♖xc1 28.♗xc1 ♕xd5 29.♗f1, où les trois pions noirs ne compensent pas la pièce de plus des Blancs. Il semblerait toutefois que les chances soient sensiblement égales.

Comment les Noirs peuvent-ils prendre l'avantage si les Blancs jouent la première phase de la partie plutôt passivement mais très solidement ? Probablement que d'arriver dans une position où les Blancs doivent lutter pour la nullité est déjà une petite victoire pour les

Noirs. Lorsque j'ai opté pour 23...♕xb2, j'ai accepté le fait que la partie devait se terminer par la nulle par répétition. Tous les observateurs de la partie avaient sans doute la même opinion, et ce ne fut que quelques jours plus tard que le grand maître Salo Flohr trouva une jolie possibilité de gain pour les Blancs.

24.♖ab1

24.♘d1 était perdant sur 24...♕e5!, et il n'y a pas de défense contre les différentes menaces, par exemple : 25.♕xe5 ♗xe5 26.♖xc4 (ou 26.♗f3 ♖c2) 26...♖xc4 27.♖c1 f3+. Les Blancs sacrifient la qualité dans l'espoir de prendre l'initiative.

24...f3

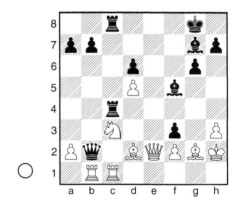

C'est sur ce coup que reposaient tous les espoirs des Noirs. J'avais vu que les Blancs ne pouvaient pas jouer 25.♖xb2 et je pensais que la

tournure naturelle des événements allait être 25.♗xf3 ♗xb1 26.♖xb1 ♕c2 27.♖c1 ♕b2 28.♖b1, etc. Pendant la partie, Botvinnik pensa aussi que sa position n'était en aucun cas meilleure. Après la partie, il montra une variante qu'il n'aimait pas : 27...♕f5, mais dans ses calculs, il oublia la possibilité de 28.♗g4 ♕e5+ 29.♕xe5 ♗xe5+ 30.f4 ♖xc3 31.♗xc8 (c'est ce coup qui lui échappa).

Quelques jours plus tard, le grand maître Salo Flohr découvrit que les Blancs n'étaient pas dans l'obligation de prendre la répétition de coups, car ils disposaient de l'inattendu 27.♗e4!! ♖xe4 28.♘xe4!! (pas 28.♕xe4 ♗e5+ que les deux joueurs avaient envisagé). Maintenant, après 28...♕xb1 29.♘xd6 ♖f8 30.♕e6+ ♔h8 31.♘f7+ ♖xf7 32.♕xf7 ♕f5 33.♕xf5 gxf5 34.♔g3 ♗e5+ 35.♗f4, ou après 28...♗e5+ 29.♔g2 ♕xb1 30.♘xd6! ♗xd6 31.♕e6+ ♔g7 32.♕d7+!, les Blancs obtiennent une finale clairement meilleure.

Ainsi, la tempête levée par les Noirs aurait pu se retourner contre eux, mais tout ceci du fait de leur erreur au 23ᵉ coup. Comme je l'ai déjà mentionné, Botvinnik considérait la prise en f3 comme étant favorable aux Noirs, et il lui préféra l'échange immédiat des Dames. C'est assez compréhensible d'un point de vue psychologique : vous avez une pièce de plus et vous subissez une attaque, il est toujours

agréable de vous débarrasser de la Dame adverse, mais dans leurs calculs, les Blancs sous-estimèrent la force du 26ᵉ coup noir.

25.♖xb2? fxe2 26.♖b3 ♖d4

Cette Tour intrépide acquiert soudain une force colossale sur la case d4 au centre de l'échiquier. Comme les Blancs ont colmaté la colonne c, cette Tour glisse sur la colonne d où, en collaboration avec le pion passé e2, elle donne aux Noirs une position gagnante.

27.♗e1

Il n'y a rien de mieux. Si 27.♗e3, les Noirs gagnent par 27...♖xc3 28.♖bxc3 ♖d1.

27...♗e5+ 28.♔g1

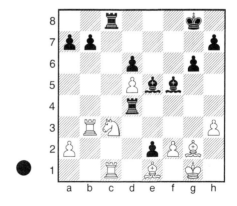

28...♗f4

Malheureusement, les Noirs ont raté une occasion de finir la partie rapidement et de belle manière par 28...♖xc3! 29.♖bxc3 ♖d1 30.♖c4 ♗b2. Les raisons de cet oubli sont sans doute en partie extra-échiquéennes : le bruit dans l'auditorium avait conduit les organisateurs à mettre leurs menaces à exécution et à transférer le match dans une pièce fermée aux spectateurs. Ce fut bien évidemment un avertissement sévère pour les spectateurs qui ne donnèrent pas motif à renouveler une telle mesure lors des parties suivantes, mais le sentiment de devoir quitter la scène, une fois les pendules arrêtées au point culminant de la partie, n'a rien d'agréable non plus pour les joueurs. Je ne suis pas habitué à jouer dans de telles conditions « nomades ». Un tel incident aurait d'ailleurs pu entraîner une bien plus grosse gaffe de ma part. Je choisis donc délibérément une continuation moins forte, mais plus sûre, car ne nécessitant pas de longs calculs.

29.♘xe2

Après 29.♖a1 et quelles que soient les circonstances, les Noirs se seraient finalement décidé pour 29...♖xc3 30.♖xc3 ♖d1.

29...♖xc1 30.♘xd4

Ou 30.♘xc1 ♖d1. La dernière chance de Botvinnik est d'exploiter l'activité de son Cavalier.

30...♖xe1+ 31.♗f1 ♗e4

La paire de Fous et un pion supplémentaire sont un avantage plus que suffisant pour le gain. Les Blancs ne peuvent pas maintenant jouer 32.♖xb7 à cause de 32...♗d3.

32.♘e2 ♗e5 33.f4 ♗f6 34.♖xb7

Si 34.♔f2, les Noirs répliquent 34...♗h4+, ou même simplement 34...♖b1.

34...♗xd5 35.♖c7

Mais pas 35.♖xa7 ♖xe2.

35...♗xa2 36.♖xa7

Les Blancs ont à présent cette possibilité, car sur 36...♖xe2, ils peuvent interposer 37.♖a8+.

36...♗c4

Les pièces blanches sont complètement immobilisées et l'avance du pion d décide rapidement de l'issue de la partie. Toutefois, les Noirs jouent tous leurs coups instantanément depuis le 26e coup, ce qui explique qu'ils se compliquent quelque peu la tâche dans les coups suivants. Il semble que dans cette phase aussi, le transfert dans un autre lieu en cours de jeu ait eu un effet négatif.

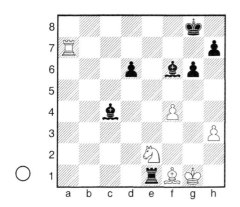

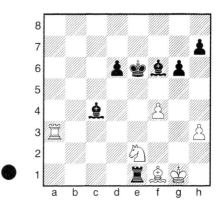

37.♖a8+ ♔f7

Beaucoup plus simple était 37...♔g7 38.♖e8 d5 ou 38.♖a7+ ♔h6, et les Blancs perdent une pièce. Mais je pensais pouvoir gagner de n'importe quelle manière !

38.♖a7+ ♔e6

De même ici, il était encore temps de revenir en g8 puis de transposer dans la variante donnée dans la note précédente.

39.♖a3

Les Noirs avaient oublié cette idée simple : la Tour blanche vient sur la colonne e. Maintenant, je suis obligé de réfléchir à nouveau, car les Blancs ont obtenu quelques chances de nulle. Les Noirs reviennent au plan correct qui consiste à simplement faire valoir leur pion passé d.

39...d5 40.♔f2 ♗h4+

Empêchant l'activation du Roi blanc.

41.♔g2 ♔d6

Les 40 coups ont été atteints, mais les deux joueurs restèrent assis. Botvinnik, bien évidemment, comptait sur le fait que si les Noirs continuaient de jouer aussi vite, ils finiraient bien par faire une erreur. En ce qui me concerne, j'ai continué à jouer comme par « inertie ».

42.♘g3

Échappant finalement au clouage, mais au prix d'une finale de Tours sans espoir.

42...♗xg3   43.♗xc4   dxc4 44.♔xg3 ♔d5

44...♖e7 était possible aussi bien entendu, mais les Noirs sont trop impatients de promouvoir leur pion passé !

45.♖a7 c3 46.♖c7 ♔d4

La partie fut ajournée dans cette position et les Blancs mirent leur prochain coup sous enveloppe. Arrivés à la maison, mon entraîneur et moi-même avons analysé la position et nous avons rapidement convenu que le pion passé noir était inarrêtable. Par conséquent (je vous fais cette confidence), le jour suivant, nous ne nous sommes pas levés pour le petit déjeuner, mais avons attendu dans notre chambre un appel de l'arbitre nous informant de l'abandon des Blancs. Cet appel longuement attendu est arrivé sur le coup de midi. Le coup sous enveloppe était **47.♖d7+**.

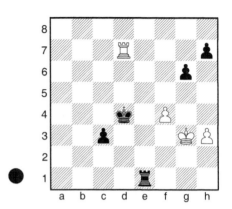

0-1

PARTIE N° 35
Tal – Darga
Match URSS – Allemagne de l'Ouest, Hambourg 1960
Défense sicilienne

1.e4   c5   2.♘f3   e6   3.d4   cxd4 4.♘xd4 ♘f6 5.♘c3 d6

Je pense que le choix de cette variante résulte de raisons psychologiques. Darga était le secondant d'Olafsson au tournoi des candidats en Yougoslavie, et il ne fait pas l'ombre d'un doute qu'il avait noté le jeu douteux des Blancs confrontés à la variante Scheveningue dans la partie Tal – Smyslov de la 22e ronde.

Considérant le fait que la variante Scheveningue ne s'invite pas si souvent dans les parties de mon adversaire, j'ai décidé de jouer une variante rare et calme qui permet d'éluder toute préparation théorique.

6.g3 a6 7.♗g2 ♕c7

Il serait sans doute plus judicieux de compléter d'abord le développement des pièces à l'aile roi par 7...♗e7 et 8...0-0, et seulement ensuite de déterminer la position des pièces restantes.

8.0-0 ♗e7 9.f4

Cela semble douteux compte tenu de l'autoaffaiblissement sur la diagonale g1-a7. Par leur coup suivant, les Noirs cherchent à exploiter immédiatement cette imprécision, mais ils jouent en fait un très mauvais coup positionnel, qui les fait entrer de manière forcée dans une position inférieure. Les Noirs auraient dû tout simplement roquer, et nous aurions atteint une position normale dans ce type de variante, dans laquelle les Blancs poussent leurs pions de l'aile roi tandis que les Noirs recherchent un contre-jeu sur l'aile dame au moyen de ...b5 (ou parfois ...d5).

9...♘c6?

Ce coup paraît très logique s'il n'était pas une erreur ! Les Blancs prennent maintenant un avantage positionnel de manière forcée.

10.♘xc6! bxc6

Si 10...♕xc6, les Blancs ont le coup utile 11.♔h1 qui menace 12.e5 (qui ne marche pas immédiatement à cause de 11...♕c5+), et après le retrait forcé de la Dame, il survient une position dans laquelle les Noirs ont perdu du temps, puisque la manœuvre ...♕c7-c6-c7 pourrait être remplacée par le seul coup ...♕c7.

11.e5 dxe5

Si 11...♘d5, les Blancs gardaient l'avantage soit par 12.exd6 ♗xd6 13.♘e4 ou bien par 12.♘e4.

12.fxe5 ♘d7

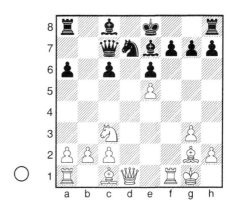

Après 12...♘d5 13.♘e4, les Noirs ne peuvent pas jouer 13...♕xe5 14.c4 ♘f6 à cause de 15.♗f4 suivi de 16.♘d6+. La centralisation du Cavalier noir en d5 ne dure qu'un seul coup jusqu'au prochain coup où les Blancs vont le refouler par c4.

13.♗f4 0-0 14.♘e4

Le Cavalier louche sur la case d6 et est prêt à bondir en f6 le cas échéant. La capture du pion e conduit à une finale difficile pour les Noirs après 14...♘xe5 15.♕d4 f6 16.♗xe5 ♕xe5 17.♕xe5 fxe5 18.♖xf8+ ♔xf8 19.♖f1+, dans laquelle le pion noir supplémentaire ne constitue qu'une entrave aux Fous noirs en les restreignant dans leurs mouvements. Il y a peut-être des chances de nulle pour les Noirs, mais jouer une telle position est très déplaisant.

14...♗b7

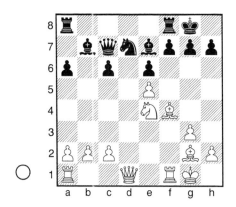

Préparant le coup libérateur ...c5, après lequel les Noirs pourraient espérer neutraliser la pression. Les Blancs n'ont rien à tirer de 15.♘d6 ♗xd6 16.exd6 ♕b6+ 17.♔h1 c5, et le pion d6 n'est pas une réelle menace tandis que le Fou en f4 est mal placé. Après une longue réflexion, les Blancs trouvent un plan d'attaque sur l'aile roi, qui force un affaiblissement des cases noires.

15.♕h5! g6

Maintenant 15...c5 serait mauvais à cause de 16.♘f6+ ♗xf6 17.exf6 ♘xf6 18.♗xc7 ♘xh5 19.♗xb7 ♖a7, et les Blancs ont le choix entre retirer un Fou sur f3 ou l'autre en d6, gardant dans tous les cas l'avantage matériel. Le moindre mal était sans doute 15...♕b6+ 16.♔h1 c5, après quoi 17.♘f6+ ne marche pas. Contre cette variante, les Blancs envisagent soit 17.♖ad1, avec la pression sur la colonne d, soit 17.♗g5, espérant exploiter l'éloignement de la Dame noire pour créer des menaces concrètes sur l'aile roi.

En jouant leur dernier coup, les Noirs avaient à l'évidence compté sur 16.♕h6 ♘xe5!, et les Blancs ne sont pas en mesure d'exploiter le clouage, si bien que rien de décisif ne semble découler de leur attaque sur le Roi. Par exemple : 17.♘g5 ♗xg5 18.♗xg5 (ou 18.♕xg5 f6 19.♗xe5? ♕b6+) 18...f5!

16.♕e2!

Les Blancs ont atteint leur but : la case f6 est faible. Et une nouvelle ressource offensive s'est fait jour : la possibilité de débuter des opérations sur la colonne f par ♗h6.

16...c5

Pour la dernière fois dans la partie, le pion e5 était attaqué, mais au cas où les Noirs auraient eu l'idée d'éliminer cet avant-poste (16...♘xe5), je disposais de deux suites alléchantes.

1) 17.♖ae1 ♕b6+ (bien sûr 17...f6 18.♘xf6+ mène à une finale perdante) 18.♔h1 ♘d7 19.♗h6, avec une initiative dangereuse pour le pion, par exemple : 19...♖fe8 20.♕f3 f5 21.♕c3 ♗f8 22.♗xf8 ♖xf8 23.♘d6.

2) L'alternative était 17.♘f2, forçant 17...f6 et transposant dans des variantes similaires à celles envisagées plus haut.

17.♘f6+ ♗xf6

Est mauvais : 17...♔h8 18.♗xb7 ♕xb7 19.♗h6 gagnant le pion f.

18.exf6

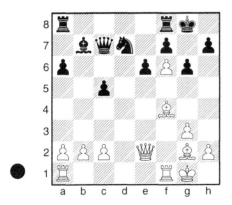

Il s'est produit une métamorphose. Le faible pion e5 s'est transformé en une très déplaisante écharde en f6, qui soutient des menaces de mat. Par exemple, sur 18...♕b6, les Blancs pourraient jouer 19.♗xb7 ♕xb7 et poster ensuite leur Fou en d6 et leur Dame en h6 via e3. Leur attaque serait dans ce cas irrésistible.

18...e5 19.♗xe5!

Beaucoup plus fort que 19.♗xb7 ♕xb7 20.♗xe5 ♖ae8 21.♕e3 ♖xe5 22.♕h6 ♘xf6. Les Blancs n'ont plus besoin désormais de leur Fou de cases noires.

19...♘xe5

La position noire est également sans espoir après 19...♕xe5 20.♕xe5 ♘xe5 21.♗xb7 ♖ab8 22.♗d5 ♖xb2 23.♖ae1.

20.♗xb7 ♖ab8

Aussi mauvais est 20...♕xb7 21.♕xe5 ♖fe8 22.♕g5.

21.♗d5 ♖b6

Les Blancs avaient préparé une combinaison contre 21...♖xb2 : 22.♖ae1 ♘d7 23.♗xf7+! ♖xf7 24.♕e8+ ♖f8 (ou 24...♘f8 25.♖e7) 25.♖e7! ♕c6 (il n'y a rien de mieux) 26.♖g7+ ♔h8 27.♕e7! Est insuffisant ici : 27.♖xh7+ ♔xh7 28.♕e7+ ♔h6 29.♕g7+ ♔g5 30.h4+ ♔g4 31.♕xg6+ ♔h3 32.♕f5+ ♔xg3, et je ne suis pas parvenu à trouver une suite matante pendant la partie.

Les Noirs cherchent à attaquer le pion f6 en transférant leur Cavalier en d7, et si nécessaire, leur Dame en d6. Comme en réalité ce plan ne peut pas être réalisé, j'ai décidé de ne pas empêcher mon adversaire de l'essayer.

22.♖ae1 ♘d7 23.♕e7 c4

Sur 23...♕d6, il apparaît que les Blancs peuvent transférer leur Tour en d1, après quoi les gains matériels sont à leur portée.

24.♔h1 !

La manière la plus simple de démontrer que la position noire est sans espoir. Le Roi se soustrait à un échec éventuel, et les Blancs menacent d'améliorer de manière décisive leur position. La tentative des Noirs d'obtenir du contre-jeu ne fait que précipiter la fin.

24...♖xb2 25.♖e6 !

Les Blancs exploitent le clouage fatal sur le Cavalier grâce à ce coup tactique : la Tour est sur le point de rejoindre la colonne d.

25...♖bb8 26.♖d6

Évitant de tomber dans le dernier piège de cette partie : 26.♖c6 ? ♕a5 ! 27.♕xd7 ♖bd8.

26...♖bd8 27.♖d1 1-0

En dépit de l'égalité matérielle, la décision des Noirs d'abandonner est justifiée. En premier lieu, ils ne disposent d'aucun coup, leur champ de manœuvre consiste à jouer leur Roi entre g8 et h8 et leur Dame dans le petit triangle c7–a7–c8. Qui plus est, on ne voit aucune défense contre ♗f3 gagnant une pièce.

PARTIE N° 36
Fischer – Tal
Olympiade de Leipzig 1960
Défense française

1.e4 e6 !

Qu'est-ce donc ? de la prétention ? Même le moins objectif des joueurs d'échecs n'a jamais affublé ce coup connu depuis belle lurette d'un point d'exclamation. Cela dit, ce coup mérite une approbation (pour des raisons extra-échiquéennes), ce qui amoindrit du coup la « prétention » de l'annotateur. En réalité, il mériterait seulement un demi-point d'exclamation, l'autre moitié revenant au mérite d'A. Koblentz, car c'est lors de la préparation à cette rencontre que l'idée de jouer la défense française nous est venue, quoique l'ayant déjà adoptée très très rarement et sans grand succès. Malgré cela, le choix d'une telle variante a dû être une surprise désagréable pour Fischer, car des positions de ce type se sont très rarement produites dans ses parties, et l'étude de son jeu a montré que le champion américain se sent moins en confiance dans des positions peu familières. Pour être honnête, je dois reconnaître qu'après avoir pris la décision de jouer la défense française, il m'a fallu encore dix minutes devant l'échiquier pour me décider pour la poussée de mon pion e.

2.d4 d5 3.♘c3 ♝b4 4.e5 c5 5.a3 ♝a5

Une variante sortie de l'oubli seulement très récemment. En 1954, après la 9e partie du match Smyslov – Botvinnik et de la partie Unzicker – Botvinnik de l'Olympiade d'Amsterdam, l'opinion avait généralement été admise que ce système avec 5...♝a5 n'était pas favorable aux Noirs. Cinq ans plus tard, en 1960, une note du maître international Konstantinopolsky parut dans des revues d'échecs et révéla de nouvelles idées pour les Noirs dans cette variante. Je me souviens que nous avons passé beaucoup de temps, Koblentz et moi, à analyser toutes ces variantes lors de notre préparation au match contre Botvinnik, sans toutefois pouvoir mettre notre travail à l'épreuve de la pratique, vu que Botvinnik n'adopta pas ce système dans le match de 1960.

Peu de temps après, toutes les revues partout dans le monde, y compris notre revue lettone, avaient publié la partie intéressante Matanović-Mititelu, jouée au tournoi zonal de Budapest, et que Mititelu avait remportée avec les Noirs.

Dans ma partie contre Fischer, les coups suivants ont été joués très rapidement.

6.b4 cxd4 7.♕g4 ♘e7 8.bxa5 dxc3 9.♕xg7 ♜g8 10.♕xh7 ♘bc6!

Première amélioration. Contre Smyslov, Botvinnik avait joué de manière plus passive : 10...♘d7 et après 11.♘f3 ♘f8 12.♕d3 ♕xa5 13.♝g5!, il s'était retrouvé rapidement dans une position délicate.

11.♘f3

L'analyse dans l'article de Konstantinopolsky portait sur la suite 11.f4. Quiconque veut avoir un éclairage sur les innombrables complications de cette variante peut se référer directement à cet article, mais dans notre partie, c'est une autre histoire.

11...♕c7

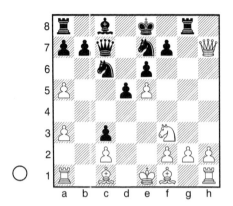

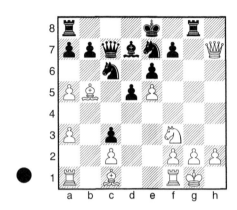

12.♗b5!

Après ce coup, les Blancs ne peuvent probablement plus prétendre à obtenir un quelconque avantage dans l'ouverture. Le coup 12.♗f4 joué dans la partie Unzicker – Dückstein (Zurich 1959) posait davantage de problèmes aux Noirs. En faisant le coup de la partie, Fischer avait vu une suite défavorable pour les Noirs s'ils jouent 12...♖xg2 13.♔f1! ♖g8 14.♖g1 avec une forte attaque. Cependant, après avoir abandonné leur aile roi, les Noirs n'ont nullement l'intention de tenter de la reconquérir et ils ont joué simplement :

12...♗d7

Maintenant, les Noirs menacent de récupérer aussi bien le pion g que le pion e. Après une longue réflexion, Fischer décida de sacrifier son pion central.

13...0-0-0

Le moment le plus critique de la partie. J'ai passé environ 40 minutes à évaluer la position se produisant après 13...♘xe5 14.♘xe5 ♕xe5 15.♗xd7+ ♔xd7 16.♕d3. À première vue, la position paraît très prometteuse pour les Noirs. Ils ont de bonnes chances tant dans le milieu de jeu (au vu des colonnes ouvertes sur l'aile roi) que dans la finale, du fait de leur pion c3 très avancé. Devant l'échiquier, je ne suis pourtant pas parvenu à trouver une façon pour améliorer ma position de manière substantielle, alors que la colonne b offre aux Blancs de bonnes chances de contre-jeu. Par exemple : 16...♖ac8 17.♖b1 ♔c7 18.♖b5! ♔b8 19.♗e3, et les Blancs ont activé leurs pièces. Les Noirs ont beaucoup de difficultés à mettre en branle leur centre de pions, et c'est pourquoi j'ai rejeté 13...♘xe5, lui préférant le coup joué dans la partie, plus fort à mon goût.

14.♗g5

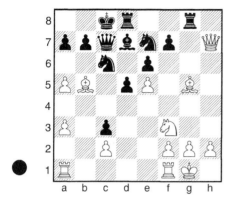

Un véritable casse-tête de complications survient, avec des possibilités éventuelles de terminer la partie par échec perpétuel. Les Blancs auraient aussi pu continuer aussi par 14.♗xc6, se laissant porter par le courant : 14...♗xc6 15.♕xf7 d4, avec un jeu très aigu[25].

14...♘xe5!

Sans ce coup, la position noire ne serait pas enviable. Les Blancs doivent maintenant composer avec le calcul de variantes complexes.

15.♘xe5!

_____

[25] Dans *Mes 60 meilleures parties*, Fischer analyse cette variante jusqu'au gain des Blancs, la faisant commencer par 16.♕xe6+ ♗d7 17.♕xe7 (note de l'éditeur).

Est mauvais bien entendu 15.♗xe7 ♘xf3+ 16.♔h1 ♖h8, qui menace 17...♖xh7 et 17...♕xh2+. En cas de 15.♗xd7, les Noirs ont le choix entre 15...♔xd7 et 15...♖xd7 16.♘xe5 ♕xe5 17.♗xe7 ♖h8 18.♖ae1 ♖xh7 19.♖xe5 ♖xe7, avec de meilleures chances en finale. C'est maintenant aux Noirs de trouver leur chemin dans un entrelacs compliqué.

15...♗xb5!

La tentative de jouer comme dans la variante précédente par 15...♕xe5 conduirait à un avantage blanc substantiel après 16.♗xe7 ♖h8 (ou 16...♗xb5 17.♗xd8 ♖h8 18.♖ae1 ♕xe1 19.♖xe1 ♖xh7 20.♗f6) 17.♖fe1! (pas 17.♖ae1 ♕b8!) 17...♕xe1+ 18.♖xe1 ♖xh7 19.♗xd8 ♔xd8 20.♗xd7 ♔xd7 21.♖e3 d4 22.♖e4.

16.♘xf7 ♗xf1

Une variante singulière aurait pu advenir après 16...♖df8 17.♘h6 ♗xf1 18.♗xf8 ♗xg2 19.♘d6+! ♕xd6 20.♗xe7.

17.♘xd8 ♖xg5 18.♘xe6 ♖xg2+ 19.♔h1!

Les Blancs auraient perdu après 19.♔xf1 ♖xh2!

19...♕e5

Lorsqu'ils ont commencé leur combinaison par 14...♘xe5, les Noirs pensaient que, outre le coup joué dans la partie qui leur garantit la nulle, ils auraient pu aussi opter pour le plus aigu 19...♕c4 20.♕xe7 ♖g8, mais ils ont réalisé dans cette position qu'en fait après 21.♘f4! d4 22.♕e4!, le Fou noir est en péril et ne peut pas revenir en jeu, tandis que les Blancs peuvent construire petit à petit une forte attaque.

20.♖xf1 ♕xe6

Acceptant tacitement la nulle. Possible était 20...♖g6, mais même là, en poursuivant par 21.♕xe7 ♖xe6 22.♕c5+ ♔b8 23.a6!, Les Blancs auraient annulé sans peine.

21.♔xg2 ♕g4+ ½-½

PARTIE N° 37
Tal – Stahlberg
Show à la télévision, Stockholm
1961
Défense française

Tous les ans, de traditionnels tournois de Noël sont organisés dans de nombreuses villes. La plus fameuse compétition de ce type est le tournoi dans la petite ville de Hastings, dont la première édition remonte à 1895. Récemment, de tels tournois ont été organisés en Hollande (Beverwijk) et aussi en Suède.

Les grands maîtres soviétiques Kotov et moi-même avons été invités au tournoi du Nouvel An de Stockholm. Il convient de préciser qu'à cette occasion, le tournoi de 1960-61 a coïncidé avec le jubilé de la fédération suédoise des échecs. Le club échecs de Stockholm a été créé en 1911, et a été le centre du jeu pour les joueurs d'échecs suédois depuis plus d'un demi-siècle. Par conséquent, le tournoi du jubilé en constituait en quelque sorte le point d'orgue et s'annonçait particulièrement festif.

Nous sommes arrivés dans la capitale suédoise le 28 décembre à 10 heures locales. Il s'est avéré que nous y étions en fait attendus pour la veille, mais même avec notre vol, nous disposions encore d'une demi-heure avant le début de la partie télévisée. Bien entendu, nous n'avons eu que peu de temps pour nous reposer et arrivés dans le studio, je me suis senti épuisé.

Mon adversaire était le célèbre grand maître suédois Stahlberg. Le temps imparti n'était que de cinquante minutes pour toute la partie, de sorte que les téléspectateurs puissent suivre l'intégralité de la partie. Qui plus est, et afin de rendre la formule davantage attrayante pour le public, car suivre une partie de deux heures risquait de ne pas être facile, la télévision suédoise avait décidé de faire durer le plaisir pendant trois jours. C'était de la sorte plus intéressant pour les spectateurs et aussi moins fatigant pour les protagonistes, car il y avait une interruption toutes les 35-40 minutes. Les commentaires ont été assurés par le grand maître Kotov. Je peux sans doute à présent révéler un petit secret. La partie a été visionnée entre le 6 et le 8 janvier, et les participants avaient promis de ne rien en divulguer à la presse avant la fin de sa retransmission. Par conséquent, je n'ai pu me vanter de la victoire suivante qu'après la fin du tournoi.

1.e4 e6 2.d4 d5 3.e5 c5 4.c3 ♘c6 5.♘f3 ♛b6 6.♗d3

Récemment, 6.a3 s'est vu plus souvent, mais après 6...c4, les Blancs ont du mal à entreprendre quoi que ce soit d'actif. Le coup de la partie implique le sacrifice d'un pion.

6...cxd4 7.cxd4 ♗d7 8.0-0 ♘xd4 9.♘xd4 ♛xd4 10.♘c3 ♛b6

L'acceptation du second pion est dangereuse, car après 10...♛xe5 11.♖e1 ♛d6 12.♘b5 ♛b8 13.♛f3, l'initiative blanche est très forte. Cependant, le coup joué n'est pas le meilleur. 10...a6 est sans doute plus fort, après quoi les Blancs doivent encore faire de sérieux efforts pour chasser la Dame de sa case active en d4.

11.♛g4 h5 12.♛g5 g6

C'est dans cette position qu'a été annoncée la première interruption.

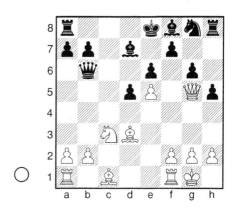

13.a4!

Le sacrifice d'une pièce par 13.♗xg6 fxg6 14.♛xg6+ ♚d8 ne marche pas pour l'heure. Les Blancs aimeraient jouer 14.♘b5, mais là n'est pas le but principal du coup a4. Dès que les Noirs joueront ...a6, un défaut grave apparaîtra immédiatement dans la position noire : la Dame noire ne sera plus défendue. En particulier, 13...a6 rend possible l'immédiat 14.♗xg6 fxg6 15.♛xg6+ ♚d8 16.♘xd5!, avec une attaque irrésistible.

13...♗h6

13...♗e7 était sans doute plus fort avec la suite 14.♛f4 ♛b4 15.♘b5 ♚d8, bien que même ici la position blanche compense pleinement le pion sacrifié.

14.♕h4 a6

Les Noirs ne peuvent pas différer davantage ce coup.

15.♗xh6 ♘xh6

15...♖xh6 n'était pas meilleur.

16.♕f6 ♖f3 17.♘xd5 ♕d8

Après 17...♕c5 18.♘e3 ♕e7 19.♕f4, l'avantage blanc est clair.

18.♕f4 exd5 19.♕xh6 ♕e7 20.♕e3

20.♕f4 était plus précis. La partie fut interrompue ici pour la seconde fois.

20...♗c6

Le plus actif 20...♕b4 aurait causé davantage de difficultés aux Blancs.

21.♖ac1

Sur 21.♕d4, je n'aimais pas 21...a5 suivi de 22...♕b4.

21...♖g8 22.f4 ♔f8 23.f5 gxf5 24.♕h6+

Mais pas 24.♖xf5? ♖xg2+!

24...♖g7 25.♖xf5 ♗d7

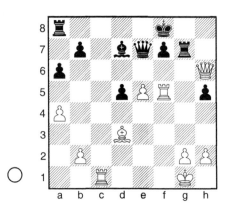

À ce stade de la partie, il ne restait aux deux joueurs que cinq à six minutes, et j'ai donc essayé de compliquer le jeu toujours plus, afin de poser encore davantage de problèmes aux Noirs.

26.♖c7 ♕e6

Calculant que sur 27.♕xh5?, il y avait 27...♕b6+, mais les Blancs disposent d'un échec intermédiaire.

27.♕h8+ ♖g8 28.♕xh5

Il se trouve que sur 28...♕b6+, il y a le simple 29.♔h1, et les deux Tours sont sauvées.

28...♖c8 29.♖xc8+ ♗xc8 30.♖f6 ♕e7 31.♕h6+ ♖g7 32.♖d6

La menace est à présent ♕f6.

32...♕xe5

Espérant pouvoir nager en eaux troubles après 33.♖d8+ ♔e7 34.♖xc8 ♕d4+ 35.♔h1 ♕xd3, mais la réponse des Blancs est immédiatement décisive.

33.♕h8+ 1-0

PARTIE N° 38
Tal – Unzicker
Stockholm 1961
Ruy Lopez

1.e4 e5 2.♘f3 ♘c6 3.♗b5 a6 4.♗a4 ♘f6 5.0-0 ♗e7 6.♖e1 b5 7.♗b3 d6 8.c3 0-0 9.h3 ♘b8 10.d4 ♘bd7

Il est intéressant de remarquer que la variante choisie par le grand maître allemand est la même que celle que je lui ai jouée environ six mois auparavant. C'est la ligne préférée de la théorie et les Blancs décident de ne pas l'éluder.

11.c4 c6 12.c5!

Autant que je sache, ce coup n'a jamais été joué avant cette partie. Les Blancs jouent pour un combat immédiat au centre. La réponse naturelle des Noirs ne semble pas être la plus convaincante.

12...♕c7

12...dxc5 comme dans la partie Averbakh – Furman (28ᵉ cham-

pionnat d'URSS) ne se justifie pas. Plus fort sans doute est 12...♗b7.

13.cxd6 ♗xd6 14.♗g5!

La pointe : la menace 15.dxe5 est très désagréable, si bien que les Noirs devront ou bien se priver de l'un de leurs Fous, ou accepter un sérieux affaiblissement de leur aile roi. Le mieux qu'ils puissent faire est de choisir lequel de ces deux maux est le moindre. 14...exd4 15.♗xf6 est désormais peu satisfaisant. 14...♗b7 est sans doute meilleur, mais la position est passive. Le coup joué par les Noirs est dirigé contre la menace dxe5, mais ils vont de Charybde en Scylla.

14...c5

Les Noirs obtiendraient maintenant un certain contre-jeu sur l'aile dame avec des chances d'égalité après 15.dxe5 ♗xe5. En contrepartie toutefois, l'affaiblissement de la case d5 ne va pas tarder à se faire sentir.

15.dxc5 ♗xc5 16.♘c3 ♗b7 17.♖c1

17.♘d5 était ici tentant. Je n'aimais cependant pas la position résultant de la variante suivante : 17...♘xd5 18.♗xd5 ♘b6 19.♗xb7 ♕xb7 20.♘xe5 f6 21.♘d3 ♗xf2+ 22.♘xf2 fxg5, et les pièces noires actives sont une compensation suffisante au pion passé central blanc. Le coup joué est à mettre en relation avec le prochain coup de la Tour du roi, après quoi la pression exercée sur les colonnes centrales devient menaçante.

17...♛b6 18.♖e2!

Cette Tour est exceptionnellement bien placée sur la seconde rangée : elle défend la faiblesse de la position blanche, f2, et est prête à la première occasion à occuper l'une des colonnes ouvertes. Après une longue réflexion, le grand maître allemand a joué...

18...♖fe8

... afin de défendre le pion e, car 19.♗xf6 était la menace. Mais maintenant le fait que f7 ne soit plus défendu autorise de nouveaux motifs inattendus.

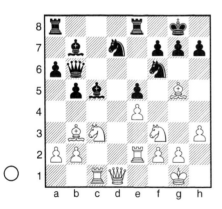

19.♘d5! ♗xd5

Après 19...♘xd5 20.♗xd5, il y a la menace 21.♗xf7+.

20.♗xd5 ♖ad8 21.♖ec2!

Cela a davantage de sens que 21.♛b3 dans le but de frapper un coup en f7.

21...♗e7 22.♖c6 ♛a5

Cela facilite le regroupement des Blancs en vue de la combinaison à suivre. Contre 22...♛b8, j'avais prévu 23.♗xf6 et sur 23...♗xf6, simplement 24.♖xa6, tandis que sur 23...♘xf6, une combinaison décide du sort de la partie : 24.♗xf7+ ♚xf7 25.♛b3+ ♚g6 (25...♚f8 26.♘g5) 26.♘h4+ ♚h5 27.♛f3+ ♚xh4 28.♛f5 g5 29.♛xh7+!

Dans la partie toutefois, cette combinaison n'a pas besoin d'un tel investissement matériel.

23.♗d2!

Gagnant un temps pour évacuer la case g5 pour le Cavalier.

23...b4 24.♗xf7+! ♚xf7 25.♛b3+ ♚f8 1-0

> PARTIE N° 39
> **Toran – Tal**
> *Championnat d'Europe par équipes, Oberhausen 1961*
> Ouverture anglaise

1.c4 e5 2.♘c3 d6 3.g3 f5 4.d4!

Cet ordre de coups constitue la meilleure réplique contre le système adopté par les Noirs. Sans doute la meilleure réponse noire était-elle 4...♘f6 ou 4...c6, car leur tentative de compliquer le jeu aurait pu avoir des conséquences fâcheuses.

4...e4 5.f3! ♘f6 6.♗g2 exf3

Hélas forcé.

7.♘xf3

Le bilan de l'ouverture est assez déprimant pour les Noirs : rien des velléités d'attaque précoce n'est advenu et les Noirs doivent plutôt se soucier que les menaces de leur adversaire ne prennent pas trop de consistance. La première d'entre elles est de jouer d5 suivi de ♘d4. Comme on ne peut pas l'éviter, j'ai décidé de créer une diversion, en donnant à mon adversaire quelques chances d'attaque sur mon Roi. Donc, au lieu de jouer 7...♘e7, j'ai joué :

7...g6 8.0-0 ♗g7 9.e4!?

Ce coup a l'air des plus déplaisants pour les Noirs, même si 9.d5 était plus fort.

9...fxe4 10.♘g5 0-0

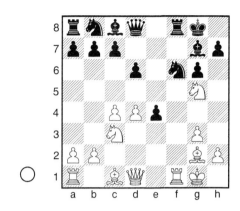

11.♘gxe4

Un peu trop mou. Ici, 11.♘cxe4 aurait été beaucoup plus menaçant, en maintenant un dangereux Cavalier en g5. Dans ce cas, j'avais l'intention de poursuivre par 11...♘c6, avec la suite possible 12.♘xf6+ ♗xf6 13.♗d5+ ♔g7 14.♘f7 ♖xf7 15.♗xf7 ♔xf7 16.♗g5 ♗f5 17.♗xf6 ♕xf6 18.g4 ♕xd4+ (ou 18...♘xd4) 19.♕xd4 ♘xd4 20.gxf5 ♘xf5.

Dans la partie, il suivit :

11...♘xe4   12.♖xf8+   ♕xf8 13.♘xe4 ♘c6 14.♗e3 ♗f5 15.♕d2

Trop passif là encore. Après le coup plus fort 15.♘g5, les Noirs auraient été forcés de sacrifier leur Dame, tout comme dans la partie, mais avec un temps de moins.

15...♖e8

J'ai décliné une offre de nulle avant ce coup. En fait, les Noirs se retrouvent maintenant mieux qu'ils ne l'ont jamais été de toute la partie.

16.♘g5

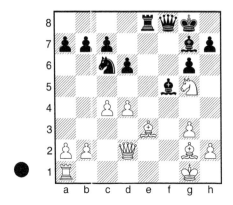

Les Blancs s'embarquent dans des complications qui vont mal tourner pour eux. Il valait mieux jouer 16.♘c3.

16...♖xe3 17.♗d5+

Cela rend la tâche des Noirs plus facile. 17.♗xc6 était plus fort, après quoi je pensais continuer soit par 17...♖e7 18.♗xb7 c5 avec une assez bonne compensation pour le pion, ou encore par 17...♕e7 18.♗d5+ ♔f8 19.♘xh7+ ♔e8 20.♔f2 ♗h6 21.♖e1 avec une finale peu claire, ou sans doute plus vraisemblablement par 17...♖d3 18.♕xd3 ♗xd3 19.♗d5+ ♔h8 20.♘f7+ ♕xf7 21.♗xf7 ♗xd4+ 22.♔g2 ♗xb2 23.♖d1 et on ne voit pas comment

les Blancs pourraient perdre. En jouant le coup de la partie, Toran a sous-estimé à l'évidence le 19e coup des Noirs.

17...♔h8 18.♘f7+ ♕xf7 19.♗xf7 ♖d3!

La pointe de la combinaison. Les Noirs gagnent un temps très important en exploitant le manque de bonnes cases de fuite pour la Dame blanche. Plus faible serait 19...♗xd4 20.♔g2, car maintenant, sur 20...♖d3 21.♕h6 est très fort[26].

20.♕e2 ♗xd4+ 21.♔g2 ♘e5 22.♖d1

Sur 22.♗d5, 22...c6 est décisif.

22...♖e3

La réalisation finale n'est pas sans intérêt.

23.♕f1 ♗e4+ 24.♔h3 ♖f3 25.♕e2 ♗f5+ 0-1

PARTIE N° 40
Ivkov – Tal
Bled 1961
Défense est-indienne

1.d4 ♘f6 2.c4 g6 3.♘c3 ♗g7 4.e4 d6 5.♘f3 0-0 6.♗e2 e5 7.dxe5

---

[26] Après 21.♕h6, les Noirs ont une nulle immédiate par 21...♗e4+ (note de J. Nunn).

Une surprise assez désagréable. L'échange des Dames a l'effet d'une douche froide sur les intentions agressives des Noirs. En dehors de cela, deux facteurs psychologiques ont probablement influencé le choix d'une telle suite. Tout d'abord, mon expérience pratique dans mon match contre Botvinnik a montré qu'il était possible d'obtenir des succès même avec ce plan modeste, et secondement, une longue absence des tournois a rendu Ivkov prudent.

D'un point de vue objectif, un échange prématuré au centre ne peut pas créer de problèmes pour les Noirs.

7...dxe5 8.♕xd8 ♖xd8 9.♘d5

Je crois que 9.♘d5 n'a jamais été joué auparavant dans cette position. La suite normale est 9.♗g5 ♖e8 10.0-0-0 avec un jeu en apparence égal. C'est à l'évidence la 13e partie de mon match retour contre Botvinnik qui a influencé le choix de cette variante. En effet, la variante Sämisch y a été jouée : 1.d4 ♘f6 2.c4 g6 3.♘c3 ♗g7 4.e4 d6 5.f3 0-0 6.♗e3 e5 7.dxe5 dxe5 8.♕xd8 ♖xd8 9.♘d5 ♘xd5 10.cxd5 c6. La différence avec la partie présente est que le pion blanc e n'est pas défendu par son pion f. Si les Noirs souhaitent une partie tranchante, et cela fut le cas dans cette partie, ils ne vont pas se satisfaire de la variante 9...♘xd5 10.cxd5 c6 11.♗g5, car le plus qu'ils pourraient en tirer est une nulle, et

seulement après un jeu très précis. 9...♘a6 10.♗g5 ♖d6 11.♘xf6+ ♗xf6 12.♗xf6 ♖xf6 13.♘xe5 ♖e6 14.f4 f6 15.♘g4 n'est pas bon non plus.

J'ai réfléchi environ 15 minutes et j'ai choisi une suite inhabituelle, qui, bien que pas spécialement forte, a pesé lourd sur le résultat final.

9...♖d7!?

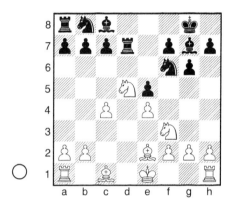

Ce coup a l'air assez affreux, mais le pion blanc est attaqué. Bien que mon adversaire a passé maintenant une heure trente à réfléchir, sa réplique est fausse d'un point de vue psychologique.

10.♘xf6+

Ce coup n'aurait dû prendre que deux minutes de réflexion. La correction de 9...♖d7 dépend exclusivement de l'évaluation de la position après 10.♘xe5 ♘xd5 11.♘xd7 ♘b4 12.♘xb8 ♘c2+ 13.♔d1 ♘xa1

14.♗f4! ♗xb2! (14...♖xb8 15.♗xc7
♖a8 16.♔c1 est faible) 15.♗xc7 a5!
Une position plus intéressante serait apparue dans laquelle les Blancs
auraient dû absolument prévenir la
manœuvre ...a4-a3 suivi de ...♘b3.
Bien qu'il soit plus difficile pour le
Cavalier blanc de s'extraire de b8,
les Blancs ont un pion de plus.

La suite choisie ne donne encore
aucun avantage aux Noirs, mais
l'avantage d'une heure trente à la
pendule fera la différence tôt ou
tard.

10...♗xf6 11.c5 ♘c6

Le coup tranquille 11...♖d8 était
à considérer, avec l'idée de mettre
un Cavalier en d4. Les Noirs cherchent à faire prévaloir la supériorité
de leur paire de Fous, mais compte
tenu du caractère plutôt fermé de la
position, cela n'est guère plus qu'un
avantage théorique.

12.♗b5 ♖d8 13.♗xc6 bxc6 14.0-0

Les Blancs veulent transférer leur
Fou sur la grande diagonale pour
mettre de la pression sur le pion e5.
Par leur coup suivant, les Noirs
commencent à contester ce plan.

14...♗g4 15.♗e3

15.b3 est plus faible à cause de
...♖d3.

15...♖ab8 16.b3 ♗g7 17.h3

Sur 17.♘d2, j'avais l'intention de
jouer 17...f5 18.f3 f4 19.fxg4 fxe3
20.♘c4 ♖d4 avec une meilleure finale.

17...♗xf3

Une décision d'une valeur douteuse. 17...♗d7, afin de garder
l'espoir de faire valoir ultérieure-
ment l'avantage de la paire de Fous,
mène à un combat plus ardu.

18.gxf3 f5

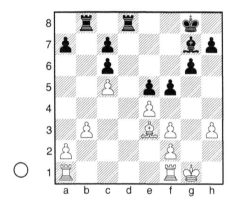

19.♖ad1

Ce coup ne donne pas encore un
avantage aux Noirs, mais il est le
prélude à un mauvais plan. Il eût
mieux valu déplacer l'autre Tour en
d1 et utiliser la Tour de l'aile dame
pour la manœuvre ♖ac1-c4-a4. Les
Blancs craignent 19...f4 en réponse
à 19.♖fd1, mais alors, après 20.♗d2,
le Fou pourrait aller en a5. La va-

riante 20...♖d3 21.♗a5 ♖xf3 22.♔g2 n'a cependant pas du tout effleuré l'esprit des Noirs.

19...♔f7

À partir de maintenant, les Blancs éprouvent des difficultés, et le pion c pourrait devenir faible.

20.♗g5

Même si ce coup n'est pas si mauvais en soi, il conduit, dans la lignée du 19e et du 20e coup, à l'erreur décisive. Il est sans doute significatif de mentionner que les Blancs ont déjà utilisé 90 % de leur temps. Plus fort était le coup immédiat 20.♗d2, et seulement 21.♗g5 en réponse à 20...♖d4.

20...♗f6 21.♗xf6

Selon toute probabilité, les Blancs doivent être déjà perdants. L'échange des Fous est incontestablement en faveur des Noirs, car le Roi noir peut maintenant se diriger sur l'aile roi et atteindre le pion faible h3 via f6–g5–h4. Je ne vois pas de possibilité de contre-jeu blanc.

21...♔xf6 22.♖fe1 ♖d4?

Pensant que la victoire est déjà dans la poche, les Noirs se précipitent et offrent encore aux Blancs une occasion de s'en sortir. Après

22...f4, les Blancs ne pourraient presque plus se défendre.

23.♖xd4 exd4

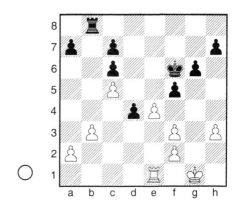

24.exf5!

Plus fort que l'évident 24.e5+ ♔e6 25.f4 ♔d5 26.e6 d3 27.♖e5+ ♔d4 28.♔f1 ♔c3 29.♔e1 ♔c2.

24...gxf5 25.f4

Je croyais cette finale facilement gagnante du fait du pion passé, mais les Blancs parviennent à construire une forteresse.

25...d3 26.♔g2 d2 27.♖d1 ♖d8 28.♔f3 ♔g6 29.b4 ♔h5 30.♔g3

Le Roi blanc n'a bien évidemment pas besoin de se ruer vers le pion d, ce dernier étant sous le contrôle efficace de la Tour.

30...♔g6 31.f3 ♔h5 32.a3 ♖d4 33.♔f2

33.h4 aurait été meilleur, pour empêcher le Roi noir d'occuper cette case. La pointe est que le Roi blanc peut revenir au coup suivant et le pion h est tabou à cause du mat. Si la Tour noire occupe f4, la Tour blanche obtient sa libération tant attendue. Après 33.h4, les Blancs n'auraient probablement qu'à se soucier de ne pas dépasser la limite de temps.

33...♔h4 34.♔g2 ♖d3

L'action s'est dorénavant déplacée d'une rangée, ce qui rend la tâche des Blancs beaucoup plus difficile.

35.♔f2 h5

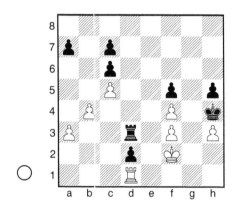

Anticipant sur le cours des événements, les Noirs avancent leur pion passé potentiel.

36.♔g2 ♖xa3 37.♖xd2 ♖b3 38.♖a2?

Après ce coup, la position blanche est à nouveau perdue. Plus fort aurait été pour eux d'activer immédiatement leur Tour par 38.♖d7 ♖b2+ 39.♔f1 et au mieux, les Noirs seraient en mesure d'assurer une finale avec les pions passés f et h, ce qui est une nulle théorique.

38...♖xb4 39.♖xa7 ♖b2+ 40.♔f1 ♖c2

Voilà la différence : les Noirs eux aussi obtiennent un pion passé sur la colonne c.

41.♖xc7 ♖xc5 42.♔f2 ♔xh3 43.♖g7 h4

C'est ici que la partie fut ajournée. Il était évident que le coup sous enveloppe était 44.♖g5, car c'est celui qui contrarie au mieux les plans des Noirs.

44.♖g5 ♖a5 45.♖h5

Cette position offre aux Noirs un chemin plus simple vers la victoire. Après 45...♖b5 46.♖g5 ♖c5, les Blancs doivent ou bien laisser le Roi noir se rendre en h2 (47.♖h5 ♖c2+ 48.♔e3 ♔g3 49.♖g5+ ♔h2) et le pion h progresse, ou bien laisser le pion c avancer (47.♖g8 ♖c2+ 48.♔e3 ♖c5). Lors de mon analyse durant l'ajournement, je ne suis pas parvenu à trouver une défense satisfaisante pour les Blancs, mais juste avant la reprise, j'ai pensé à un autre plan de gain et j'ai décidé de le suivre. Il est basé sur quelques spécificités de la position et il a surpris mon adversaire.

45...♖a2+ 46.♔e3 ♔g2!

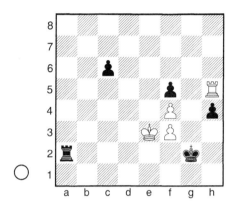

Les Noirs abandonnent délibérément le pion h. Après 47.♖xf5 h3 48.♖g5+ ♔f1, les Noirs gagnent tranquillement. Également exclu est 47.♖g5+ ♔f1 48.♖h5 c5! 49.♖xh4 ♖a3+ 50.♔d2 ♖xf3.

47.♖xh4 ♖a3+ 48.♔e2

48.♔d4 ♔g3 est encore pire.

48...♖xf3 49.♖h5

Créant les problèmes les plus sérieux pour les Noirs.

49...♖xf4 50.♖g5+ ♔h3 51.♔e3 ♖f1 52.♔e2

La tâche des Noirs n'est plus très compliquée. La variante principale pourrait être 52.♖g6 c5 53.♖c6 ♔g3 54.♖g6+ ♔h4 55.♖c6 f4+! 56.♔e4 (56.♔e2 ♖c1 57.♔f3 ♔g5) 56...♔g5! 57.♖xc5+ ♔g4, et nous avons atteint une position théoriquement gagnante.

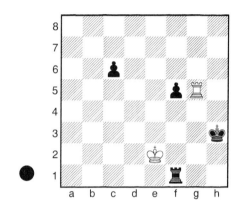

52...♔h4

Gagne un temps important, ce qui renforce la position noire. Une phase purement technique va suivre qui ne nécessite pas de commentaires supplémentaires.

53.♖g6 ♖c1 54.♔f3 ♖c4 55.♔e3 c5 56.♔f3 ♖g4 57.♖c6 c4 58.♖c5 ♔g5 59.♖c6 ♖e4 60.♖c8 ♔f6 61.♖c5 ♔e6 62.♔g2 f4 63.♔f3 ♖d4 64.♖c7 ♔d5 65.♖c8 ♖d3+ 66.♔xf4 c3 67.♖c7 ♔d4 68.♖c8 ♖d2 0-1

PARTIE N° 41
Tal – Olafsson
Bled 1961
Défense sicilienne

1.e4 c5 2.♘f3 ♘c6 3.d4 cxd4 4.♘xd4 e6 5.♘c3 ♛c7

Encore cette variante et « même si elle est mauvaise ». Les Blancs évitent en cette occasion le coup 6.g3[27].

6.♗e3 a6 7.a3

Chat échaudé craint l'eau froide. Même si l'avance du pion a est moins utile pour les Blancs que pour les Noirs, elle peut s'avérer être très utile dans bon nombre de cas[28] [29].

---

[27] Tal fait une référence implicite à sa partie contre Fischer du même tournoi, ou après 6.g3, il avait négligé de jouer 6...a6 et s'était immédiatement retrouvé en difficulté (note de l'éditeur).

[28] Encore une allusion à la partie contre Fischer (note de l'éditeur).

[29] Voici la partie à laquelle réfère Tal dans les deux notes précédentes : Fischer – Tal, Bled 1961 : 1.e4 c5 2.♘f3 ♘c6 3.d4 cxd4 4.♘xd4 e6 5.♘c3 ♛c7 6.g3 ♘f6 7.♘db5 ♛b8 8.♗f4 ♘e5 9.♗e2 ♗c5 10.♗xe5 ♛xe5 11.f4 ♛b8 12.e5 a6 13.exf6 axb5 14.fxg7 ♖g8 15.♘e4 ♗e7 16.♛d4 ♖a4 17.♘f6+ ♗xf6 18.♛xf6 ♛c7 19.0-0-0 ♖xa2 20.♔b1 ♖a6 21.♗xb5 ♖b6 22.♗d3 e5 23.fxe5 ♖xf6 24.exf6 ♛c5 25.♗xh7 ♛g5 26.♗xg8 ♛xf6 27.♖hf1 ♛xg7 28.♗xf7+ ♔d8 29.♗e6 ♛h6 30.♗xd7 ♗xd7 31.♖f7 ♛xh2 32.♖dxd7+ ♔e8 33.♖fe7+ ♔d8 34.♖d7+ ♔c8 35.♖c7+ ♔d8 36.♖fd7+ ♔e8 37.♖d1 b5 38.♖b7 ♛h5 39.g4 ♛h3 40.g5 ♛f3 41.♖e1+

7...♘f6 8.f4 d6 9.♛f3 ♗e7 10.♗d3 0-0 11.0-0 ♗d7

11...♘xd4 12.♗xd4 e5 est plus souvent joué, mais la pratique a montré que les Blancs prennent aussi l'initiative dans ce cas-là.

12.♖ae1 b5 13.♛g3 ♔h8 14.♘xc6 ♗xc6 15.e5

Plus faible est 15.♗d4 e5! 16.fxe5 ♘h5.

15...♘g8

15...♘e8 était peut-être plus fort. Dans le cas de 15...dxe5 16.fxe5 ♘h5 17.♛h3 ♛xe5, les Blancs ont le choix agréable entre la suite à double tranchant 18.g4 g6 19.gxh5 gxh5 20.♔f2, et avec leur pièce de plus, ils devraient parvenir à contenir les menaces, et si cela n'est pas de leur goût, ils peuvent jouer le simple 18.♔h1, après lequel les Noirs ne semblent pas avoir de bonne réponse.

16.♛h3 ♘h6

Les Blancs ont acquis un grand avantage et il est temps de songer à une solution tactique. À la vérité, le choix de la combinaison n'est pas des plus simples, et les Blancs l'ont décidé seulement après 40 minutes

---

♔f8 42.♖xb5 ♔g7 43.♖b6 ♛g3 44.♖d1 ♛c7 45.♖dd6 ♛c8 46.b3 ♛h7 47.♖a6 1-0 (note de l'éditeur francophone).

de réflexion. La position est rendue plus complexe par le fait que les Blancs avaient à leur disposition le simple 17.♔h1 qui garde en réserve une multitude d'options. Cependant, la tentation était trop forte.

17.f5! ♘xf5 18.♖xf5 exf5 19.♗xf5 g6 20.♗d4

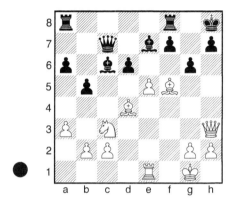

20...♔g8

Les Noirs choisissent la voie la moins résistante, après quoi l'attaque se développe toute seule. Après 20...♕d8, la tâche des Blancs aurait été bien plus difficile. Plus que tout autre, c'est ce coup que j'ai redouté alors que j'envisageais la suite découlant de 17.f5.

Après 20...♕d8, il n'y a rien à tirer de 21.♕h6 dxe5 22.♗xe5+ ♗f6 23.♖e3 ♖g8! (pas 23...♗xe5 24.♖h3 et dès que les échecs seront épuisés, les Noirs devront abandonner) 24.♖h3 ♖g7 et l'attaque est repoussée.

Une autre tentative, fausse également, était beaucoup plus intéressante : 21.e6+ ♗f6 22.♕h4 fxe6, (22...♔g7 23.e7) 23.♖xe6, et maintenant les Noirs perdent tant sur 23...♗xd4+ 24.♕xd4+ ♔g8 25.♖xd6 suivi de ♗e6+, que sur 23...♔g7 24.♖xf6! ♖xf6 25.♗e4, variante dans laquelle, bien qu'ayant deux qualités de plus, ils sont complètement perdus. Cette variante ne marche hélas pas non plus à cause du coup de massue 23...♗e5!!, qui force des simplifications décisives.

Cependant, l'idée d'exploiter le Fou en c6 en l'air m'avait incité à poursuivre mes recherches, pour finalement trouver la possibilité suivante : 21.exd6+ ♗f6 22.♕h4 ♔g7 (22...♗xd4+ 23.♕xd4+ ♔g8 24.♗e4 ♖e8 25.♖d1, et les Blancs ont plus qu'il ne faut de compensations pour la qualité) et maintenant 23.♗d7!! (avec les menaces 24.♗xc6 et 24.♖e7) 23...♗xd7 24.♘d5 ♗xd4+ 25.♕xd4+, et aussi bien après 25...f6 26.♖e7+ qu'après 25...♔h6 26.♖e4 f6[30] 27.♖e7, l'attaque ne peut pas être repoussée.

Malheureusement, le coup 20...♔g8 fut joué a tempo, et toutes ces variantes sont restées dans l'ombre.

21.e6 ♗g5

---

[30] Après 26...g5!, on ne voit pas de gain évident (note de J. Nunn).

Bien entendu, après 21...f6, il ne serait pas trop difficile de trouver l'une des suites gagnantes : 22.♗xg6 ou 22.♕h6, ou peut-être même 22.♖e3 ou le simple 22.♗d3.

Après le coup joué, les Blancs ont une fois de plus réfléchi longuement. Rien de concret n'est à attendre de 22.e7 ♗xe7 23.♕h6 f6 24.♗xg6 ♗d3, ou de 24.♖e3 ♖f7 25.♗e6 ♗f8, ou 24.♗e6+ ♔h8 25.♖e3 ♖ae8! 26.♖h3 ♗d8, ou, pour finir, de 24.♗e6+ ♔h8 25.♖e3 25.♗d5 ♗b7. Les Blancs ont choisi par conséquent un autre chemin.

22...♖xf7 23.♗xg6! ♖g7

Après le coup relativement meilleur 23...♖e7, les Blancs pouvaient choisir entre 24.♖e6 et 24.♖f1, qui menace dans les deux cas 25.♗xh7+. En rendant la qualité, les Noirs espèrent au moins retrouver un peu de contre-jeu, mais les coups suivants des Blancs leur font perdre leurs illusions.

24.♕e6+ ♔h8 25.♗e8!

Forçant l'échange du Fou de cases blanches, ce qui simplifie les choses. En vérité, les deux joueurs ne disposaient plus que de quelques minutes à la pendule, ce qui a bien évidemment altéré la qualité du jeu.

25...h6 26.♗xc6 ♕xc6 27.♘e4

J'aurais été mortifié si j'avais oublié 27...♗e3+.

27...♖e8 28.♕g6

28.♕f7 qui forçait 28...♖e5 était plus simple.

28...♖ee7 29.h4

Les Blancs ont dépensé le temps qu'il leur restait à se convaincre que la suite 29.♘xg5 ♖xe1+ 30.♔f2 ne mènerait qu'à la nulle après 30...♖e2+ et ils ont ainsi pris la décision de transposer en finale. Voici la suite, en accéléré :

29...♕d5 30.♗xg7+ ♖xg7 31.♕xd6 ♕xd6 32.♘xd6 ♗xh4 33.♖e8+ ♖g8

Également sans espoir est 33...♔h7 34.♘f5 ♖g4 35.♖e6.

34.♘f7+ ♔g7 35.♖xg8+ ♔xg8 36.♘xh6+ ♔h7 37.♘f5 ♗g5 38.b3 1-0

Les Noirs ont dépassé le temps imparti avant d'avoir pu jouer 38...♔g6.

PARTIE N° 42
Tal – Matanović
Bled 1961
Défense Nimzo- indienne

1.d4 ♘f6 2.c4 e6 3.♘c3 ♗b4 4.a3

La variante Sämisch. C'est comme si les Blancs souhaitaient faire comprendre aux Noirs que l'occupation de c3 était incorrecte et que par conséquent ils n'avaient pas honte de perdre un temps.

4...♗xc3+ 5.bxc3 d6

Le système employé dans cette partie par le grand maître yougoslave n'est pas très populaire. Les coups habituels et plus actifs sont 5...c5 ou 5...0-0.

6.f3 e5 7.e4 0-0 8.♗g5

Sans doute pas le plus fort. Les Blancs veulent empêcher la manœuvre ...♘h5-f4, mais le développement naturel de leur aile roi s'en ressent. Le plus simple et le plus fort est l'habituel 8.♗d3 ♘h5 9.♘e2.

8...♖e8 9.♘e2

Un coup déjà pratiquement forcé. 9.♗d3 ne serait pas bon à cause de 9...exd4 10.cxd4 ♘xe4! 11.♗xd8 ♘c3+.

9...h6

Cet affaiblissement n'est pas inéluctable. 9...♘c6 est une possibilité.

10.♗e3 c5?

C'est une erreur positionnelle aux conséquences funestes. Rien n'obligeait les Noirs à permettre aux

Blancs de fermer si facilement le centre, car maintenant, leur talon d'Achille, le pion c4, va être assez en sécurité. N'importe quel autre coup noir aurait sans doute mieux valu.

11.d5 ♘h5

Forcé. Après 12.g4, les Noirs étaient sous la menace d'une mort par étouffement progressif, mais même maintenant, ce coup reste toujours désagréable.

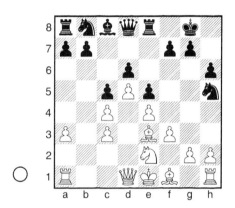

12.g4 ♘f4

Matanović a joué ce coup presque sans réfléchir, ce qui m'a quelque peu surpris. Les Blancs avaient envisagé auparavant et pendant presque une demi-heure les variantes découlant de 12...♕f6, sans trouver de conclusion satisfaisante. 13.♘g3 pour poursuivre l'attaque entrait en ligne de compte, ou le tranchant 13.gxh5 ♕xf3

14.♖g1 ♕xe3 15.♕c2 ♕f3 16.0-0-0 avec un duel sans merci.

Après le coup joué, la variante 13.♘xf4 exf4 14.♗xf4 ♕f6 15.♕d2 ♗xg4 16.♗g2 était à envisager, les Blancs retardant le contre-jeu noir.

13.♕d2 g5

13...♕f6 est plus fort, car à présent les Blancs ne sont confrontés qu'à des problèmes purement techniques.

14.♘g3 ♕f6 15.h4 ♘a6

Les Noirs envisagent d'ériger un mur impénétrable une fois que toutes leurs pièces auront été développées et que leur Roi se sera replacé en e7, car ils croient que l'aile dame est hermétiquement close. Néanmoins, la colonne h peut encore servir de tremplin et les Blancs fondent leur plan par rapport à cela.

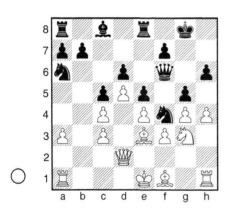

16.♖a2 ♔f8 17.hxg5 hxg5 18.♕c1

La Dame est mieux placée sur cette diagonale, car le pion noir g est vulnérable. Je dois admettre que j'ai jugé ma position comme pleinement satisfaisante, mais mon adversaire se défend avec un flegme inhabituel.

18...♔e7 19.♘h5 ♕g6 20.♖ah2 ♖g8

20...♔d8 entraînerait le sacrifice 21.♘xf4 gxf4 22.♗xf4 exf4 23.♕xf4 avec des menaces sans échappatoire.

21.♘g3 ♘c7 22.♖h7 ♕f6 23.♕d2

Le direct 23.♖1h6 ♖g6 24.♘h5 ♘xh5 25.gxh5 ♖xh6 26.♖xh6 ♕xf3 27.♗xg5+ ♔d7 n'est pas très clair, même si après 28.♕e3, la supériorité blanche ne fait aucun doute. Les Blancs vont cependant attirer le Fou en d7, après quoi cette variante sera beaucoup plus efficace.

23...♗d7

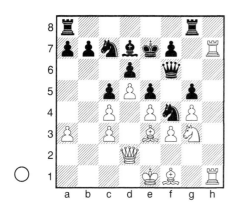

24.♖1h6 ♖g6 25.♘h5 ♖xh6

Le sacrifice de Dame est inévitable, car si 25...♘xh5 26.gxh5 ♖xh6 27.♖xh6 ♕xf3 28.♗xg5+ ♔f8 29.♗f6 ♕xe4+ 30.♔f2 ♕f5+ 31.♔g1, les Blancs gagnent immédiatement.

26.♘xf6 ♖xf6 27.♖g7 ♖h8 28.♖xg5 ♘e8

Si 28...♖h1, alors 29.♗xf4 suivi de 30.♖h5.

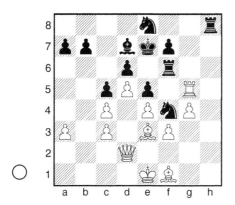

Après le coup de la partie, les deux joueurs étaient très à court de temps. La transformation de l'avantage matériel des Blancs est loin d'être facile, car le Fou du roi est assez passif. J'ai utilisé les dernières minutes restantes à essayer de trouver une suite satisfaisante après 29.♗xc5 dxc5 30.♖xe5+ ♔d6. En réponse à 31.♖f5, une possibilité est simplement 31...♘g6, et si 31.♖xe8 ♗xe8 32.g5, alors 32...♔e5 33.gxf6 ♖h1, qui est probablement même meilleur pour les Noirs. Ayant vérifié tout cela et étant en zeitnot, je me suis décidé pour une suite tranquille.

29.♕f2 ♖h1 30.♗xf4 ♖xf4 31.♖h5 ♖xh5

Est intéressant le sacrifice 31...♖xf1+ 32.♕xf1 ♗xg4 33.♖h8 ♗xf3 34.♕h3, mais il ne rapporte rien.

32.gxh5 ♘f6

Les Noirs ont créé un sérieux contre-jeu. Deux pions blancs sont attaqués et la tentative 33.h6 ♘xe4 34.♕h2 ♘g5 apparaît comme étant de peu de valeur. C'est pourquoi les Blancs décident de rendre la Dame afin de transposer en finale avec une pièce de plus.

33.♕h2 ♖xf3 34.h6 ♘h7 35.♕g2 ♖f4 36.♕g7 ♖xe4+ 37.♔d2 ♗f5 38.♗d3

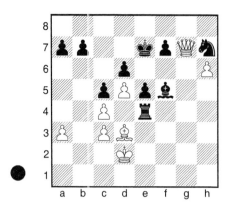

38...♞f6?

Visiblement, Les Noirs considéraient la position comme étant sans espoir et ils décident d'abréger leurs souffrances. Une finale particulièrement intéressante serait survenue après 38...♖g4 39.♗xf5 ♖xg7 40.hxg7 ♞f6 41.♗h7 ♞g8! 42.♗xg8 ♔f6 43.♗h7 ♔xg7 44.♗f5 ♔f6 45.♗c8 b6. Le plan de gain aurait consisté à forcer graduellement la poussée des pions e et f sur la 4e rangée où le Fou aurait pu les bloquer pendant que le Roi les aurait contournés via h4 pour finalement les prendre. Ce plan est applicable en principe, mais le hic est que les Noirs peuvent jouer au moment voulu ...a6 et ...b5. Si les Blancs s'y opposent par a4, leur Fou serait encore plus mauvais, raison pour laquelle il faut sans doute permettre ...b5, qui mène à une simplification matérielle. Une analyse détaillée d'une telle finale prendrait ici trop

de place, mais une chose est sûre : le chemin du gain serait bien difficile à trouver, pour peu qu'il existe.

39.♗xe4 ♞xe4+ 40.♔e1 ♞f6 41.♕h8 a5

Matanović mit son coup sous enveloppe, mais il abandonna sans reprendre (**1-0**)

PARTIE N° 43
Donner – Tal
Bled 1961
Défense est-indienne

1.d4 ♞f6 2.c4 g6 3.g3 ♗g7 4.♗g2 0-0 5.♞f3 d6 6.0-0 ♞bd7 7.♞c3 e5 8.e4 c6 9.h3 ♕b6

Cette variante est devenue populaire récemment. Les Noirs entament une action directe contre la case d4.

10.dxe5

Une réplique plutôt simple et modeste. Les partisans des positions fermées jouent habituellement 10.d5, et ceux qui préfèrent une bataille autour de la tension centrale jouent 10.♖e1.

10...dxe5 11.a3

Dans la partie Najdorf - Bronstein, Moscou 1956, les Blancs ont joué 11.♕e2. Le coup du texte est plus logique car il prépare b4.

11...♛c5

La Dame noire se rend avec gain de temps à son poste habituel en e7. Mon second plan 11...a5 12.♗e3 ♛a6 paraissait trop excentrique.

12.♛e2 ♛e7

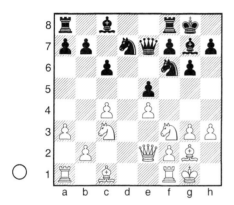

13.♗e3

Le plus direct 13.b4 ne serait pas bon à cause de 13...a5.

13...♘c5 14.♛c2

Il serait stratégiquement faux de procéder à un échange en c5 ; le Fou de cases noires est vital pour les Blancs.

14...♘h5 15.b4 ♘e6 16.♖ad1 f5 17.exf5 gxf5 18.♘e2 f4?

Cela est trop risqué. Les Noirs renoncent sans raison au contrôle de la case e4, de sorte que les Blancs, après avoir éventé les me-

naces directes, vont se retrouver dans une position très favorable. Le développement des Noirs aurait dû être complété par 18...♗d7, sans craindre 19.♛d2 ♗e8 20.♛d6 ♛f6. J'aurais pu ainsi tranquillement accroître mon initiative à l'aile roi.

19.♗c1 ♘g5 20.♘xg5 ♛xg5 21.g4

Les Blancs sont parvenus à une avancée significative. Si la Dame noire est transférée en h4 ou en e7, les Blancs joueront simplement 22.f3 et la position passive du Fou n'a que peu d'importance, car les pièces noires ne sont pas actives.

21...♘f6 22.♘c3 ♗e6 23.♛e2

Trop timoré alors qu'une excellente opportunité se présentait sous la forme de 23.♖d6 et 23...♗xc4 n'est pas d'actualité à cause de 24.♘e4. Les Blancs poursuivraient par ♘e4, obtenant une forte initiative sur l'aile roi. En jouant son coup, Donner semblait convaincu que la victoire ne pouvait lui échapper.

23...♖ad8

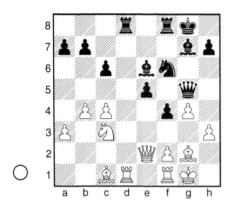

24.♖fe1

Fort intéressant ; les Blancs forcent l'échange désiré par les Noirs. Il était grand temps de jouer 24.♘e4.

24...♖xd1 25.♖xd1 h5

Ce coup arrive à point nommé et avec lui toute une série de motifs combinatoires entrent en scène.

26.f3 hxg4 27.hxg4 ♘xg4!

Le début d'une combinaison complexe aux nombreuses variantes qui va conduire à une finale favorable pour les Noirs.

28.♖d6

Les Blancs se décident pour la suite principale, mais je dois reconnaître que j'ai considéré alors que la meilleure variante pour eux était

28.♘e4 ♕g6? 29.♖d6 ♘h6 30.♘c5 ♖e8 31.♗xf4 avec une finale égale.

Après coup, nous avons découvert la réplique 28...♕h5! 29.♖d6 ♕h2+ 30.♔f1 ♗c8 31.fxg4 f3 32.♗xf3 ♕h3+ 33.♔f2 (ou 33.♕g2) 33...♗xg4, et la position blanche est catastrophique.

28...♕e7 29.♖xe6 ♕xe6 30.fxg4

Il n'y a rien à tirer de 30.♗h3 ♕d6 31.♗xg4 ♕d4+ 32.♔f2 ♕xc3 33.♗e6+ ♔h7 34.♕h4+ ♗h6 35.♕e7+ ♔g6.

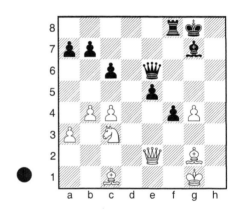

30...e4

L'activation du Fou de cases noires met de la pression sur la position blanche.

31.♘xe4

Cela force une finale où les Blancs ont une qualité de moins. Les Blancs avaient deux autres possibilités :

1) 31.♗xe4 ♖e8! (mais pas 31...♗xc3 32.♗d5) et les Blancs ont toujours une qualité de moins ;

et 2) 31.♕xe4 ♕f6 32.♘d1 f3 33.♗f1 ♕d6 ou 33.♗h3 ♕a1 34.♕c2 ♕d4+ avec une attaque des plus dangereuses.

31...♗d4+ 32.♔f1

Si 32.♔h2 ♕h6+ 33.♗h3 f3! 34.♕f1 ♕h7 avec des menaces irrésistibles.

32...f3

Le jeu prend maintenant un caractère forcé.

33.♗xf3 ♕xg4 34.♘f6+ ♖xf6 35.♕e8+ ♔h7 36.♕e7+ ♕g7 37.♕xg7+ ♔xg7 38.♔e2

La tornade s'est calmée. Son résultat ? Les Noirs ont certes une qualité de plus, mais avec le matériel réduit et les deux Fous actifs adverses, la réalisation de l'avantage est des plus difficiles. Leur plan de bloquer l'aile dame est de valeur douteuse. La centralisation du Roi semble plus appropriée.

38...b6 39.♗d2 c5 40.bxc5?

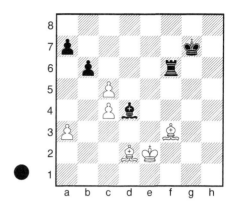

Une vilaine erreur après laquelle les Blancs sont vraiment moins bien. 40.b5 suivi de l'avance du pion a aurait dû être joué, et l'on ne voit pas dans ce cas comment les Noirs peuvent percer la forteresse blanche. Le coup joué comporte deux faiblesses : les Noirs obtiennent le contrôle de la colonne ouverte b, et le pion a est affaibli. Le gain devient à présent assez simple.

40...bxc5 41.a4

La partie fut ajournée à ce moment. Le coup mis sous enveloppe par les Noirs est assez évident.

41...♖b6 42.♗d5 ♔f6 43.♔d3 ♔e5 44.♗e1 ♖b3+ 45.♔c2 ♖a3 46.a5 ♗a1!

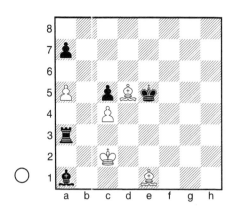

Le chemin de la victoire choisi par les Noirs n'est pas sans intérêt. La position du Fou en a1 est la plus efficace, et la case d4 est dévolue au Roi.

47.♗f7   ♚e4   48.♗g6+   ♚d4 49.♗f7 ♖a2+

Les Blancs ne parviennent pas à refouler le Roi par ♗f2+.

50.♚b3

Une variante intéressante serait 50.♚b1 ♖g2 51.♗h4 ♚c3 52.♚xa1 ♚b3 et mat à suivre.

50...♖b2+   51.♚a3   ♚d3   52.♗g3 ♖b4 53.♗d6 ♗d4

Ayant permis au Roi noir d'avancer, le Fou noir reprend sa place en d4.

54.♗d5   ♚c2   55.♗e4+   ♚c3 56.♗d5 ♖b3+ 0-1

PARTIE N ° 44
Tal – Parma
Bled 1961
Défense sicilienne

1.e4 c5 2.♘f3 ♘c6 3.d4 cxd4 4.♘xd4 g6 5.c4

J'ai l'habitude de jouer 5.♘c3 ♗g7 6.♗e3 ♘f6 7.♗c4, afin d'essayer d'obtenir un schéma de type système Rauzer. Mais sachant que cette « carte de visite » qui est la mienne était bien connue du jeune maître yougoslave, qui est très bien préparé avant chaque partie, j'ai décidé de choisir une autre suite.

5...♘f6 6.♘c3 ♘xd4 7.♕xd4 d6

J'ai déjà analysé cette variante avec B. Gurgenidze lors de préparations à une compétition étudiante. Le maître Georgien adopte régulièrement cette suite, et non sans succès. La variante a aussi été testée en profondeur par les joueurs yougoslaves, et, en particulier, B. Parma en est l'un des spécialistes.

8.♗e2 ♗g7 9.♗e3 0-0 10.♕d2 ♗e6

Gurgenidze préfère 10...♘g4 afin d'échanger l'un des Fous blancs. Après 10...♘g4, le jeu peut se poursuivre de la sorte : 11.♗xg4 ♗xg4 12.0-0 ♖c8 13.b3 b5 14.♘xb5 (Geller – Gurgenidze, 25e championnat d'URSS), ou 1.♗d4 ♗h6 12.♕d1

♘e5 qui est arrivé, par exemple, dans la partie Cardoso – Tal (Portorož 1958) et Tal – Gurgenidze (26ᵉ championnat d'URSS). Dans chaque cas, les Noirs ont tout lieu d'être satisfaits de l'ouverture. Il serait intéressant de tester la variante 11.♗xg4 ♗xg4 12.♗d4, que l'on n'a pas encore rencontrée dans la pratique de haut niveau, pour autant que je sache.

Par leur coup 10...♗e6, les Noirs mettent l'accent sur les inconvénients de la position du pion en c4.

11.♖c1 ♕a5 12.b3

Les Blancs ne sont pas pressés de roquer et préfèrent pour l'heure consolider leur pion c tout en gardant la possibilité de bouger leur Cavalier, en offrant la possibilité de transposer dans une finale dans laquelle leur Roi serait déjà centralisé.

12...♖fc8

12...a6 était plus précis et si 13.0-0, alors 13...b5.

Cependant, après le coup joué, la situation a changé : les Noirs ont utilisé un coup supplémentaire pour préparer l'avance ...b5 et l'absence de la Tour a affaibli leur aile roi. Le jeu blanc est maintenant dirigé directement contre le Roi adverse.

13.0-0 a6 14.f4

Un coup naturel, et cependant, étonnamment, pratiquement une nouveauté théorique. Dans leurs parties contre Parma, Gligorić et Janošević ont joué 14.♗f3, que je trouve pour ma part inconsistant.

14...b5 15.f5 ♗d7 16.fxg6 hxg6

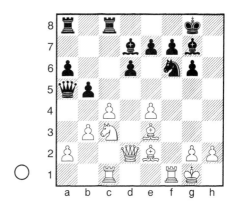

Après l'ouverture de la colonne f, il est clair que les Noirs seraient mieux avec l'autre Tour en c8. Ici, la poussée 17.e5 était une tentation forte, que j'ai rejetée après une réflexion d'environ une demi-heure à cause de 17...b4 18.exf6 (18.♘a4 ♘e4 19.♕d4 ♗xa4 20.♕xe4 ♗c6 21.♕f4 ♕xe5 22.♕xf7+ ♔h7) 18...bxc3 19.♖xc3 ♗xf6 20.♖xf6 exf6 21.♗d4 ♕g5 22.♕xg5 fxg5 23.♗f6 ♖e8, et bien que les Blancs aient des compensations pour la qualité sacrifiée, les Noirs ont des possibilités défensives.

17.c5

Les Blancs se focalisent contre le Cavalier noir. Ce coup a une autre vertu significative : la Dame noire est non seulement incapable d'aider au développement de l'attaque à l'aile dame, mais elle est aussi coupée de son aile roi.

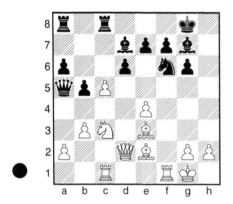

17...♗e6

D'autres suites auraient aussi laissé les Blancs avec une dangereuse initiative, par exemple 17...b4 18.♘d5 ♘xd5 19.exd5 dxc5 20.♗c4; 17...♗g4 18.e5 dxe5 19.♖xf6 ♗xe2 20.♖b6, et la Dame noire est dans une situation tragi-comique. En cas de 17...dxc5 18.e5 ♘g4, les Blancs auraient échangé les Dames par 19.♘d5 ♕xd2 20.♗xd2, et les Noirs ont du mal à décider de la meilleure manière de sacrifier la qualité[31].

Après le coup de la partie, les Noirs menacent 18...dxc5. Les

Blancs ne peuvent pas jouer 18.cxd6 exd6 19.♗d4 à cause du motif combinatoire habituel dans ce type de position 19...♘xe4! Les Blancs peuvent cependant pour le moment éviter les échanges.

18.♗f3 18...dxc5

Il n'y a rien de mieux. Le passif 18...♖ab8 mènerait à une position difficile après 19.cxd6 exd6 20.♗d4.

19.e5 ♘g4

Les Noirs ne peuvent plus sauver la qualité. Sur 19...♖d8, il suivrait 20.♕f2 et les Noirs ne peuvent jouer 20...♘d5.

20.♗xa8 ♗xe5

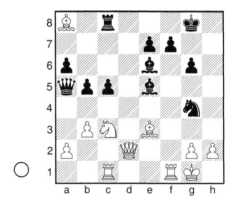

Pour le moment, les Noirs ont une Tour de moins, mais les deux Fous blancs sont attaqués ainsi que le pion h. C'est pourtant à ce mo-

---

[31] Il est difficile de voir pourquoi les Noirs sont moins bien après 20...♖e8 21.♘c7 ♗xe5 (note de J. Nunn).

ment qu'apparaît la faiblesse de la case f7 du fait de 12...♖fc8.

21.♗d5 ♘xe3

Par 21...♖d8, les Noirs auraient pu tendre un piège intéressant : si les Blancs comptent simplement leurs pièces et « sacrifient » leur Dame par 22.♗xe6 ♖xd2 23.♗xf7+ ♔h7 24.♗xd2, alors après 24...♕c7, leur position devient très dangereuse au vu des menaces 25...♗d4+ et 25...♗xc3.

Après 21...♖d8, j'avais prévu 22.♕e2! ♘xe3 23.♗xe6 fxe6 24.♘b1 ♕c7, mais même là, c'était sans doute la meilleure suite pour les Noirs[32].

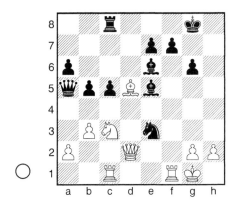

22.♗xe6 ♖d8

Après 22...♘xf1, les Blancs envisageaient, outre 23.♖xf1, la variante amusante 23.♗xf7+ ♔g7! (23...♔xf7 24.♕d5+) 24.♕g5 ♗xh2+ 25.♔xf1 (après 25.♔h1?, les Noirs pourraient même gagner par 25...♖h8 26.♕xg6+ ♔f8) 25...♔xf7 26.g3.

23.♕f2

Comme déjà mentionné précédemment dans la note du 21e coup noir, la suite 23.♗xf7+ ♔g7 24.♕xe3 ♗d4 25.♕xd4+ cxd4 26.♘e4 ♕b6 27.♘g5 d3+ 28.♔h1 d2 29.♘e6+ ♔h6 ne serait pas favorable aux Blancs, qui n'arrivent pas à construire un réseau de mat.

23...♘f5

Les Noirs ont placé de grands espoirs dans ce coup. Bien entendu, la Dame blanche est menacée (24...♗d4), et aussi deux pièces mineures, mais les Blancs disposent d'une réplique qui consolide leur avantage.

24.♕e2 ♗d4+

Naturellement, les Noirs ne sont pas intéressés par 24...♗xc3 25.♗xf5 gxf5 26.♕xe7.

25.♔h1 fxe6 26.♕xe6+ ♔g7

Menaçant 27...♘g3+, mais les Blancs se défendent en attaquant.

---

[32] En effet, après 24...♕c7, les Blancs ont l'air d'avoir pas mal d'ennuis. Dans des notes ultérieures, Tal a préféré l'alternative 22.♖fd1 (note de J. Nunn).

27.♘e4 ♕c7 28.♘g5 ♖f8

À court de temps, Parma n'a pas vu à l'évidence le prochain coup blanc. Cependant, la position noire est déjà perdue, par exemple : 28...♖h8 29.♕f7+ ♔h6 30.♖xf5 gxf5 31.♕xf5, et les Blancs vont gagner en quelques coups.

29.♕xf5 1-0

Vous avez aimé ce premier tome de la vie et des parties de Mikhaïl Tal ?

Vous allez adorer le second tome intitulé

Le temps des doutes et ma renaissance

qui paraîtra en fin 2019 ou au début 2020.

N'hésitez pas à vous renseigner chez votre marchand de livres habituel pour acquérir ce second tome des palpitantes aventures échiquéennes de Mikhaïl Tal !

Index des adversaires

Les nombres réfèrent au numéro des pages.

Index des ouvertures

Les nombres réfèrent au numéro des pages.

Index des parties numérotées

Autres titres parus dans la collection *Histoire du jeu d'échecs*

Tous les titres de la collection *Histoire du jeu d'échecs* sont disponibles sur commande dans n'importe quelle librairie. Les titres sont également disponibles de manière privilégiée dans la librairie internet de l'éditeur BOD : www.bod.fr/librairie.

Les titres sont également disponibles sur tous les sites de vente de livres en ligne (www.amazon.fr, www.decitre.fr, www.chapitre.com, www.uculture.fr, www.placedeslibraires.fr, www.fnac.com, www.cultura.com, etc.).

Site internet : www.histoireechecs.1s.fr
Contact : histoiredesechecs@gmail.com

Autres titres déjà parus

- Philippe Stamma, *Les cent fins de parties de Philippe Stamma*. ISBN : 978-2-3220-4370-5.

- José Raúl Capablanca, *Ma Carrière échiquéenne*. ISBN : 978-2-322-09661-9.

- Eugène Znosko-Borovsky, *Comment il ne faut pas jouer aux échecs. Édition augmentée entièrement revue*. ISBN : 978-2-322-13296-6.

- Aaron Nimzowitsch, *Ma victoire à Carlsbad en 1929 ou le triomphe de mon système*.
  ISBN : 978-2-322-15769-3.

- Adolf Anderssen, *Gourmandises pour joueur d'échecs*. ISBN : 978-2-322-09960-3.

- Alexandre Alekhine, *New York 1927, le chant du cygne de Capablanca*. ISBN : 978-2-322-10429-1.

- Alekseï Souétine, *Les idées dans le début d'une partie d'échecs*. ISBN : 978-2-322-14667-3.

- Eugène Znosko-Borovsky, *Comment il faut commencer une partie d'échecs*. ISBN : 978-2-322-16666-4.